初中版（第一册）

U0719950

读者

教我写文章

共学编写组 编

海南出版社
·海口·

图书在版编目（CIP）数据

读者教我写文章：初中版：全三册 / 共学编写组

编 . —— 海口：海南出版社，2023.7

　　ISBN 978-7-5730-1141-1

　　Ⅰ . ①读… Ⅱ . ①共… Ⅲ . ①作文课 – 初中 – 教学参

考资料 Ⅳ . ① G634.343

　　中国国家版本馆 CIP 数据核字 (2023) 第 077724 号

读者教我写文章　初中版（第一册）

DUZHE JIAO WO XIE WENZHANG　CHUZHONG BAN (DI–YI CE)

编　　者：共学编写组

出 品 人：王景霞

策　　划：彭明哲

责任编辑：闫　妮

执行编辑：姜雪莹

封面设计：任　佳

责任印制：杨　程

印刷装订：三河市兴达印务有限公司

读者服务：唐雪飞

出版发行：海南出版社

总社地址：海口市金盘开发区建设三横路 2 号

邮　　编：570216

北京地址：北京市朝阳区黄厂路 3 号院 7 号楼 101 室

电　　话：0898-66812392　　010-87336670

电子邮箱：hnbook@263.net

经　　销：全国新华书店

版　　次：2023 年 7 月第 1 版

印　　次：2023 年 7 月第 1 次印刷

开　　本：889 mm×1 194 mm　1/16

印　　张：46.25

字　　数：1 050 千字

书　　号：ISBN 978-7-5730-1141-1

定　　价：168.00 元（全三册）

编写人员

主　　编：高晓岩

副 主 编：武圆圆

编 撰 者：武圆圆　孔　娟　孔令元　张　寒　高　博

目录
MULU

大地的节奏

人间盐

内心的意象

光的谱系

第一部分

中考技法

第一章

立意篇

开动思维

应试作文始于审题，即审察题意，明确出题人的意图。这是最重要的一步，必须集中精力做足功课。

何为立意？即确定文章的中心思想。简要说，就是确定文章想表达什么意思。这是在动笔之前必须考虑成熟的问题。在审题基础上，经过缜密思考，最终确定自己所写文章的主题就是立意。

审题与立意密不可分，共同组成了作文构思的起始环节，是写作成功的先决条件。

如何审题

方法一：审清限制条件，确定文章范围

题目中常常会有一些限制性的词，如表示数量、时间、方位、范围、人称、写作对象等的词语，它们划定了写作的范围。在题目所给定的限制条件内选材，才能使文章内容切题，重点突出。

①比如《＿＿＿＿＿＿ 给我留下的回忆》这个题目，限制条件是"回忆"。"回忆"一词表明要写的是已经发生过的，甚至是比较久远的事情，横线上无论是写何人、何事、何景、何物，都要符合"回忆"这个限制条件。

②再如《美丽的误会》这个题目，限制条件有两个，"误会"与"美丽"。"误会"是生活中常见的事情，或引发纠纷，或造成尴尬；而"美丽"则表明，要叙述的这场误会应该是一件暖心、美好的事。

方法二：明确题目重心，构思严谨有新意

题目重心即"题眼"，指题目中的关键词、重点句等，应抓住这些词句，分析探究其中的含义。

①比如《＿＿＿＿＿＿，其实很简单》这个题目，首先要充分利用半命题作文选材自由

的特点，审题时在横线处补充自己容易着手的话题，如"沟通、助人、道歉、原谅、快乐"等词；另一重点句"其实很简单"，说明它看上去不简单，这其实是在提示我们，选材和立意要选择那些貌似复杂艰难，但只要愿意去做，就能做好做成的事情，表达"平凡小事中虽蕴含着曲折与辛苦，但历经艰辛后能收获轻松喜悦"的主题。审题准确，作文就有的放矢了。

②再如一则材料作文：

有一位老人，他喜欢坐在小镇外的林荫道边。一位风尘仆仆的旅行者问他：

"这个镇里住的是什么样的人？"

"你刚经过的那个镇上的人怎么样？"

"非常可爱，我在那里开心极了。他们和善、慷慨、乐于助人。"

"那太好了，这个镇里的人也差不多。"

过了一天，另外一位旅行者经过小镇，走到老人跟前问：

"镇里住的是什么样的人？"

"你刚经过的那个镇上的人怎么样？"

"那是个可怕的地方。他们自私、刻薄，没有一个愿意帮助别人。"

"恐怕你会认为这里的人也是如此。"老人冷冷地说。

要求选择感受最深的一点，写一篇作文。

通过对材料的阅读与分析，同学们若能找出关键句"那太好了，这个镇里的人也差不多"和"恐怕你会认为这里的人也是如此"两句话，便能明白材料想要表达的主题："当你的内心充满善与美，所映照的生活也必是善与美；当你的内心自私冷漠，生活回馈你的也必是同样的东西。"由此可拟题为"境由心造"或"心灵是一面镜子"等。

如何立意

方法一：明确主旨，追求深度

立意时先要"扣住"题眼，明晰写作要表达的意旨。然后，用心探究题目的潜在含义，力求发掘出新意。比如，中考作文题《阳光》，"阳光"不仅可指基本义，即自然界的阳光，写自然界的景和物如何在阳光的沐浴下茁壮成长，以此突出"万物生长靠太阳"的主旨。也可以指其引申义或比喻义，即那些光明、温暖的事物，叙写生活中给予我们爱与温暖的人与事：来自父母、老师、同学、朋友、陌生人等的关爱，受挫时别人给予的激励，珍藏在心底的一份感动等。选择熟悉且理解较深的一个方面去写，即可写出深意与趣味。再如，中考作文题《为我心中的那片海》，中心词"那片海"有强烈的象征义，象征着目标、梦想、寄托等，自由度较大，可以写实，也可以虚构；可以写对梦想、真理和科学的追求，也可以抒发对美好情感、高尚生活的思考等。

方法二：变换角度，求新求变

首先，培养逆向思考问题的能力，敢于打破常规思维进行别出心裁的立意。如作文题《珍惜》，顺向立意有珍惜友谊、珍惜时间、珍惜美好的生活等，逆向立意则可以是我们为什么会失去友情、时间、美好的生活等。前者是常规思维，所写易雷同，后者则可以让人眼前一亮。

其次，通过添加要素来限定内容，把宽泛的内容具体化。从小处落笔，以小见大，这是记叙文常见的写作手法，也是初中生最实用的写作手法之一。它往往取材于生活中不起眼的小人物、小事件，由小角度切入，反映深刻的道理或重大的主题。以莫怀戚的妙文《散步》为例，作者通过记述全家三代人的一次散步，抒发了三代人之间浓浓的亲情，可谓中国伦理的说明书，平白如话，却耐人寻味。

作文之外的功夫

一个正常的立意过程为：仔细审题后，大脑高速运转，开始调动存储于其中的素材和情感记忆，深入地进行思考，确定自己想要表达的思想和情感。

面对万人同题的考场作文，如何做到立意高远，比别人技高一筹呢？

写作是一个人综合能力的呈现，你想表达的取决于你所能表达的，也就是说，你有能力表达出来的才是你的东西。而你能表达的思想，又取决于你具备一个什么样的大脑。毋庸讳言，这是无法速成的，它是由你的人生阅历、知识储备以及思维能力决定的，正是这些决定了立意的高下。

首先，要有吸纳信息的自觉。语言的习得除了校园课堂，更多的是在广阔的社会生活之中。举凡世界大事、新闻热点、街谈巷议均要关注，从中汲取有用信息，形成自己对世界的感知、思考与判断。

其次，写作是一个熟能生巧的过程，持续练习必有所获。请记住，几乎所有人都是从模仿他人开始的。"古人作文作诗，多是模仿前人而作之，盖学之既久，自然纯熟。"这是朱熹对前人写作经验的总结，也是一条放之四海而皆准的真理。王勃模仿庾信的"落花与芝盖同飞，杨柳共春旗一色"，写出了千古名句"落霞与孤鹜齐飞，秋水共长天一色"；韩愈师法孟子，成为一代散文大家；曹禺借鉴易卜生等大师的戏剧写法，成为中国优秀的剧作家……对于经典作品要精读，像牛一样去"反刍"，尽可能充分地吸收养分，迅速转化为自己的精神储能。切记，写作起于模仿而终于自创。

最后，还须明白，并非立好意就可以稳操胜券，它只是一个设想，尚未有生命，若要获得血肉丰满的文本，还得凭借一句话又一句话的书写，才能形成逐渐成型的轮廓，直至立意的最终完成。准确地说，这是一个边写边明晰的过程，是一个动态的思维过程。写作的乐趣也在于此。

中考将至，祝各位好运。

一只从耶鲁大学毕业的猫

陈亦权

在美国耶鲁大学，三年来，有一只猫每天出现在一个教室里。

这只猫名叫布巴，它的家就在学校的后面，它的主人是一个书店老板。它摸索着进入了耶鲁大学，从此发现世界上居然还有上课这么"有意义"的事情，于是就每天过来听课了。它非常"勤奋好学"，无论是刮风还是下雨，它每天都会准时来到教室里听课。原本它只是蹲坐在教室的角落里，奇怪的是每次老师讲到精彩处，它都会探头探脑，显得很专注，后来同学们就从学校仓库里为它搬来一套桌椅，把它抱到了椅子上，从此它就知道了这是它的专用桌椅，它可以毫无顾忌地坐在这里了。布巴听课非常安静，从不乱叫乱跳，它还曾因此而得到过教授的表扬。那次，有几个男同学不认真上课，还调皮捣蛋影响别人。教授发觉以后就说："你们自己可以不听，但起码不要影响别人。你们看布巴，它虽然经常打盹，但它从不影响别人！"

每天，布巴都会准时到教室门口安静等待开门上课，比其他学生都准时。它也有来得太早的时候，就先在门口眯一会儿，同学们都说它是"为了避免在上课时打瞌睡"。因为布巴上课勤奋，同学们就向学校提议给它颁发"学生证"，结果耶鲁大学的高层领导还真的派人连续考察了一周，发现它真的天天来"听课"，于是就答应了同学们的请求，派人给布巴拍了一张照片，然后煞有介事地给布巴做了一张"学生证"，挂在布巴的脖子上。因为布巴实在太受欢迎，同学们甚至提出了更加非分的请求，他们向学校提议为布巴塑一个雕像，不过这个提议最终被学校驳回了。

理查德校长却做出了另一个决定，因为布巴所在的班级眼看要毕业了，那就让布巴和同学们一起拿到一张耶鲁大学的毕业证吧！于是在 2016 年 7 月 18 日，学校让同学们为布巴披上了一件特制的毕业袍，然后布巴和同学们一起拍了毕业照。"在耶鲁大学'读了三年书'，它将会用这些知识做什么并不重要，重要的是它毕竟陪着学生们一起度过了这三年！"理查德校长在毕业典礼上说。

这件事情传开以后，很多人都批评耶鲁大学将毕业证视为儿戏，但是理查德校长并不这样认为，他在耶鲁大学的社交网站上发视频说："第一，我们从它身上学到了这样一个道理——只要坚持不懈，你总有被人认可和修得正果的那一天；第二，这并不是视毕业证为儿戏，而是对任何一个坚持者的尊重与爱，哪怕那只是一只猫，而尊重与爱，本身就是教育的核心。"

思考题：

1.这篇文章用一只猫在耶鲁大学的经历来表现耶鲁精神，这样的写作角度有哪些好处？

2.文中选取了哪几件事来表现主题？文章条理结构上有什么特点？

青　黛

李碧华

中药里有一种极轻、极细如尘的粉末，深蓝色，带点儿紫，漂亮而神秘，用一密孔纱布小袋装好。

性寒、味咸，清热解毒，凉血定惊。归肝肺经：大泻肝经实火及散肝经火郁——总之清一切伤肝之火。都市人肝火盛，所以得认识它。

问人："这是什么矿石物料的粉末，磨得那么细？"

"它唤青黛。"

啊，好名字：林青霞的"青"、林黛玉的"黛"。女性化，性感清丽，还带有黛绿年华的茂盛感。怎么不是墨绿色？

"它不是矿石，而是腐烂的叶。"

真是意想不到。

"青黛"的前身，是菘蓝、马蓝、蓼蓝、草大青等叶子。秋天，采药人收取大堆以上植物的落叶，放进木桶或大缸中，再加入清水浸泡两三昼夜，至叶腐烂、脱皮，便捞走残渣，加入已淘过杂质的石灰乳，充分搅拌至浸液由乌绿色转为深红色，捞出液面泡沫，在烈日下晒干。

以自己的痛为世人疗伤。这蓝紫色细粉，黏手黏纸，但一抖即飞，易聚易散易浮。我取过一撮，它马上渗进指甲周边，洗不掉。叫我想起萧红的小说《手》。

思考题：

1."青黛"有怎样的特性？文章是从哪几个方面来写它的特性的？

2.读萧红的小说《手》，思考作者为什么在结尾突然要写"叫我想起萧红的小说《手》"这句话？

大城小树

（2020年山东省青岛市中考阅读题）

连 亭

①树本来长在乡野，由于人的关系，进了大城。虽然有些树由于水土不服而总有些营养不良，但毕竟大城算是有了树。

②霓虹闪耀、车水马龙的繁华热闹，若是没有树作为衬托，也只是没有生气的热闹而已。堆满楼、车的大城是死的，而树的加入，激活了城市。树静止时，如大城恪尽职守的卫兵；树摇动时，荡漾出轻微的波浪般的乐声。在树的一静一动中，大城获得了庄重和灵动。而这庄重与灵动的布景里，常常少不了鸟的身影。在大自然中，鸟是跟随树生活的，人们把树搬到大城，就把鸟引到了大城。唧唧啾啾的鸟声，给大城增添一抹轻灵的亮色。

③与大城相比，树很单薄，没有楼高，树间的鸟鸣也容易被汽车的噪声淹没。在大城，似乎人与树各有各的存在，各有各的活法，互不相干。但不管是否在意，大城越来越离不开树了。

④或许只是一些微不足道的瞬间，比如树变换了风的走向，比如树接住了窗前的一缕目光，比如树读懂了匆匆行人的疲累，一切就有了不同。树不经意间的每一次摇动，每一次呼吸，对大城来说都是恩惠：休息时，人们用树的那抹绿色放松疲劳的眼睛；在车站候车时，人们需要行道树遮阳挡雨；大城有了树，仿佛装了无数净化器，人们在一呼一吸中感受光合作用的律动……

⑤走在人头攒动的繁华大街上，人有时会与一棵棵树对望。人们看着树，树也同样注视人，它们温和、宽容的目光，消融了人的紧张疲惫。有时经过一棵树，听到鸟鸣周匝，耳朵会突然醒来，头会不自觉地抬起来，对鸟投以欣喜的目光，对树发出由衷的赞叹，混沌的兴致一下子活过来，突然哼出一些遥远的曲调，仿佛自己又变回那个新鲜的血肉丰满的人。

⑥前阵子我的一个朋友在大城添新居，费尽心力地将老家的一棵月桂搬进新家的花圃。我去看了这棵月桂，它已经有胳膊那么粗了。朋友说，这棵树是断不能割舍的，倘若不能将它带来，宁可回老家也不进城。我想起作家苏童也曾为没有属于自己的树而耿耿于怀。有一天他突然在城里拥有了两棵树。他在文章里写到，这两棵树弥合了他与整个世界的裂痕，这是父母和朋友都不曾做到的。我的朋友，并不像苏童那样是个名作家，但他与树的感情，和苏童是一样的。

⑦我曾在医院听了将近一个月的树声。我生的不是什么大病，却得住院，得手术，手术后又得住在白惨惨的病房里，怎么受得了呢！况且，又不能看书，不能见很多的人，一天到晚或躺着，或靠着，无聊得很。我多么希望能跟外界多一些交流啊，只要能够冲破这狭小的病房，什么都是好的！

⑧有一天，我仿佛听到了一棵树的声音，沙沙沙，沙沙沙……我还听到了鸟儿的声音，唧唧啾啾，唧唧啾啾……我睁开眼睛向窗子看去，见不到树，偶尔能看到鸟儿掠过窗玻璃的身影。我想，那窗子底下必定是站着一棵树的，不然哪来的沙沙声与鸟儿的歌声呢？我问从外面回来的母亲，母亲说："是呢，是一棵碗口粗的杉树。"等我能从病床上起来走动，我就时常趴在窗口看院子里的那棵杉树。它挺拔、秀丽，枝叶间竟还隐藏着一个鸟窝，我猜想那鸟窝里一定有正在孵化的鸟蛋。呵，医院里的一棵树上，生命正在悄悄地孕育萌发！一个清晨，我在病房里醒来，听到沙沙沙的声音中夹杂着雏鸟的欢叫声，急忙奔到窗口，只见鸟妈妈正给小东西喂食呢！

⑨医生说，我心态好，手术后恢复得特别快，可以提前出院了。我竟很舍不得那棵树，我的康复是它赐予的。出院前，我专门去看望它，我忍不住对树投以惊叹的目光：它脚下的泥土那么少，但枝叶依然繁茂，始终朝着天空和阳光的方向用力延伸。从此这棵树便在我心里扎下了根，潜滋暗长，成为我生命中的参天大树。

⑩从医院出来，我终于又能走在大街上，走在一棵棵树之间。大城依然繁闹着，那一棵棵挺立在大城的树依然生长着。我想，我们身边一些或远或近的人，像极了这些离我们或远或近的树，他们在我们的生活中已是不可或缺。

（节选自连亭《以一棵树为起点》，有删改）

1. "然而在大城，树是很容易被忽略的"这句话是从文章中提取的，应放在文中第几段开头最合适？请结合上下文分析。

2. 如何理解第⑨段中画线句子的含义？

从此这棵树便在我心里扎下了根，潜滋暗长，成为我生命中的参天大树。

3. 文末说，"我们身边一些或远或近的人，像极了这些离我们或远或近的树，他们在我们的生活中已是不可或缺"。文中的"树"让你联想到了谁？请结合文章内容阐述理由。

写作实践

一、2017 年湖南省衡阳市中考作文题

阅读下面的材料，按要求作文。

世间万物，都是遇见。当温暖遇见寒冷，便有了雨；当春天遇见冬季，便有了岁月；当天空遇见地面，便有了永恒；当男人遇见女人，便有了爱。生命中总有一些遇见是难以忘怀的。

请以"遇见"为题写一篇文章。

要求： 感情真挚，文体不限（诗歌除外），不少于 600 字。

> **提示**
>
> 　　题目中的"遇见"并不是指一般的接触，而是指能令你的心灵受到感染、震撼的相遇。确定好遇见的对象，才能够写出精彩的文章。遇见的可以是人，也可以是物。所表达的情感可以是快乐的，也可以是忧伤的。通过遇见的那些人和事，写出他（它）们给予了你怎样难以忘怀的东西。
>
> 　　适合写成记叙文或者散文。记叙曾经发生过的难忘的遇见，选取遇见后心与心发生的碰撞，通过动作、对话描写，也可以有适当的景物描写，进行情境的渲染，来表达内心的深刻感受。比如，你只身在外，遭遇困境，遇见一位好心人，他热心帮了你，你感激万分，这样的遇见值得回味。再比如，写自己与某种生物的相遇，这种生物可以是动物，也可以是植物。如你在忧伤时独自来到野外，发现一种很不起眼的小草，它虽平凡不起眼，却乐观顽强地生长，给了你启发，让你从忧伤中振作，这种遇见也是很有意义的。运用细节描写（人物的细节、事物的细节）、对比、烘托等写法，突出相遇的经过和意义。结构上要精心设计，可以采用倒叙、插叙、悬念、伏笔等增强叙事吸引力。

二、2022 年湖南省衡阳市中考作文题

阅读下面的文字，按要求作文。

鲁迅在与藤野先生的交往中，懂得了正直与严谨；莫怀戚在田间散步时，懂得了责任与担当；史铁生从泼泼洒洒的北海菊花，懂得了母爱的深沉和生命的坚强；梁衡从奔腾不息的壶口瀑布，懂得了中华民族的柔中有刚、勇往直前……

生命就是在不断地经历和懂得中逐渐成长。请以"懂得"为题，写一篇文章，叙写自

己的亲身经历，表达自己的真情实感。

　　要求： 立意自定，文体自选（诗歌、戏剧除外）；不得抄袭，不得套作；书写工整，不少于600字。

提示

　　"懂得"是"知道（意义、做法等）"的意思。懂得，是重塑自我的过程，也是成长的过程。要写清楚"懂"的过程和意义。

　　要选择对自己感触最深、影响最大、使自己的情感得到洗礼的材料写作，表达积极的思想和认知。可以写我们亲近的人，也可以写一棵树、一本书、一件衣服等，还可以写一片风景、一次野外的旅行、一次梦境等。还可以根据题目提示或自己的阅读经验，以读懂某个人的某种精神品质为中心，由他（她）的经历或者在梦境中与他（她）的相遇，告诉自己，懂得了哪些生活的真谛。例如，我们可以以"懂得释怀"为中心作文。释怀是一种人生态度，在生活中，人会因为某件事或某个瞬间懂得放下。懂得释怀，也是一种成长。

三、2022年江苏省连云港市中考作文题

　　作家余华说："没有一种生活是可惜的，也没有一种生活是不值得的，所有的生活都充满了财富，只不过看你开采了还是没有开采。"也许，你曾在委屈中坚强，困境中破茧，拼搏中闪光，磨砺中绽放……

　　请以"没有一种生活是可惜的"为题，写一篇文章。

　　要求： 请根据自己的生活经历或体验写作，不少于600字。

提示

　　联系所给材料，分析文题的言外之意：每一种生活都是值得我们珍惜的，都是一笔宝贵的财富，包括我们经历的苦难、磨砺、挑战，等等。可围绕"苦难、磨砺、挑战、挫折"等关键词来立意。

　　开篇可以通过议论兼抒情的语句表达"生活并非一帆风顺，磨砺亦是宝贵的财富"，引出具体事件。叙事时注意突出体现"磨砺"的过程，多用细节展现，还要写出自己在磨砺中的心路历程。结尾再多用议论兼抒情的语句，围绕"生活的欢笑与泪水都是值得珍藏的财富"表达自身感受，深化中心思想。

第二章

选材篇

开动思维

　　选材，即根据文章主旨需要，对已有材料进行筛选和裁剪，以更好地体现文章中心思想。若说立意是文章的灵魂，那么材料就是文章的血肉，如何选取是大有讲究的。

　　从历年考试情况来看，考生在选材上存在三方面问题：

　　1. 无材料——没有事实依据，空讲道理，空发议论。

　　2. 材料陈旧——仅有常识性材料，缺乏鲜活、独特、有深度的材料。

　　3. 材料选用趋同——一窝蜂选择同样的材料，对材料挖掘浅尝辄止，致使文章千人一面，得分自然低而又低。

　　一般来说，选材有三个原则：围绕主题选材，选择新颖、生动的材料并发掘新意，选择具有代表性的材料。

围绕主题选材

　　选材是为表现主题服务的，那些最能表现主题的材料，才是我们的首选。

　　需要注意的是，很多同学选择的材料往往非常单一，就着一件事铺陈叙述到主体内容结束。补救之法是，至少预备二三则材料，主写一则，略写其他，要详略得当。对于与主题关联不紧密的，可只就想表现的那一点去说。每则材料叙述完后适时点题，即用一两句话强调材料与主题的契合，有助于突出中心。

求新并发掘新意

　　谁不想占有新颖、生动的材料呢？或许可以这么说，拥有了这样的新鲜"食材"，作文就几乎成功了一半。占有材料的多寡、新旧，取决于你平时的积累。广闻博记、对世界有好奇心、喜欢探究事情真相，如果具备这些特质，你的大脑里一定储存了足够多的材料，足以让你从中选出新鲜的"食材"，为你的作文加分。

若能从熟知的材料里发掘出新意，也是一条容易成功的路子。一些同学在选取素材时受思维惯性影响，跳不出心中自设的藩篱，觉得"只能写这个，只能这样写"。但"新"，并非一定要事新，还可以是角度新。本书所选丰子恺《新年的快乐》，作者感慨时间流逝之迅，得出的结论是：故"快"就是"乐"，合起来就是"快乐"，生活的快乐称为"快活"。而并非一般意义上理解的"快乐"。虽有戏谑的成分，却也不乏新意，令人心情为之大悦。

选择具有代表性的材料

选择材料时，一定要选择既有鲜明的个性特征，又能忠实地展现群体风貌的材料。这样的材料能够尺水兴波、以一当十，达到"一滴水也能反射太阳的光辉"之效。

一般情况下，选取材料的角度宜小不宜大，"于细微处发掘宏旨精义"，借小事件表现大主题。本书所选冯唐《老爸的火炉》，以冬天家里的火炉为抓手，把一个有温度的父亲写得温馨感人。

总之，选材要以文题的主旨为原点，善于铺展延伸，广泛搜罗，取自己所需。

精选精练

到那山上去

和菜头

那是一个初秋的傍晚，父亲指着基地宿舍对面的一座山，说："我们到那山上去。"

"可是那里有什么？"我嚼着嘴里残留的饭粒，含含糊糊地问。

父亲沉吟片刻，又开口说："山顶有一棵红色叶子的树，我们去看一下。"

我抬眼望去，眼前都是山，山上都是树。我们在一条山谷的谷底，无论从哪个角度看出去，看到的只会是山。父亲说的那座山与我们的直线距离大约有五公里，算是其中比较低矮的一座，刚好正对着宿舍楼的大门。我用力去分辨，在一片深绿色的树丛中，隐约有一株叶子是暗红色的树，但是并不分明，因为大片裸露的泥土也是红色的，而且是一种鲜艳的赤红。

我们越过门口的操场，两次。那是士兵们用来训练的地方，当初大概是用推土机把泥土推到四周，平出一块地来就算是操场。泥土沿着跑道堆了高高一圈，我们径直穿过操场，笔直地朝着那座山进发。途中我们两次翻过泥土夯成的围墙。那些土没有夯实，不断落入鞋子里，我们脱下鞋抖了两次，第二次抖鞋的时候，我发现鞋垫已经被泥土染成红色，而那座山依然那么遥远。

经过一间变电站的小屋之后，我们很快就进入荒野。周围再没有人造建筑的痕迹，只有低矮的灌木和茂密的草丛，中间散落着大小不一的石头。我们每走一步，都会惊起蛰伏在草丛中的昆虫。有些蚱蜢体形很大，猛然跳起，扇动翅膀发出"沙沙"声，在空中一个急转就扎进远处的草丛，就像一团急速移动的灰雾。这时候我们很难继续保持直线行进，因为到处都有大片的鬼针草，只要经过就会被挂上一身种子，我们只好不断绕行。

父亲说："是牛。"我知道他的意思，这些鬼针草的种子是周围农民放牧时，自家牛羊从远处带来掉落在这里的。我们在这一段路上耗费了许多时间，始终低着头，不断在石头和鬼针草之间绕路。等到终于抬起头来，我们已经置身于山脚。

此时天色依然明亮，足够我们找见隐藏在草丛里的小路。虽然所有的山看起来都荒无人烟，只有鸟和昆虫出入其间，但如果走到近前，就会发现山民在这些大山之间穿梭——或者放牧，或者赶集，又或者走亲访友。于是，在长草之下，隐藏着他们用脚走出来的小路。那些小路蜿蜒曲折，往往沿着山势向最为平缓的地方延伸——有时候他们会背着几十公斤重的背篓赶路，需要一条不那么陡峭的路，所以宁可在山上不断盘旋下降。从小路上也可以看出曾经走过的人性格如何，有些地方非常粗暴地出现一条快速下降的捷径，泥土因为鞋底的摩擦而留下一条深沟，直接通往更低处的山路，却也因此减少了一个转弯。

我们在长草丛中沿着小路攀登，很快周围就都是比我高的树丛。由于看不见山顶的景象，我只有回头去看山脚下遥远的操场，据此大概猜测自己此刻所处的高度。树丛中非常安静，只有很小的虫子不断在面前横冲直撞。我跟在父亲身后，一步一步往上攀爬，看着深色的汗渍慢慢出现在他绿色的军衣背心上，然后朝着腰部扩散。我们身上散发出浓烈的汗味，吸引来的蚊子在我们头顶不断盘旋，直至变成一团黑色的烟云。父亲用刀砍了两根细而长的树枝，我们一边走，一边举着树枝在头顶不断做小幅晃动。树枝发出"呜呜"声，从蚊群中反复穿过，蚊子就像小雨点一样落下，落在衣服上会有轻微的"啪啪"声。黑色的烟云很快变淡散去，但是并没有什么用，因为蚊子还在不断从远处赶来。

我们终于抵达山顶，那里只是一片平淡无奇的缓坡。既没有树丛，也没有长草，就是一片草坪而已，中间散落着牛粪，应该经常有牛群在这里休息。那棵红色的树在草坪的下缘，我们抵达时天色已经渐暗，但是，在夕阳下它红色的叶片仿佛正在燃烧，呈现出一种半透明的红。父亲说："真的是漆树。"说完，他掐掉树叶的嫩芽，放在嘴里嚼，并且示意我也尝尝。

漆树芽有一种苦涩的味道，没有回甜，也没有香气，只有植物的味道，我猜那就是漆树的滋味。我们家有漆树油，是用它的种子榨出来的油脂，按照本地风俗应该用它来炒鸡肉。我尝过，并不觉得有什么特别。这是我第一次吃漆树叶，似乎也没有什么特别。太阳在群山之间又落下去一些，山风四起，从这里看过去，群山仿佛落入粉色、金色、淡青色和黑色的重重帷幕之后，而我们正在没入彻底的黑，连漆树也渐渐失去红色而变成暗金色。我问："我们来这里干什么？"父亲回答："看看。"

我们就这样谁也不说话，嚼着嘴里的树叶，站在山顶看着太阳慢慢落下。

思考题：

1. 这篇文章的环境描写很有特点，试赏析文中画线句子所用的写作手法及其作用。

2.父亲带我上山的目的真的如他所说只是"看看"吗？结合文章最后一段进行分析。

未被摧毁的生活

李伟长

我给小朋友告告读《柳林风声》，读到鼹鼠和水鼠哥儿俩，出门遭遇暴风雪，在冰天雪地里迷了路，眼前一片白茫茫，不知道该往何处去，顿时心生戚戚。那么小的家伙，一阵风就可以将他们吹走，陷在漫天风雪中进退两难。幸好，他们遇到了獾先生。正是这位獾先生，打开了门，让我看到了一处迷人的地方。

那是一个幽深安静的洞穴。进门后，獾先生举着灯，领着他们俩，不紧不慢地穿过又长又暗的走廊地道，推开一扇厚重舒适的橡木门，进了一间温暖如春的大厨房。宽大的壁炉里炉火烧得正旺，炉前放着两把高背椅，用来招待到来的朋友。红色地砖因年久泛着光泽。一张长条大餐桌摆在中间，桌旁摆着两条长凳。美味的火腿、几捆干草、几网兜洋葱和几篮子鸡蛋，挂在厨房的上方。想想洞外风雪交加，路人饥寒交迫，而此时此刻，在獾先生的家里，热气腾腾，有炉火，有食物，还有远道而来的朋友。

就会享受生活而言，獾先生真是一个榜样，不仅找到了这么好的地方，还把它打理得如此舒适，粮食储备够了，炉火时刻不熄，真适合闭起门来安心过冬。冬天里的动物们都昏昏欲睡，有的已经冬眠了。冬天里休息是约定俗成的规矩。似乎过去半年多的辛劳和积蓄，为的就是过好这一个冬天。大雪天，烤着火炉，饿了就吃点火腿和洋葱，不必受冻，不至于挨饿，而后呼呼大睡，等待春天的到来，等待冰雪消融，等待水流再次潺潺。不用焦急，甚至连耐心都用不上，春天自然会像往年一样准时抵达。

听到朋友可能惹上麻烦，獾先生直言不讳，告诉鼹鼠他们，冬天里他什么也做不了，他得休息，也就是冬眠。忙活了半年，到了冬天动物们就会犯困，獾和别的冬眠动物没有区别，甚至他冬眠的时间更长。让獾先生放弃冬眠，强打精神，或者打着瞌睡，离开温暖的洞穴，是很危险的行为，他可能会冻死在冬天的路上。这是獾作为动物的弱点，换言之，就是他的有限性。獾很清楚这一点，做不到就是做不到，逞强没有意义，接受自己的局限并遵守它才是对自己负责。

我想说，和动物一样，人也有某些特殊的习性，有些习性就是弱点，同样可能致命。一个人能意识到自己的弱点，要是还能接纳它，不想着强行纠正它，就已经很让人钦佩。事实上，总有很多人不甘心，以为凭着毅力和决心可以击败乃至克服自己身上的有限性，故而勉强行事，结局不顺遂也就再自然不过了。

我喜欢獾先生的"冷酷"，不冲动，不莽撞，没有急不可待，而是等着冬天过去。这样也许会错过帮助朋友的最佳时机，但只要生活还没有完全被摧毁，演出还没谢幕，就还来得及。事实上，生活也不可能被摧毁。何况，坏事还未发生，蛤蟆还没有银铛入狱，为尚未发生的事情犯愁，不是獾先生的行事风格。几个月后，冬天过去了，冬眠结束，獾先生如约走出洞穴，和一帮老友拯救了浮夸的蛤蟆老弟。

冬天不出门，是獾先生的生存规律，也是一种生活哲学，像曾国藩说过的"未来不迎，当时不杂"，还没来的事情不必忧虑，专注当下更为重要。当你知道獾先生清理出这么一间温暖的大厨房时，就知道他的生活是怎样怡然自得，又顺守自然秩序。

我从乡下来到城市，有时感觉迷了路，慌了神，硬着头皮往前走，幸有师长指路，走着走着，就走到了现在，回头看看走过的路，似乎又是对的。原来迷路也不容易，失掉生活方向的人才会迷路。莫泊桑在短篇小说《一生》中讲，"生活不可能像你想象的那么好，但也不会像你想象的那么糟。我觉得人的脆弱和坚强都超乎自己的想象。有时，我可能脆弱得一句话就泪流满面，有时，也发现自己咬着牙走了很长的路"。

这种感觉常在心头泛起又沉下，似乎说中了一些什么，又近乎矫情得不值一提。

不可否认，我很想走进獾先生的大厨房，在壁炉旁烤火，看柴火烧得旺旺的，在餐桌上吃火腿，听鼹鼠说蛤蟆让人啼笑皆非的遭遇，听小刺猬讲下雪天被妈妈赶去上学结果迷路的故事，等待温厚的獾先生睡醒，和他一道抽抽烟，喝喝茶，谈谈洞外的夜晚和纷飞的大雪。

思考题：

1. 这篇文章用了很长篇幅在写《柳林风声》中獾先生的生活场景和生存之道，你觉得这样的构思是否显得头重脚轻？结合文章主旨进行分析。

2. 你认同獾先生的生活哲学吗？请谈谈自己读文后的心得。

🎓 | **中考链接**

碎暖

（2018年辽宁省沈阳市中考阅读题）

包利民

①一个午后，阳光透窗而入，照在一地的书上。我一边整理杂乱的书，一边随着每一本书的入目而在心里生长着往事。忽然，从一本书里落下一张纸条，那是一本十多年前的初中语文教材，我奇怪它怎么进入到藏书的行列之中，目光不禁投向那张纸条。

②纸条已经泛黄，是从大笔记本上撕下的一条，蓝色的字迹已经极淡。"老师，我很喜欢听你讲课！"这温暖的字句，一下子撞开了岁月深处的一扇门。那个时候，我刚刚到一个小镇的初中当语文老

师。第一堂课讲得紧张无比，有些语无伦次。下课时，我简直羞愧难当，有一种巨大的挫败感。这时候，一个女生走到我身边，把一张纸条递给我。我仿佛刹那间春暖花开，心中涌动着感动，还有希望在生生不息。

③上大学时，我是学生会宣传部的成员。有一次在布置一个会场时，我往黑板上写美术体大字。下面有一些学生在自习，会议开始前，他们纷纷离开。忽然，一个女同学悄悄地走到我身边，微笑着把一张纸条塞到我手里。我疑惑地打开，上面写着："誓言的'誓'错了！快改过来！"我一惊，仔细看黑板上的字，一时又惭愧又感动。

④我刚读初中的时候，班主任是一个很年轻的男老师。开始时，我们并不了解他，也不怎么怕他，他教我们地理。在他的课上，我们常会有一些小动作。有一次下午上地理课，他在前面板书的时候，我便写了张纸条给前面隔了几排的一个好友："放学去河边的草地上踢球，多叫几个人！"趁老师转身的时候，我抛了过去。好友接过后，便回抛了一个给我："你再问问别人，看有多少人去！"于是，我又写了多张纸条，四处抛飞。

⑤谁知很不巧，向最前排抛去的那个纸团由于用力过猛，落在了老师的讲台上。恰好老师转过身来，他很好奇地打开纸条看了看，没说什么，继续讲课。过了一会儿，他让我们自行把课文默读一遍，记住一些数据。我正低头读着，忽然发现老师走到我身边，把一个纸条放在我桌上，上面写着："我也去踢球，放学后记得叫上我。"一瞬间，心里有一种说不出的感受。从那以后，老师便融入我们之中。他也让我们明白，一个老师也完全可以不用绷着脸就能让学生从心里敬服。

⑥我坐在一堆书中间，沐浴着暖暖的阳光，任思绪飘飞于一张又一张纸条的往事之中。曾经在一个幼儿园的墙上，看到粘贴在上面的许多纸条，上面都是父母写给自己孩子的只言片语。比如说："宝贝，妈妈不求你以后能大富大贵出人头地，只要你一生平安就好！"一字一句都浸润着父母浓浓的爱。这家幼儿园把这些纸条都精心地收藏着，说等孩子们长大以后，让他们回来看。我想，当长大的孩子们重回幼儿园，找到父母当年写给自己的纸条，心里该是怎样的温暖与感动。

⑦我的一个朋友被亲生父母抛弃，她却从不悲伤，也从没有怨恨过父母。她说她也有亲情，她同样在母亲的爱中成长。有一天在她家里，她小心地拿出一张纸条，上面已经塑了封，急促的字迹，仿佛临时匆匆写的。开始是一串年月日，估计是她的生日，后面有几句话："妈妈会心痛一生，会爱你一生，你永远是妈妈最珍贵的宝贝……"妈妈的表白，将会让她温暖一生。

⑧记得一个高中同学跟我讲过，有一次他和家人怄气，便选择了离家出走，让他伤心的是，父母并没有阻拦他。及至另一个城市，走投无路时，他偶然在衣服最里面的一个口袋里，发现了一些钱和一张纸条，是母亲的笔体："走够了就回家吧。"短短几个字，瞬间消融了心里的坚

冰，流淌着暖暖的感动。

⑨我常常流连于那些让人难忘的只言片语。那样的时刻，仿佛时光都走得那么轻缓。那些点点滴滴的暖，汇聚成爱的海洋，无时无刻不在包围着我们。这样，生命才会在磨砺中温暖而多姿，生活才会在坎坷中多情而美好。

（选自《时文选粹》，有删改）

1.本文围绕标题，选取了哪些材料？

2.选文第③段画线句用了什么人物描写方法？有什么作用？

3.结合选文，试从内容、结构、主题三个方面分析题目"碎暖"的妙处。

写作实践

一、2022年广东省深圳市中考作文题

阅读下面材料，根据要求完成写作。

平凡而普通的生活，是生命的常态。不过，日常生活中的人、事、物，情、景、理，也能让人产生新的体验、新的感悟、新的收获，从而感觉"超越了平常的自己"。

请以"是你，让我超越了平常的自己"为题，写一篇作文。

要求：文体不限（诗歌除外）；不少于600字，不超过900字。

提 示

写好此题的关键是抓住其中的"你"字做文章。"是你"置于句首，有强调意味，强调"是你"带给了我巨大的影响。若把"你"仅仅定义为人——同学、老师、朋友、父母，那么这样的作文往往题材雷同，很难出彩。因此，要拓展选材范围，"你"可以是一些自己遇到的人或事，或新闻报道中看到的人物或事件，也可以是先贤古圣的名言。题目的核心是写"超越了平常的自己"，而"超越了平常的自己"是一种感受、感悟，或者说是青少年对成长的自我感受和体验。另外，标题中的"是你"，形成了一个对话的情境，这就要求写作时心中有"人"，语中带情。用面对面式的倾诉，进入一种具体、亲切的对话情境中，抒发"超越了平常的自己"的深切体悟，会给人更多真实的感觉。

提 示

题目强调"是你"，"你"是第二人称，可以考虑采用书信体，或采用倒叙的手法。比如，先写"我"取得了成功，然后写"我"是如何受到"你"的影响的，最后点明主旨。用先声夺人的写法，新颖别致，常能收到意想不到的效果。还可以采用逆向思维法，也能把文章写得与众不同。

二、2022 年内蒙古包头市中考作文题

阅读下面的文字，按要求作文。

你欲看到好风景，便该在当下迈开步来走。能够走路，是世上最美之事。每走一步都有收获。走下去，美景——奔入眼帘：广阔的田野，金黄的麦浪，日新月异的城市，欢声笑语的公园……

走下去，便愈接近另一个境地，你会一步步接近心中的目标。汪国真曾说："理想与现实之间，不变的是跋涉；暗淡与辉煌之间，不变的是开始。"

上面的材料，引发了你哪些感受和思考？请自定主题，按要求完成作文。

要求： 自拟题目，自选文体（诗歌、戏剧除外），字数不少于 600 字。

提 示

这则材料要求写作的主题是"要一直走下去"。在走的过程中我们会遇到很多困难，但成功、希望、收获离不开坚持，坚持才能克服困难，才能继续走下去。所以，本次作文的立意应为：坚持。写作过程中要突出"跋涉"的过程，可以是突破难题的过程，也可以是攀登的过程；可以是超越自己、思想提升的过程，也可以是欣赏美景或艺术作品时柳暗花明的过程……最好选择亲身经历的事件，选材要尽量小、真、新，对于素材的处理要突出前后变化，对比中方能更好地展现情感的强度，引发共鸣。

第三章

结构篇

开动思维

结构即谋篇布局，为了完美表达主题，将材料按照一定的规则有序组织起来，这是文章的骨骼。《文心雕龙·章句》言："启行之辞，逆萌中篇之意；绝笔之言，追媵前句之旨。故能外文绮交，内义脉注，跗萼相衔，首尾一体。"意即开篇所言就考虑中篇的内容，结尾所言则继承前面的旨意，因而能文采交织于外，脉络贯注于内，前后衔接，首尾一体。

结构包括开篇如何入题、主体部分如何展开、结尾如何收束。前人对好文章的设定为：凤头、猪肚、豹尾。即开篇应像凤头那样美丽精彩，主体像猪肚那样充实丰满有内容，结尾像豹尾一样简短有力。

文章的基本结构，无非总分、横向和纵向三种。

总分者，首段统领，而后分头叙述之谓也。本书所选柴静《被忽略的"细节"》一文，开头这样写："我刚做记者的时候，《东方时空》的制片人时间说过一句话，去现场采访的时候，'要像外国人一样去看'。他的意思是不要熟视无睹。我以为自己听进去了，直到看了一个美国人写的中国，才知道我对现实已经失去多少感觉。"这就是总领。然后分写，写了美国记者何伟书中的两个细节，确认主题。这是最容易掌握的方法。

至于横向结构，可分为并列和对比两种形式。前者平行写两件或两件以上性质相同的事；后者则写一正一反截然对立的内容，形成鲜明对照。本书所选李汉荣《转身》一文，分别讲述了三个转身不见的片段，这种写法就属于并行结构法。而本书所选马未都的《艺术家》，前半部分分析长发艺术家和秃头艺术家的特征，后半部分分析大艺术家的特征，大艺术家和一般艺术家在精神气质上完全对立，这种写法就属于对立结构法。

纵向结构也不难理解，即按照时间或逻辑顺序叙事，这是最自然也最常用的方法。本书所选张晓风的《第一幅画》，就是按照时间顺序讲述自己与印象派画家莫奈的相遇。

结构方面的常见失误如下：

1. 思路不清，逻辑混乱

主要表现为语言表达含混不清，事件安排缺乏逻辑性，言之无序。提示：当多个事例并行时，应按照一定的顺序，由浅至深、由小到大地排布。

2. 缺乏过渡，忽视照应

最明显的表现是，在内容转换过程中不会用过渡性语句，前面提到的事情后面没有着落，后面出现的内容前面缺乏铺垫。

3. 剪裁不当，头重脚轻

表现为主次不分，详略不当。原因在于或平分笔墨、平均使力，或虎头蛇尾，开篇浓墨重彩，后面潦草结束。

那么，如何安排结构呢？下面是几个要点。

拈金堆玉，装饰开头 ▶

作文的开头应当秉承的原则是：契合题意，简明扼要。

或开门见山，落笔扣题；或设置悬念，引人遐想；或铺陈渲染，营造气氛；或巧用排比，添色增彩。对文章而言，开篇是给人的"第一印象"，因此，要用心起调，"首唱荣华"（刘勰语），让其成为文章一大亮点。

1. 开门见山式

开宗明义，直截了当，干净利落，绝无赘语。如韩少功《青龙偃月刀》的开头："何爹剃头几十年，是个远近闻名的剃匠师傅。"不枝不蔓，点明中心。又如王小妮《吃酒席》的开篇："一九七四年春天，我第一次吃了正规的酒席。那年，我十九岁。"这种写法直切主题，便于下文徐徐铺开。

2. 设置悬念式

这种开头常以奇巧、先声夺人博人眼球，营造一种超乎寻常的氛围和气势，借以激发读者的好奇心。如卡夫卡《变形记》的开头："一天清晨，格里高尔·萨姆沙从烦躁不安的睡梦中醒来时，发现自己在床上变成了一只大得吓人的甲壳虫。"琼瑶《难民火车》的开头："我不知道有没有人记得抗战时期的'难民火车'？我不知道坐过那火车的人能不能忘记那种经历？"前者有惊悚片的感觉，一下子就抓住了读者；后者通过设问勾起人的兴趣，让人想一探究竟。

3. 环境渲染式

这种方式在一开篇就将读者带入特定的情境中，让人产生身临其境之感，起到渲染气氛、烘托主题、为下文做铺垫的作用。如本书所选东山魁夷《听泉》的开头："鸟儿飞过旷野。一批又一批，成群的鸟儿接连不断地飞了过去。有时候四五只联翩飞翔，有时候排成一字长蛇阵。看，多么壮阔的鸟群啊……"渲染了热闹迷人的气氛，为后文描写泉水做了充分的铺垫。

4. 语句排比式

排比式开头能营造出宏大气势，给予人排山倒海般的力量感。这种开头方式，用来状物，将造成景象纷呈之感；用来叙事，则有酣畅淋漓之态；用来说理，尽显气势磅礴之象。

用来状物的，如朱自清的《匆匆》："燕子去了，有再来的时候；杨柳枯了，有再青的时候；桃花谢了，有再开的时候。"

用来叙事的，如本书所选埃林·彼林的《老牛》："每当我想起自己的童年，想起家庭的温暖，想起高高的小山冈上太阳直晒着的故乡的村庄，想起我们曾经在那岸边玩耍的小河，在我的记忆里便浮现出一头庞大瘦瘠的公牛——我们的老别尔乔。"

用来说理的，如本书所选李汉荣的《转身》："一转身，车窗外的河流已经不知去向；一转身，门前的那只鸟已不见踪影；一转身，天上的那座虹桥已经悄然消失；一转身，水里的鱼已经没入深渊；一转身，父亲已经走远，新垒的坟上，墓草青青……"

除上面四种开头法之外，还有内心独白式、对话式等，都可参照借鉴。

统筹布局，充实内容

就记叙文而言，布局相当重要，大致包括：故事各部分的比重，起承转合的处理，叙事中的抒情及议论如何进行，文章的节奏感，等等。

1. 写人记事要有手段

写记叙文不能只满足于把事情叙述清楚，而应该综合运用各种描写手法，对其进行扩展加工，以求取得丰富人物形象、强化人物性格的效果。如鲁迅《阿长与〈山海经〉》中对保姆阿长形象的塑造，就称得上立体有型。她粗俗愚昧，却又善良真诚，很有人情味。作者深谙人性，笔下的人物让人觉得真实可信。

2. 写景状物要抓特点

王国维在《人间词话》里说："以我观物，故物皆著我之色彩。"也就是说，景物会因作者感情的投射而获得生命。如汪曾祺《夏天》一文，抓住栀子花、白兰花、牵牛花、秋葵花、凤仙花等植物的特点，写出了它们如人一般各不相同的个性与命运。朱自清《荷塘月色》中，作者寄情于景，运用联想、比喻、拟人、排比、通感、动静结合、虚实相应等多种表现手法，描绘出一幅令人迷醉的风景图。

3. 抒情要自然真挚

这似乎不应成为问题，但实际上却常常让考生犯难。

凡是有感染力的抒情一定抒发的是真情，它发自内心，是不得不发之情，也是真挚之情。抒发真情最怕矫情——即为了取得某种效果，故意夸大或扭曲感情。最好的抒情方式，就是让感情自然而然地流露出来。

请看冯骥才《花巷》中这段话："我走进巷子，夜色如同水一般从我面颊和臂膀旁滑溜溜地流过。我整个身子融入这深巷，也就融入这浓得化不开的芬芳里。"第二句抒情，让人只觉得美好，而没有一丝一毫的不适感。

再以郁达夫《故都的秋》为例，作者从"秋"的形态、神韵着笔，描写它"清""静""悲凉"的特点，表达对故都的眷恋与哀婉之情。所谓地有南北，意有深浅，情有厚薄，"秋"也有不同的姿、色、声、味，字字句句皆是景中含情。文末直抒胸臆："秋天，这北国的秋天，若留得住的话，我愿意把寿命的三分之二折去，换得一个三分之一的零头。"作者把家国情怀融入其间，使这份情感真切、独特，感人至深。

4. 情节要跌宕起伏

"文似看山不喜平。"平铺直叙的文章很难赢得读者。如何把故事讲得引人入胜？关键在于设置曲折生动的情节，运用诸如悬念、伏笔、欲扬先抑、双线结构、插叙、倒叙等手法，可以使文章厚实有张力，形成阅读期待。如鲁迅《社戏》中"戏前波折"一节，先是叫不到船，又不准和别人同去，外祖母和母亲担心，后面将这些难题一一化解，三落三起，才得以去看戏，真的是好事多磨。

曲终收拨，言尽意远 ▶

古人称文章结尾为"豹尾"，意即结尾要像豹子的尾巴那样精悍有力，从而达到言尽意远之效。李渔在《闲情偶寄》中说："终篇之际，当以媚语摄魂，使之执笔留连，若难遽别。"意即在文章收尾处，应当用意蕴深刻、富有文采的语言，使读者欲罢不能，不忍释卷。

作为最后一道工序，结尾极其重要。写得好，会使文章结构缜密，大添异彩；写得不好，会使文章结构松弛，黯然失色。好的结尾应做到：内容上卒章显志，结构上圆融自洽。

1. 首尾呼应

文章的开头和结尾互相接应，前文内容与后文内容存在相互联系、相互对应的关系，这种方法使文章浑然一体。如宗璞《紫藤萝瀑布》开篇"我不由得停住了脚步"，简短突兀，设置悬念；结尾"在这浅紫色的光辉和浅紫色的芳香中，我不觉加快了脚步"，照应开头，使文章前后呼应，有开有合。茅盾《白杨礼赞》的开头是"白杨树实在是不平凡的，我赞美白杨树"，结尾是"我要高声赞美白杨树"，前后照应。

2. 画龙点睛

画龙点睛指在文末以凝练精警、意蕴高远的语句提升文章境界。这类语句往往都是神来之笔。如冯骥才的《珍珠鸟》在结尾处写道："信赖，往往创造出美好的境界。"言简意赅，点出文章的主旨。赫塔·米勒《手帕》一文，结尾作者缘事而发，将自己对法西斯战争的厌恶浓缩为一句警语："这喇叭，我才不会去吹它。"旨在表达不要轻易被洗脑而沦为纳粹炮灰的思想。

3. 环境深化

结尾运用环境描写与前文的内容同声相应，相互生发，以升华主旨。如鲁迅《故乡》的结尾，作者再次描写了海边的景色："我在朦胧中，眼前展开一片海边碧绿的沙地来，上面深蓝的天空中挂着一轮金黄的圆月。"这与前文的描写并非重复，而是对前文的深化，表现了主人公渴望创造新生活的强烈愿望，有力深化了主题。

收尾手法形式多样，同学们尽可以驰骋想象，寻求更妙的结尾方法。

巧用题记与小标题 ▶

1. 巧用题记

题记是一种写在正文前或文章题目下面的文字，与主旨或内容相关联。其作用是交代写作缘由，凸现文章中心意思。如：

中考作文《这也是一种荣誉》开头："当一粒种子破土而出的时候，生命便开始了一个新的历程，而它的苗壮成长对我来说是一种荣誉。——题记"

中考作文《从未止步》开头："'路曼曼其修远兮，吾将上下而求索。'无论路途多么遥远，无论风雨如何阻挠，我们在追求梦想的路上从未止步。——题记"

中考作文《阳光总在风雨后》开头："只有经历地狱般的磨炼，才能炼出创造天堂的力量；只有流过血的手指，才能弹奏出世间的绝唱。（泰戈尔）——题记"

上述题记有一个共同点：语句简洁，意思深邃，富有韵味。既点明题旨，奠定全文的感情基调，又增强了文章的美感。

2. 巧用小标题

所谓小标题结构法，是将若干个围绕中心选用的材料，有机连接成篇。使用小标题，既可以多维度表达主题，活泼灵动，又可以打破时空界限，减少过渡性文字，使文章层次分明，条理清晰，给人留下深刻的印象。本书所选柳时和《把幸福放在手上》，用十二则小故事讲印度人的智慧，即是佳例。

精选精练

穿行于夜色的松林

张 炜

我听说松林是由天上的乌云变成的，乌云是松林的魂魄。一片片松林死亡了，它们的魂魄就要升到天上，游来荡去，最终还要找一个适当的时机落下来生长。我还听说红云落到地上变成了柿子树、紫叶李和枫树，常在西南方飘荡的灰云变成了大片的灌木，白云则变成了白杨和桦树。

林木纷纷消逝的年代，也是云彩远远飘离的岁月。林之魂魄没有落脚之地，于是只得远去他乡，过西洋，越东瀛，最后找一些安生的地方降落下来。世上的事物有生就有灭，生生灭灭，浑成宇宙。有生灭就有喜乐哀愁，有呼号痛歌。我直到如今才算听懂了一点点林木之声，却不敢妄言转述。

许多时候云彩化而为雨，那是为地上的生命洒下的乳汁。地上干枯无色的日子，是不必饲喂的日子，所以云彩徘徊不定，最后还是走开了。云彩降生的时刻是在深夜，在某个无声无息的瞬间。某个失眠者于乌黑的浑茫里探出头来，看到一片无边无际的雾气把大地笼罩得严严实实，一伸手十指皆湿，就在心里暗暗惊呼：天哪！他不知道这正是上天播种的时刻，大地上一片崭新的林木即将出世。

所以森林诞生是最大的事情。有人隐隐感悟到什么，于是一到春天就搬锹动镢，谓之"造林"。

漫天的乌云在夜色里行走，发出若有若无的声音，深长而又隐晦。这声音让人想起大海深处的暗流。乌云留恋遥远的东方居地，从大洋彼岸赶来，俯视这一片千疮百孔的平原。一万两千多年前，这里是茂密的松林：庄严，苍黑，高大英俊。就因为这片松林的存在，整片平原变得威风凛凛，得到四方礼遇。可是现在什么都没有了。关于它们消失的故事实在令人悲伤，所以这会儿上苍没有言说，只是默默注视。

乌云不能在一处长久地停留，于是它们继续游走。越过又一片大洋，往下看是茂密的白桦林。乌云于凌晨悄然落地，降生在桦林之侧。

不久，这里将有一片茂密的黑松林。

思考题：

1.按照乌云的行踪梳理本文的写作思路，简要概括每部分的内容。

2."漫天的乌云在夜色里行走，发出若有若无的声音，深长而又隐晦。"这句话有什么含意？

3."所以森林诞生是最大的事情。有人隐隐感悟到什么。"结合上下文分析：有人隐隐感悟到的是什么？

一起去看山

阿 来

爬了一天山，袭来的疲倦使得大家意兴阑珊，我们便都在火堆边睡去了。我横竖睡不着，也许是因为过于兴奋，也许是因为海拔太高。这时，风停了，月亮升起来了，它用另一种色调的光将曾短暂陷落于黑暗的群山照亮。我喜欢山中静寂无声、光色纯净的月亮，就悄然起身，把褥子和睡袋搬到屋外的草地上。我躺在睡袋里，看月亮，看月光流泻在悬崖下属于杜鹃林和落叶松的地带。我花了更多的时间凝视一道冰川。那道冰川顺着悬崖从雪峰顶前向下流淌——纹丝不动，却保持着流动的姿态，然后，在正对我的那面几乎垂直的悬崖上猛然断裂。我躺在几丛鲜花灌木之间，正好面对着冰川的断裂处。那幽蓝的闪烁的光芒如梦似幻。我们骑着上山的马，帮我们驮载行李上山的马，就站在我的附近，垂头吃草或者咕吱咕吱地错动着牙床。我却只是静静地望着几乎就悬在头顶的冰川那十几米高的断裂面，在月光下泛着幽蓝的光芒。视觉感受到的光芒在脑海中似乎转换成了一种语言，我听见了吗？我听见了。听见了什么？我不知道，那是一种幽微深沉的语言。一匹马走过来，翕动着鼻翼嗅我。我伸出手，马伸出舌头。它舔我的手。粗糙的舌头，温暖的舌头。那是与冰川无声的语言相似的语言。

然后，我就睡着了。

越睡越沉，越睡越温暖。

早上醒来，我的头一伸出睡袋，就感到脖子间新鲜冰凉的刺激。睁开眼，看见的是一个银装素裹的白雪世界！我碰落了灌木丛上的雪，雪落在颈间，那便是清凉刺激的来源。岩石、树木、溪流、道路，所有的一切，都被蓬松洁净的雪覆盖。一夜酣睡，我竟然连下了一场铺天盖地的大雪都不知道！

那天早晨，兴奋不已的几个人也没吃东西，就起身在雪地里疾走，向着这条峡谷的更深处进发，直到无路可走才停住。最漂亮的景色是一个小湖。世界那么安静，曲折的湖岸上是新雪堆出的各种奇异的形状。那些形状是积雪覆盖着的物体造就的。一块岩石，一堆岩石，雪层杜鹃的灌木丛，柏树正在朽腐的树桩，一两枝水生植物的残茎，都造成了不同的积雪形状。纹丝不动的湖水有些深沉。湖水中央是洁白雪峰的倒影。这是我离四姑娘山雪峰最近的一次。她就在我的面前，断裂的冰川，锋利的棱线，冰与雪的堆积，都清晰可见。

后来，我还在不同的季节到过四姑娘山。

春天和秋天，不同的植物群落，会呈现出丰富多彩的色调。

春天，万物萌发。那些灌木丛与乔木新生的叶子会如轻雾一般给山野笼罩上深浅不一的绿色，如雾如烟。落叶松氤氲的新绿，白桦树的绿闪烁着蜡质的光芒。不同的色调对应着人内心深处难以名状的情感。从那些应了光线的变化而变幻不定的春天的色彩中，人看到的不只是美丽的大自然，还看到了自己深藏不露的内心世界。美国诗人惠特曼的"拂开大草原上的草，吸着它那特殊的香味，我向它索要精神上相应的讯息"，说的就是这样的意思。

秋天，那简直就是灿烂色彩的交响乐。那么多种的红，那么多种的黄，被灿烂的高原阳光照亮。高原上特别容易产生大大小小的空气对流，那就是大大小小的风，风和光联合起来，吹动那些色彩不同的树——椴、枫、桦、杨、楸……那是盛大华美的色彩交响乐。高音部是最靠近雪线的落叶松那最明亮的金黄。高潮过后，落叶纷飞，落在蜿蜒的山路上，落在林间，落在溪涧中。路循着溪流，溪流载满落叶。下山，我们回到人间。其间，我们有可能遇到有些惊惶的野生动物，有可能遇见一群血雉，羽翼鲜亮。我们打量它们，它们也想打量我们，但到底还是害怕，便慌慌张张地遁入林间。

当然不能忽略夏天。

所有草木都枝叶繁茂，所有草木都长成了一样的绿色，浩荡、幽深、宽广。阳光落在万物之上，风再来助推，绿与光交相辉映，绿浪翻滚，那是光与色的舞蹈。那时，所有的开花植物都开出了花。那些开花植物都有着庞大的家族。杜鹃花家族、报春花家族、龙胆花家族、马先蒿家族，把所有的林间草地、所有的森林边缘，变成了野花的海洋。还有绿绒蒿家族、金莲花家族、红景天家族，它们都竞相开放，来赴这场夏日的生命盛典。

而这一切的背后，总有晶莹的雪峰在那里，总有蓝天丽日在那里，让人在这美丽的世界中想到高远，想到无限。我记起一个情景：当我趴在草地上把镜头对准一株开花的棱子芹时，一个人轻轻碰触我，告诉我不要因为拍摄一朵花而压倒了身下看上去更普通的毛茛花。我也阻止过准备把杜鹃花编成花环装点自己的年轻女士。这就是美的作用。美教导我们珍重美，美教导我们通向善。

冬天，雪线压低了。雪地上印满了动物们的足迹。落尽了叶子的森林呈现出一种萧疏之美。

思考题：

1. 文中写了四姑娘山哪几个季节的景色？每个季节各有特点，作者分别抓住了每个季节的什么特点进行描写？

2. 本文记录得最为详尽的是哪一次看山？文章写作思路的安排有什么特点？

🎓 中考链接

海上的父亲
（2020年四川省达州市中考阅读题）

虞 燕

父亲每每回家，都携一身淡淡的海腥味。他从来不会在家逗留很久，船才是他漂浮的陆地。父亲眼前，大海浩瀚无边，深广动荡。

那艘木帆船，是父亲海员生涯的起始站。木帆船凭风行驶，靠岸时间难以估算。比起身体遭受的痛苦，精神上的绝望更易令人崩溃——四顾之下，大海茫茫，帆船在浪里翻腾，食物在胃里翻腾，跪在甲板上连黄色的胆汁都吐尽了，停泊却遥遥无期。吐到几乎瘫软也得顾及船员们的一日三餐。木帆船的厨房设在船舱底部，父亲一点一点地挪过去，船颠簸，脚无力，手

颤抖。他强忍身体的极度不适，淘米、洗菜、生火，实在受不住就蹲下来，靠在灶旁缓一缓，或喝下一碗凉水等待新一轮的呕吐。吐完再喝，喝了又吐，如此循环。

父亲跟我聊起这些时，一脸的云淡风轻，他说这是每个海员的必经之路，晕着晕着就晕出头了，一般熬过一年就不晕了。

也因为有这样一位海上的父亲，我跟弟弟从小的物质条件算是相对优越。小岛闭塞，交通不便，父亲带回来的东西，都是那么稀奇。

荔枝最不易保存，却是我的最爱。父亲每次去海南就会多买一些，装进篮子，挂在通风的地方。到家需驶行一周甚至更长时间。他每天仔细地查看、翻动荔枝，捡"流泪"了的吃掉，将还新鲜的留着，几斤荔枝到家后往往只剩十来颗。看一双

儿女吃得咂嘴弄唇，父亲不住叹气：要是多一些就好了。

父亲走出木帆船的厨房，是3年之后了。其时，木帆船已老旧，父亲被调到了机帆船，锚泊系岸、海面瞭望、开舱关舱、手动掌舵、柴油机维护等等，他早做得得心应手。船上经常会为争取时间连夜装货卸货，寒冷的冬雨夜，父亲和其他船员奋战在摇摆不定的甲板上。一夜下来，他们原本古铜色的脸被海水、雨水泡白了，皱皱的，像糊上去一层纸。脱掉雨衣后，一拳头打在身上时，衣服上就会滴下水。

那是父亲海员生涯里的第一次生死历险。夜里11点多，父亲刚要起来换班，突然听到一声天震地骇的"砰"，同时，整只船像被点着的鞭炮似的蹦了起来。父亲的脑袋嗡嗡作响，五脏六腑都像是要跳脱他的躯体。触礁了！他在第一时间冲了出去。船体破裂，过不了多久，海水将汹涌而入，将他们卷入巨腹。

船长紧急下令，把船上能漂浮的东西全部绑在一起制成了临时"竹筏"，大家伙紧张忙乱到来不及恐惧。待安全转移到"竹筏"上，等待救援的父亲才感到后怕。环顾四周，大海浩渺，黑得像涂了重墨，望不到一星半点的灯火。彼时正值正月，带着腥咸味的海风凌厉地抽打着他们的躯体，父亲的额头却不停地冒汗。时间一点点过去，他的绝望越来越深。老船员们不断地给他打气：一定要牢牢抓住"竹筏"，只要有一丝生的希望就绝不放弃。幸运的是，天亮时，有一支捕捞队刚好经过这片海域，救起了他们。

多年后，父亲早已被各种大大小小的

惊险事故磨炼得处变不惊，而对于留守岛上的人，担惊受怕却从未停止。每到台风天，母亲都会面色凝重地坐在收音机前听天气预报。我跟弟弟敛声屏气，每一个字都似渔网上的铁坠子，拖着我们的心往下沉。直等到那来自茫茫大海的信息反馈，我们才在一次次的确认中获得慰藉和力量。

我见过父亲在陆上生活的百无聊赖和郁郁寡欢。父亲所在的那艘2600吨的大货船，货舱高达四五米，进出都必须爬梯子。几次爬进爬出后，不知道是不是体力不支，父亲竟一个趔趄滑倒在货舱底部，导致手臂骨折，被送上岸休养。待在家的父亲看起来羸弱而颓废，埋头从房间走到院子，又从院子回到房间，一天无数次。他三番五次打电话给同事问船到哪了，卸货是否顺利，什么时候返航。他像条不小心被冲上岸的鱼，局促、焦躁、魂不守舍，等待再次回到海里的过程是那么煎熬。

就休息了一个航次，还未痊愈的父亲便急吼吼地赶回船上。母亲望着他的背影咬牙道："这下做人踏实了。"

我时常想起那个画面：水手长父亲右手提起撇缆头来回摆动，顺势带动缆头做45度旋转，旋转2到3圈后，利用转腰、挺胸、抡臂等连贯动作，将撇缆头瞬时撇出，不偏不倚正中岸上的桩墩。船平稳靠岸。父亲身后，大海浩瀚无际，寂然无声。

（选自《读者》2020年第11期，有删改）

1. 请从文章结构方面，谈一谈作者的行文思路。

2.按要求赏析下面的语句。

每到台风天，母亲都会面色凝重地坐在收音机前听天气预报。我跟弟弟敛声屏气，每一个字都似渔网上的铁坠子，拖着我们的心往下沉。（从修辞角度赏析）

3.请结合文章内容说说开头和结尾两处写景句有什么作用。

写作实践

一、2022年湖南省常德市中考作文题

阅读下面的材料，根据要求写作。

四十年前，《北京日报》曾讲述过一个"八减一大于八"的故事。清华大学某阶梯教室里传出一阵悠扬的乐声，这是学生们在欣赏奥地利作曲家施特劳斯的名曲《蓝色多瑙河》。除了这种文艺欣赏活动外，清华大学还组织了许多课余文艺社团。参加乐队和合唱队的就有二百多人，并且绝大多数人的学习成绩都非常优异。许多不参加课外活动的学生都很奇怪："我们成天看书，怎么成绩还不如你们？"合唱队队长回答说："八减一大于八，这是我的切身体会。八个小时中学习七个小时，参加一个小时的文艺活动，学习效率会大大超过八个小时的。"

上面这一则旧闻引发了你怎样的感受与思考？请联系现实，写一篇记叙文或议论文。

要求：立意自定，题目自拟，不少于600字。

提示

审题立意时要注意材料的落脚点是：八减一大于八。可以理解为：劳逸结合有助于释放压力，张弛有度地学习会提高效率。据此可以围绕"劳逸结合""张弛有度""学会平衡"等立意行文。可以记录生活中相关的生动故事，叙事详略得当，议论中肯到位。

二、2022 年陕西省中考作文题

阅读下面的材料，根据要求写作。

生活中，总有一些问题需要面对。

…………

一句话，一本书，一次独处，一番欢聚，一个物件，一曲音乐，一个眼神，一处风景……往往能带来令人欣喜的改变。

请以"_____ 挺管用"为题，写一篇文章。

要求： 请将题目补充完整，文体自选，不少于 600 字。

> **提 示**
>
> 　　由"生活中，总有一些问题需要面对"可知，这道作文题的立意应该是学会生活，学会面对和解决生活中的问题。给出的提示语是："一句话，一本书，一次独处，一番欢聚，一个物件，一曲音乐，一个眼神，一处风景……"明确提示考生要全面关注生活。而"挺管用"的含义就是能解决问题，帮助我们克服各种精神困扰。作文要以"治愈"过程为重点，细致描写自己的心理变化，并通过分析某件事情的前后对比、心理变化等来验证效果，以此来突出"挺管用"的主旨。

第四章

技法篇

开动思维

表现手法是指作者在行文措辞时所使用的特殊的语句组织方式。选择恰当的表现手法，可为文章增色不少。常见的表现手法如下：

1. 借景抒情，情景交融

借景抒情，情景交融指通过对事物的描写或环境的渲染来抒发感情，包括借景抒情、寓情于景、情景交融。情感是流淌在文章中的血液，血不能流到外面，所以"情"要隐，隐到不直说而别人也能感觉到，效果才好。如张爱玲《花落的声音》中，写樱、梨、桃花的谢落是轻柔飘逸的，茶花的谢落是猝不及防、极端与刚烈的，雏菊的谢落则是不事张扬、不露痕迹的。字字景语皆关情，这又何尝不是作者本人的生命观？

2. 对比与衬托

对比是把两种相反的事物或同一事物相对立的两个面做比较，起到强调与突出的作用。衬托是以次要事物为陪衬来突出主要事物，常与对比一起使用。如鲁迅《孔乙己》中，将"喜剧的气氛"与"悲剧的内容"进行对比，让孔乙己在笑声中出场，又在众人的哄笑中消逝，以乐衬哀，从而突出了他的"多余人"形象，表现了"社会对于处在苦境的人的凉薄"的主旨。又如周敦颐《爱莲说》中，以陶渊明爱菊、世人爱牡丹来衬托君子爱莲，突出了中心思想。

3. 托物言志

托物言志指通过对客观事物的描写来表明心迹。如宗璞的《紫藤萝瀑布》借紫藤萝顽强的生命力，来表现人们即使经历了坎坷磨难，也应该乐观从容的人生态度。同时，本文还采用了"双线并行"手法，即明线与暗线交织，明写花，暗写自身的际遇。

4. 抑扬结合

抑，即按下、抑制；扬，即抬高、扬起。它有两种表现方式，一种是欲扬先抑，一种是欲抑先扬。欲扬先抑，扬是目的，抑是手段；欲抑先扬则相反。明确文章的目的，在运用时方能正确发挥。如《阿长与〈山海经〉》中，以"欲扬先抑、先抑后扬"的手法描写保姆阿长，先写其缺点，极尽针砭，后写她"伟大的神力"和"我"对她的"敬意"，引出结尾处的神来之笔，表达对她的怀念感激，深切感人。

5. 伏笔与照应

伏笔，实际上是一种提前交代，对将要出现的事件做暗示、预示，为情节的发展做铺垫。请注意，埋下伏笔后，后边应有对应的内容。照应，是文章前后内容上的关照与呼应，主要有首尾照应、伏笔照应、反复照应等。如本书所选林海音《爸爸的花儿落了》中有多处伏笔与照应，"我的襟上有一朵粉红色的夹竹桃，是临行时妈妈从院子里摘下来给我别上的，她说：'夹竹桃是你爸爸种的，戴着它，就像爸爸看见你上台一样！'"这段文字和题目相照应。还有，"昨天我去看爸爸，他的喉咙肿胀着，声音是低哑的"，已明确说明了父亲的病情，为父亲去世埋下伏笔。

6. 象征

象征即把抽象的思想感情用一特定的具体事物来呈现，化抽象为具象，使所要表达的思想感情更为含蓄深刻，有言外之意、弦外之音。如本书所选史铁生《合欢树》一文，用"合欢树"象征无私的母爱、顽强的生命力及人间至情。

7. 白描

白描指运用简练的笔墨刻画事物特征，使其鲜明生动的一种写作方法。如张岱《湖心亭看雪》中，"雾凇沆砀，天与云与山与水，上下一白。湖上影子，惟长堤一痕，湖心亭一点，与余舟一芥，舟中人两三粒而已"，寥寥数十字，描摹出雪夜西湖的阔大境界与静谧气氛，令人遐思万千。

8. 以小见大

以小见大指以平凡细微的事情反映重大的主题，突出表现中心思想。如杜牧《赤壁》中"东风不与周郎便，铜雀春深锁二乔"两句，以两个美女的命运表现国家的命运，角度新奇，起到"尺水兴波"之效。

9. 联想与想象

所谓联想，就是由一事物想到其他相关事物的心理过程；所谓想象，就是在原有感性形象的基础上创造出新形象的过程。联想和想象经常合用，这样可使内容丰富，形象丰满生动，增添文章的艺术表现力。如郭沫若《天上的街市》一诗，抓住街灯与明星的相似之处，由街灯联想到天上的明星，再从天上的明星写到地上的街灯，营造一种回环往复、不辨天上人间的意境。

10. 细节描写

细节描写指对人物、景物或场面进行细致描绘的表现手法。它有助于塑造人物形象，表现细微复杂的感情，可以让文章细腻可触。托尔斯泰有言："艺术起于至微。""至微"就是指那些显示人性美、具有永久艺术价值的细节。成功的细节描写往往能达到"一瞬传情，一目传神"的艺术境界。如本书所选埃林·彼林《老牛》中对老牛动作与生活习性的细致描写，张洁《拣麦穗》中对卖灶糖老汉皱纹的描写，都是寥寥数句，却达到传神动人的效果。

11. 详略得当

写人记事的文章，最忌讳的就是"眉毛胡子一把抓"。那么，哪些事件、哪些情节应详写，哪些事件、哪些情节该略写？这要根据立意做出取舍。凡能突出中心内容的要详写，甚至精雕细刻，泼墨如水；与中心关联不大的事件或情节要略写，惜墨如金。如北岛《站立的兔子》末段的处理，取舍得当，达成叙事节奏的和谐。

12. 点面结合

点面结合就是将对事物的详细描写和概括描写结合起来。"点"，可以突出重点，体现深度；"面"，可以顾及全局，体现广度。如王湾《次北固山下》中"潮平两岸阔，风正一帆悬"两句，从全景到特写，渲染出宏阔的意境。

13. 虚实结合

把抽象的述说与具体的描写结合起来，或者是把眼前对现实生活的描写与回忆、想象结合起来，可以使文章疏密相间，生动活泼，主题突出。如朱自清的《春》，写春花时，"红的像火，粉的像霞，白的像雪"是实写，后面的"闭了眼，树上仿佛已经满是桃儿、杏儿、梨儿"则是联想和虚写。二者结合，使文句富有跳跃性，美感十足。

14. 动静结合

动静结合是常用的一种写景手法。经常是在一种意境里描写动态与静态，并且常常采取以静为主、以动衬静的方式，使文字更具张力与画面感。好的文字也应做到"静如处子，动如脱兔"，动静两相宜。如，柳宗元《小石潭记》中描写潭底的游鱼，"日光下澈，影布石上，怡然不动，俶尔远逝"采用了动静结合法，具有画面感；又如，王安石《书湖阴先生壁》一诗中"一水护田将绿绕，两山排闼送青来"，一个"送"字，化静为动，把静止的山写活了，也使文字更具弹性和张力。

15. 文中有"画"

经典作品往往凭借鲜活的镜头感给人以强烈的视觉冲击，让人产生不可磨灭的印象。王维"诗中有画，画中有诗"的技法同样适用于记叙文。请看鲁迅《故乡》里关于少年闰土的描写，"深蓝的天空中挂着一轮金黄的圆月，下面是海边的沙地，都种着一望无际的碧绿的西瓜，其间有一个十一二岁的少年，项带银圈，手捏一柄钢叉，向一匹猹尽力的刺去，那猹却将身一扭，反从他的胯下逃走了"，这样的文字极具画面感，让人过目不忘。

16. 铺垫

铺垫指在故事高潮出现之前，对环境、感情、氛围所做的一种描写与渲染，将情感层层推进，借以造成一种"山雨欲来风满楼"之势。如，鲁迅的《孔乙己》一文中写道："中秋过后，秋风是一天凉比一天，看看将近初冬；我整天的靠着火，也须穿上棉袄了。"以自然环境的描写突出天气的转冷，为下文孔乙己的最后一次出场及悲惨遭遇做铺垫。

总之，字里乾坤大，词中意趣深。运用多种表现手法行文，应切合实际需要，不能生搬硬套，削足适履。

精选精练

夕 照

王安忆

要是大好的天气,太阳斜照地面的时候,光是极均匀的。不像正午前的、轰然的阳光,沉渣泛起,沸沸扬扬,光和影都是强烈的。

这时,却是沉静下来,那些最细的光粒子,分布在空气里。光是薄薄的一层,却没有一点疏漏,连最偏僻的犄角旮旯里,都没有影,而是光。由于光的细致,这时的可见度相当高,那些外墙表面上,淡黄色的涂料,都被光照出颗粒状的质地,显出一种毛茸茸的粗糙感。

在这样的光线里,声音可以传得很远。谁家在收晾衣服,晾竿清脆地碰撞着,还有拍打晒暄的棉被的声音,那空而实的嘭嘭声,不紧不慢,一记记地,在住宅区的院子里,又疏落又饱满地散开。停在对面楼顶的鸽子,饱食的"咕咕"声,也清晰可辨。有脚步声,即便是鞋跟急骤地敲击着水泥路面,也还是轻盈和悦的,一串地从楼前到楼后,逐一消失。放学的孩子,聚在楼底的空地上做游戏,叽叽咕咕地私语,虽不知道在说什么,但那细小稠密的声节,却一个也不落的,像某一种鸟语,哪怕是在顶层的六楼,也是清清楚楚。要有自行车骑过,那车轮上的飞子,吱啦啦地响着,就特别悦耳,好听极了。连那窗台上蹦跳的麻雀,那小爪子柔软地落地,都是入耳的。

这时的阳光也是有气息的,是被褥的干燥和着灰尘的味,还是衣服上新鲜的肥皂味,竹竿子则是青涩涩的气味。隔宿的潺湿气晒到此刻,已经散尽扫空,东西原先的气息,便蓬然而起,四下飞扬。它几乎是有形的,是一种绒毛状的东西,使劲地吸一口,几乎要呛鼻了。这样的住宅区,到处是水泥:地坪、楼板、台阶、墙,全少不了水泥。要说气息是单调的,然而,日里烟熏火燎,夜里鼾声鼻息,朝朝暮暮的,早已脱胎换骨,难免有些焐热的缠绵的浊气,经得起这么好的太阳不歇气地照吗?到了此刻,都是清洁利落的。水泥的阴凉气是有些出来,却是舒爽的,有冷暖的,染了人气的,它简直是带响的,沙啦啦啦。再过些时候,阳光从地面下去,暮色降临,光、声、气息,就全换了颜色。

思考题:

1. 文章题目为什么叫"夕照"而不叫"夕阳"?作者具体是从哪几个方面来写"夕照"的?请用简洁的语言概括。

2. 你认为哪一部分写得最精彩?都用到了哪些手法?在文中进行批注。

心有猛虎，细嗅蔷薇

余光中

英国当代诗人西格夫里·萨松曾写过一行不朽的警句："我心里有猛虎在细嗅蔷薇。"可以说这行诗是象征诗派的代表作，因为它具体而又微妙地表现出许多哲学家无法说清的话；它具体而又微妙地表现出人性里两种相对的本质，但同时更表现出对那两种相对的本质的调和。

原来人性含有两面：其一是男性的，其一是女性的。其一如苍鹰，如怒马，如飞瀑；其一如夜莺，如驯羊，如静池。所谓雄伟和秀美，所谓外向和内向，所谓戏剧型的和图画型的，所谓"金刚怒目，菩萨低眉"，所谓"静如处子，动如脱兔"，所谓"骏马秋风冀北，杏花春雨江南"，所谓"杨柳岸晓风残月"和"大江东去"，一句话，《姚姬传》所谓的阳刚和阴柔，都无非是这两种气质的注脚。两者粗看似相反，实则乃相成。实际上每个人多多少少都兼有这两种气质，只是比例不同而已。

东坡有幕士，尝谓柳永词只合十七八女郎，执红牙板，歌"杨柳岸晓风残月"；东坡词须关西大汉，铜琵琶，铁绰板，唱"大江东去"。东坡为之"绝倒"。他显然因此种阳刚阴柔之分而感到自豪。其实东坡之词何尝都是"大江东去"？"笑渐不闻声渐悄，多情却被无情恼"，恐怕也只合十七八女郎的曼声低唱吧？而柳永的词句"怒涛渐息，樵风乍起，更闻商旅相呼。片帆高举"，又是何等境界！其他如王维以清淡胜，却写过"一身转战三千里，一剑曾当百万师"的诗句；辛弃疾以沉雄胜，却写过"罗帐昏灯，哽咽梦中语"的词句。

但是为什么平时我们提起一个人，就觉得他是阳刚的，而提起另一个人，又觉得他是阴柔的呢？这是因为各人心里的猛虎和蔷薇所成的形势不同。有人的心原是虎穴，穴口的几朵蔷薇免不了猛虎的践踏；有人的心原是花园，园中的猛虎不免被那一片香潮醉倒。所以前者气质近于阳刚，而后者气质近于阴柔。然而踏碎了的蔷薇犹能盛开，醉倒了的猛虎有时醒来。所以霸王有时悲歌，弱女有时杀贼。

"我心里有猛虎在细嗅蔷薇。"人生原是战场，有猛虎才能在逆流里立定脚跟，在逆风里把握方向。同时人生又是幽谷，有蔷薇才能烛隐显幽、体贴入微。在人性的国度里，一只真正的猛虎应该能充分地欣赏蔷薇，而一朵真正的蔷薇也应该能充分地尊敬猛虎。非蔷薇，猛虎便成了粗汉；非猛虎，蔷薇便成了懦夫。韩黎诗："受尽了命运那巨棒的痛打，我的头在流血，但不曾垂下！"华兹华斯诗："最微小的花朵对于我，能激起非泪水所能表现的深思。"完整的人生应该兼有这两种至高的境界。一个人到了这种境界，他能动也能静，能屈也能伸，能微笑也能痛哭，能像二十世纪人一样复杂，也能像亚当夏娃一样纯真，一句话，他心里已有猛虎在细嗅蔷薇。

（有删改）

思考题：

1. 本文灵活运用了哪几种表达方式？并结合具体段落分析其作用。

2.对比是本文所用的典型手法，试在文中找出几组对比，分析其作用。

3.“一个人到了这种境界，他能动也能静，能屈也能伸，能微笑也能痛哭，能像二十世纪人一样复杂，也能像亚当夏娃一样纯真，一句话，他心里已有猛虎在细嗅蔷薇。”仿照这段话，写一段自己的人生感悟。

🎓 中考链接

幽幽七里香
（2018年湖北省孝感市中考阅读题）

丁立梅

这世界哪怕再叫人失望，也有一种叫美好的东西在暗地里生长。

三层小楼，粉墙黛瓦，阅览室设在二层。靠楼梯的一面墙上，满满当当的，摆的全是书。<u>朝南的窗户外面，植着七里香。人坐在室内看书，总有花香飘进来，深深浅浅，缠绵不绝。</u>

这是当年我念大学时学校的阅览室。对于像我这样痴迷读书而又无钱买书的穷学生来说，这间免费开放的阅览室，无疑是上帝赐予的一座宝藏。在那里，我如饥似渴，阅读了大量中外文学书籍。

其实那时，我心卑微。我来自贫困的乡下，无家室可炫耀，又不貌美，穿衣简朴，囊中时常羞涩。在一群光华灼灼的城里同学跟前，我觉得自己真是既渺小又丑陋。

是读书使我的内心慢慢地变得丰盈。

那真是一段妙不可言的光阴。每日黄昏，一下课，我匆匆跑回宿舍，胡乱塞点食物当晚饭，就直奔阅览室。看管阅览室的管理员，是个三十多岁的年轻人，个高，肤黑，表情严肃。他一见我跑去，就把我看的《诗经》取出来，交到我手上，把我的借书卡拿去，插到书架上。这一连串的动作，跟上了发条似的，机械连贯，滴水不漏。我起初还对他说声"谢谢"，但看他反应冷淡，后来，我连"谢谢"两字也免了，只管捧了书去读。

读着读着，我贪心了，想把它据为己有。无钱购买，我就采取了最笨的也是最原始的办法——抄写。一本《诗经》连同它的解析，我一字不落地抄着，常常抄着抄着，就忘了时间。年轻的管理员站在我身边许久，我也没有发觉，直到他不耐烦地伸出两指，在桌上轻叩，"该走了，要关门了"。语调冷冷的，我才大吃一惊，抬头，阅览室里的其他人已走光，夜已深。

我不好意思地笑笑，归还了书。窗

外七里香的花香，蛇样游走，带着露水的清凉。我心情愉悦，摸黑蹦跳着下楼，才走两级楼梯，身后突然传来管理员的声音："慢点走，楼梯口黑。"依旧是冷冷的语调，我却听出了温度。我站在黑暗里，独自微笑很久。

那些日子，我就那样浸透在《诗经》里，忘了忧伤，忘了惆怅，忘了自卑。我蓬勃如水边的荇菜、野地里的卷耳和蔓草。我只是单纯地迷恋着，挚爱着，无关其他。

很快，我要毕业了。我突然收到了一份礼物，是一本《诗集传·楚辞章句》，岳麓书社出版的，定价七元六角，厚厚的一本。扉页上写着：赠给丁小姐，一个爱读书的好姑娘。下面没有落款。

我不知道是谁寄的，我猜过是阅览室那个年轻的管理员。我再去借书，探寻似的看他，他却毫无异常，仍是一副冷冰冰的样子，表情严肃。我又怀疑过经常坐我旁边读书的男生和女生，或许

是他？或许是她？他们却埋首在书里面，无波，亦无痕。窗外的七里香，兀自幽幽地吐着芬芳。

我最终没有相问。这份特殊的礼物，被我带回了故乡。后来，又随我进城，摆到我的办公桌上。我结婚后，数次搬家，东迁西走，丢了很多东西，它却一直被我珍藏。每当我的目光抚过它时，心中总有一丝细微的温暖。我知道，这世界哪怕再叫人失望，总有一种叫美好的东西，在暗地里生长。

（选自《愿全世界的花都好好地开》，有删改）

1. 联系全文，体会标题中"七里香"的含义。

2. 第二段和第十段的画线句，运用了什么写作手法？有什么作用？

写作实践

一、2021 年湖南省衡阳市中考作文题

阅读下面的材料，按照要求完成作文。

溪水只有不停地流淌才能汇入大海，幼苗只有不停地生长才能参天耸立，鸟儿只有不停地拍打双翅才能遨游天空，人只有不停地奔跑才能抵达梦想的前方。

有人说，生活无限精彩，大家要齐心协力，一起向前奔跑。

有人说，每个人面前，都可能会横着一些诸如清贫、疾病、磨难之类的障碍，我们只有不失去向前奔跑的信念，才能勇敢地跨越它们。

有人说，在适合奔跑的时间和空间放弃奔跑，是一种遗憾。

…………

请以"青春路上，我与_____一起奔跑"为题，写一篇文章。

要求： 把题目补充完整，然后作文。立意自定，文体自选（诗歌除外），不少于600字。

提示

　　这是一道半命题作文，审题时一定要把题目和材料结合起来看，材料可以给我们指明写作的方向。第一段的意思是，人需要不停地奔跑才能实现梦想，后面三段则提供了三个不同的角度：

　　1. "有人说，生活无限精彩，大家要齐心协力，一起向前奔跑。"这是强调团队的合作和共同进步，我们可以从团队的角度来补充题目，如文学社、足球队、辩论队、志愿服务队，甚至同兴趣小组、同寝室成员等等。从这个角度来作文，要以团队精神为核心，通过一些具体而有代表性的事例来叙述一群人的合作与共同成长。

　　2. "有人说，每个人面前，都可能会横着一些诸如清贫、疾病、磨难之类的障碍，我们只有不失去向前奔跑的信念，才能勇敢地跨越它们。"这一段提示我们，在奔跑的途中要带上向前奔跑的坚定信念，比如乐观、自信、大度、坚强等。在作文时我们就要突出为什么要带着它一起奔跑、怎样带着它奔跑（举出事例）等。

　　3. "有人说，在适合奔跑的时间和空间放弃奔跑，是一种遗憾。"这一段提示我们，要从时间和空间的角度来写，最好把时间和空间具象化，比如朝阳、晚霞、月亮、星空、故乡、老屋。这一角度适合写成记叙文或抒情散文。

　　也可以另辟蹊径拟题，为文章确定一个明确、深刻的主题，表达积极向上的思想。选材要用熟悉的材料，这样才能写得得心应手。

　　构思完成后，应当列一个简单的写作提纲。注意运用考场作文技巧，比如，开头写一段吸引人的"凤头"，结尾有一段耐人寻味的"豹尾"，中间是内容丰富且层次清晰的"猪肚"。要注重细节描写，注重人物心理刻画，适当抒情议论，画龙点睛。

二、2022年山东省济宁市中考作文题

阅读下面的材料，按要求作文。

很多人之所以缺少幸福和快乐，是因为不愿意放下。

有的是比得太多，总想着赢，如不能达成所愿，就会郁郁寡欢、抱怨不断。有的是有些消极，脑子里装的全是往日的不愉快或对未来的担忧。有的是牵挂的事情、操心的事情过多，什么都往自己身上揽，结果，担子越来越重。

上面的材料引发了你怎样的联想、感触与思考？结合你的经历和体验，写一篇不少于600字的作文。

要求： 选好角度，题目自拟；除诗歌外，文体自选。

提 示

分析材料，关键词应是"放下"。题目自拟，对内容限定越少，考生写作的自由度就会越高，这样更容易拉开层次。对于这类开放式的题目，一个立于不败之地的原则就是，文章要围绕关键词来写，主题一定要与关键词密切相关。然后，把大话题化小。如本题可以结合材料内容，把题目确定为"放下没有必要的攀比""放下嫉妒""不再牵挂"等等。"放下"往往指的是对某事的释然，适合写成叙事类的记叙文。作文要写出对某事从放不下、耿耿于怀，到放下的过程，重点突出"放下"的心理变化过程，以及带来这种心理变化的外界影响。立意和选材一定要是正向的。

三、2022年浙江省湖州市中考作文题

阅读下面文字，按要求写作。

时间无形、无色、无味。它只有声音。

那是像河水一样流动的声音吗？它更沉静，更平缓，好像潜伏在地下静静地流淌着。

那是像微风一样吹拂的声音吗？它更温柔，更文静，让人想到它在吹着一朵蒲公英，向远方飘去。

那是像心跳的声音吗？一声声、一滴滴，如沙漏一般，时间就过去了。

只要一静下来，我就听见时间流逝的声音。

（节选自金波《时间流逝的声音》）

以上文字，引发了你哪些感悟与思考？请以"我听见时间的声音"为题目，写一篇文章，可讲述经历，可阐述观点，也可抒发感想。

要求：除诗歌外，文体自选；不少于600字。

提 示

这道作文题满含诗意，又有童趣、哲思。抓住关键词"静"，文章的立意可以从这方面来确定。静，既可指环境的安静，也可指心灵的宁静，还可以是一种静谧的氛围。只要一静下来，我就能听见时间流逝的声音。比如，可以写自己终日忙碌从没有关注过时间的流逝，一次偶然的契机，听到窗外的鸟叫声、风吹树叶的声音、街上小贩悠长的吆喝声等，心境瞬间清爽，由此进一步倾听各种声音，感受时光的美好，由此完成自我精神的救赎。也可以反向立意，写自己曾经没有进取心，无所事事躺在床上发呆，这时听见耳畔传来床头钟表嘀嗒奔跑的声音。可以渲染这声音带来的冲击力，由此引发自我反思，并最终振作起来，发愤图强。另外，文中可以引用歌咏时间的诗文，使文章更有文采和诗意。

第五章

语言篇

开动思维

写作最终要落到文字上，文字的好坏直接影响文章的成色。《左传》曰："言之无文，行而不远。"文章若无文采，就不能流传久远。"文"，本义指错综的纹理。我们所使用的每一个汉字，经由心理联想作用，便具有不同的品性，即各有其质感和色泽。把字组成句子，把句子织成篇章，就呈现出自己独具的情态。毋庸置疑，用字造句的差异，将决定文章品质的优劣。

关于文字的质感与特性，江弱水在《诗的八堂课》里有一个恰切的说法，在此值得介绍给各位。他解说道：我们读杜诗，共同的印象是"沉郁顿挫"。"沉"如果是深度，"郁"就是一种厚度，而且"顿挫"不光是节奏起伏变化，还意味着有很多的关节部位，像是老树的枝干，如顾随说的，"老杜是壮美，笔下要涩，摸着如有筋"。简而言之，就是文字有跳跃性，有弹性和张力。大家或许对鲁迅《秋夜》的开头不陌生了："在我的后园，可以看见墙外有两株树，一株是枣树，还有一株也是枣树。""后院有两株枣树"这样一个平淡无奇的句子，给硬生生打了两个结，就显得特别拗折，但同时力度就出来了，质感就出来了，一股别样的味道让人咀嚼再三。

文字的运用有迹可循，大致有下面几种方法。

用词贴切

词语用得好，往往能以少胜多、以简驭繁，甚至一字传神，使"字活而句健"，让语言生动凝练，情思流转。

请看本书所选德富芦花《初春的雨》中的用词："梅花渍香，山茶流红，麦苗绿润，山色空濛""春潮带雨，清流急湍，如膏似玉。海洋上水天蒙蒙，春帆一点，穿雨而来"。

分析：短短数十字，遣词造句非常讲究，句式整齐，对仗谨严，佳句俯拾皆是。作者借助特别的修辞，描绘出一幅瑰丽多姿、如画如诗的景象。

再看本书所选老愚《青草和少年》中的用词："草看着可爱，刈割后也还活着，直到被晒成细小的一缕，还是活着的。在我心里，草最坚韧，直到被粉碎机吐出来，它们仍然活着，喂进军马肚子里，它们就把生命变成了奔驰的力量。"

分析：一个"活"字，反复出现，用来强调小草的生命力。虽然小草的形态发生变化，但它生生不灭的力量一直在，虽死而犹生。

句式灵活

句式有多种类型，根据语气，可分为陈述句、疑问句、祈使句、感叹句；根据句式的整齐程度，可分为整句与散句；根据句子的容量，可分为长句与短句。除此之外，还有主动句与被动句、肯定句与否定句等。

由于作者的苦心经营，现代汉语拥有丰饶多姿的表意形态：有的表意层层递进，峰回路转，潜含一种与读者对话的可能性，能有效拉近作者与读者之间的距离；有的却是短兵相接，给人以陡峭陟升之感；有的发端便大开大合，令人激荡不已……写作时根据表达需要，灵活运用各种句式，相信能取得良好效果。

请看本书所选王鼎钧《想你》里一段文字："走近大海，想你；吸到新鲜空气，想你；走过你走过的街道，想你；听到你用过的口头禅，想你；从书本里看见某些字，想你；从地图上看见某些地名，想你；吃你所讨厌的通心粉，想你；用你所讥笑的日本伞，想你。……"

分析：将记叙与抒情相结合，以一种咏叹的语调抒情，巧用排比使句式整齐有序、音韵和谐。同时，痴情与戏谑杂糅，造成一种劲道十足的幽默效果，显示出作者高超的修辞技巧。

善用修辞

综合运用多种修辞手法，会使语句生动形象、精准恰切，为文章添彩增色。

1. **比喻：**使描写对象生动形象，增强句子表现力。

2. **拟人：**视物为人，物我同一，把人的性格、情感等赋予所写事物。

3. **对偶：**也叫作对仗，用对偶的修辞手法组成的两个句子叫作对子。这种修辞手法，可以使句式整齐，语意清楚，音韵和谐，读来抑扬顿挫，朗朗上口。对子常常可用来表达丰富的思想内容和深邃的意境。

4. **排比：**句式整齐、匀称谐调，行文势如破竹。

5. **引用：**名言警句可以充实内容，增强说服力。

6. **对比：**妍蚩立现，是非分明，凸显文章主题。

7. **反问：**加强语气，表达强烈的态度。

试举梁实秋《中年》中一段文字："哪个年轻女子不是饱满丰润得像一颗牛奶葡萄，一弹就破的样子？哪个年轻女子不是玲珑矫健得像一只燕子，跳动得那么轻灵？到了中年，全变了。曲线都还存在，但满不是那么回事，该凹入的部分变成了凸出，该凸出的部分变成了凹入，牛奶葡萄要变成金丝蜜枣，燕子要变鹌鹑。最暴露在外面的是一张脸，从'鱼尾'起皱纹撒出一面网，纵横辐辏，疏而不漏，把脸逐渐织成一幅铁路线最发达的地图。"

分析：这段文字，句式工整又富有变化，运用了比喻、对仗、借代等修辞手法，语调诙谐幽默、文字通透睿智，读来趣味盎然，令人哑然失笑。

运用修辞手法时应考虑整篇文章的调性，恰到好处地使用，切忌为修辞而修辞，给人华而不实的感觉。

文句有魅力

有魅力，就是要求文句流畅、准确、形象，具有弹性与张力，或蕴含深刻的哲理，或饱含真挚的感情，或有幽默感，等等。海德格尔说："语言是存在之家。"读者正是通过文字去触摸作者内心，与其进行心灵对话的。文句有魅力，才能吸引人读下去。

请看本书所选蒋勋《寒林》中的句子："从小径穿过树林，好像行走于月光下的水中。有时风起，水里都是波澜，心事也荡漾起来。风一停，月光特别寂静，寂静到像琴弦上最细的一个持续的高音。那高音是寒林里孤独者的啸傲，变徵、变羽，越来越高亢，就是不肯降下来作低卑的妥协。"

分析：作者运用联想、比拟、移觉等手法，以虚写实，虚实映衬，描写树林佗傺、澄明的景象，可谓意境深远，引人遐想。

再看本书所选余光中《心有猛虎，细嗅蔷薇》中的句子："原来人性含有两面：其一是男性的，其一是女性的。其一如苍鹰，如怒马，如飞瀑；其一如夜莺，如驯羊，如静池。"

分析：比喻别出心裁，熨帖入微。这归功于作者独特的感知与想象力，恐怕不是轻易能学到手的。但若细心体会，还是会得到一些启发的。

总之，写人叙事，那些隐藏于文字背后的情与思，越厚重越真挚，就越能打动读者，呈现出经验和事实的力量。同学们应以自己的人生经验为支撑，挖掘对生活和存在的独特发现，解其意，识其旨，得其要，善于以小见大，体察入微，从平凡中挖掘出不平凡的思想意义来。

精选精练

春 软

盛 慧

三月，阳光还是稚嫩的，草木带着清纯、甘甜的气息，吸一口，心里就甜丝丝、清亮亮的。在无边无际的旷野里，小花正在绽放，露出好看的小牙齿，像一群叽叽喳喳的小女孩，讨论一块新买的鲜蓝布料。村庄的样子已经与上个月迥然不同，光线要多明亮就有多明亮；错落的房舍就像刚洗过澡一样，精神抖擞，露出雪白的身子和乌黑的头发；门上的红对联，像口红一样鲜艳。门口的场院上还晾晒着过年时留下的年货，那些腌过的肥肉，像盐一样晶莹，看一眼就让人心满意足。风像棉花糖一样柔软，拂在脸上，又满是羞涩地散开了。

上午的风，还带着些许凉意，到了中午，就暖和了许多，懒洋洋的，就像一个喝醉的人，走着走着，闭上了眼睛，找不到方向了。寂静无边无际，只有轻微的"嗡嗡"声。小虫子正挥着翅膀，在草丛间忙碌。河水的颜色不似冬日那般凝重，浅绿浅绿的，显得很欢快。它拍打着小船，像母亲一样，一边唱着催眠的小曲儿，一边拍打着熟睡的婴孩，满目深情。鱼儿们成群结队地从河底游到水面，享受着阳光的抚摸。村子里的小路，现在仍然铺满碎金子般的阳光，但过不了多久，就会被浓密的树荫所遮盖，这树荫会变得越来越深，越来越暗，把明亮的小路变成幽暗的隧道，把我们的村庄变成黑漆漆的酒窖。

下午的村庄，就像一只空空的箩筐，除了风和蝴蝶，村子里没有任何来客。老妇们坐在场院上晒太阳，她们的身子就像潮湿的床单，需要在阳光下反复晾晒。她们手里并没有闲着，有纳鞋底的，有补衣服的，有织毛衣的。她们谈论着陈年旧事，谈论着逝去的人儿，语气平淡，却有一种清淡的芳香，就像夹在书页中的花瓣。

像一段早已熟悉的优美旋律，黄昏终于来临。这是孩子们最欢喜的时刻，在玫瑰色的光线下，他们像小狗一样欢快。他们开始捉迷藏，隐藏与寻找让他们获得难以言说的快慰。他们隐藏在门背后，隐藏在草堆中，隐藏在木橱里。他们隐藏在村庄的幽暗处，隐藏在那些年迈苍凉的褶皱里。一阵阵的嬉笑声，一不小心就会惊醒那些沉睡的幽灵。

天色暗了下来，村庄开始变得模糊，远处的群山消失了，接着是门前的河流，最后，村庄像被啃完的骨头，只剩下浅浅的轮廓，让人觉得既熟悉又陌生。喧闹的声音也渐渐变小，村子里走动的人越来越少，就像一场戏已经散场，村庄中央的池塘和晒谷场，空旷得令人忧伤。偶尔传来有人赶鸭子回家的吆喝声，也和炊烟一起被风吹散了。夜色更重了，银子一样清凉的小月牙，刚一出现，就被云朵紧紧抱在了怀里……村庄像被一辆马车悄悄载走了，越来越远，越来越远。

思考题：

1. 这篇文章所写内容是春天的村庄，题目为什么叫"春软"？

2. 文中写景的语言生动鲜活，对画线的句子进行赏析批注，尝试用这些手法描写一段景物。

3. "他们隐藏在村庄的幽暗处，隐藏在那些年迈苍凉的褶皱里。一阵阵的嬉笑声，一不小心就会惊醒那些沉睡的幽灵。"这样的句子，既有诗意又蕴含深意，结合上下文说说它的含意。

初

张晓风

"初、哉、首、基、肇、祖、元、胎……始也。"那一年，我十七岁，望着《尔雅》中的第一句话而愕然！这部书把"初"和它的一堆同义字并列于卷首，仿佛立意要用这一长串"起始"之类的字来作为整本书的起始。

这也是整个中国文化的起始和基调吧？我有点敬畏起来了。中国人最初的一本字典，它的第一个字就是"初"。

"初，裁衣之始也。"文字学的书上如此解释。

我又大为震惊，每一个汉字背后都有一幅图画，但这个"初"字背后不止一幅画，而是长长的一幅卷轴。想来这是当年造字之人造"初"字的时候，煞费苦心的神来之笔。"初"无形可绘，无状可求，如何才能追踪描摹？

于是，他想起了某个女子的动作，也许是母亲，也许是妻子，那样慎重地从纺织机上把布取下来，整整齐齐的一匹布，她手握剪刀，当窗而立，屏息凝神，考虑从哪里下剪。阳光把她微微毛乱的鬓发渲染成一轮光圈，她用神秘而多变的目光打量着那一整匹布，仿佛在主持一项典礼。而在她思来想去之际，窗外陆陆续续流溢而过的是初春的阳光，是一批一批的风，是雏鸟拿捏不稳的初鸣……

那女子终于下定决心，一刀剪下去，脸上有一种近乎悲壮的决然。

"初"字，就是这样来的。

人生一世，亦如一匹辛苦织成的布，一刀剪下去，一切就都裁就了，整个宇宙的成灭，也可视为一次女子的裁衣啊！我爱上"初"这个字，并且提醒自己每个清晨都该恢复为一个"初人"，每一刻都要维护住那一片"初心"。

思考题：

1. 文中以"初"为线索，串起了哪些与"初"相关的事？

2. 造字之人造"初"字的情景是作者的想象，试从语言风格方面进行赏析批注。

🎓 | 中考链接

淤泥偏自出芙蓉

（2019年江苏省苏州市中考阅读题）

胡晓军

我之爱莲，初与别人相同，是因观其盛开，恋羡其花纯洁、其叶圆碧、其香清远。其花，纳兰状为"白裁肪玉瓣，红翦彩霞笺"；其叶，东坡喻成"重重青盖"，诚斋夸作"接叶连天无穷碧"；至于其香，曹寅劝人"湖边不用关门睡，夜夜凉风香满家"。

我之爱莲，后又进了一层，是因读《爱莲说》称其"花之君子者也"，得以因物及人、由目入心，实现了从视觉、嗅觉到心境的升格。

莲花与君子的相同处，周敦颐只用三句话便道中道全了。第一句"出淤泥而不染，濯清涟而不妖"，君子即便身处污浊动荡之境，但心始终高洁稳正，不受污染，不为矫饰，这就是孔子说的"君子不器"；第二句"中通外直，不蔓不枝"，君子内心通达、气脉正直，不会倚靠附和，不会攀缘拉拢，这就是孔子说的"君子不党"；第三句"香远益清，亭亭净植"，君子腹有诗书，故而气质洁净，声息清新，这就是孔子说的"文质彬彬，然后君子"。我曾抄写、诵读《爱莲说》无数遍，每至文末"莲之爱，同予者何人"时，都不禁脱口而出："我！"随后发出一声叹息，叹息与周敦颐相隔了近千年，不能同他一道，前去赏莲。

据闻周敦颐为了赏莲，特命人挖了个大大的池塘，池塘中心置小亭一座，以九曲桥相通，以便从各个角度、近距离地观赏。我猜周敦颐赏莲时，可能独自一人，方出此言；即使有人伴随，却对他的爱莲之切、知莲之深，未必懂得，这反倒增了他的孤独。君子注定孤独，不在身边，就在心里。此番心境，还可再溯千年以上。屈原钟爱鲜花香草，曾让山鬼披薜荔、配女萝，又用各类花卉饰满了湘君与湘夫人相会的房间，其中就有莲叶。而他自己，则"制芰荷以为衣兮，集芙蓉以为裳"。这身装束，自然难以被人理解，孤独感之强之烈，直到了使他绝望自尽的程度。我想屈原之所以选择投水，是想从一个君子变成一朵莲花吧。君子和莲花的区别，只是一个在大地上，一个在水中央。

我之所以爱莲，先是慕其有君子之质，后是发现其有艺术之境。当然，泛泛而言，所有的花儿都可比作艺术；但我以为唯有莲花，最能揭示艺术的真谛。"香远益清，亭亭净植"，艺术当予人以洁净清香的美好享受，使所思澄澈、所感幽远；"中通外直，不蔓不枝"，艺术以通透简约为高，以含蓄蕴藉为尚，以少胜多、以简驭繁者方为妙境上品；"出淤泥而不染，濯清涟而不妖"，其他花儿只需如常孕育、萌生开放，期间未尝有太多的曲折艰难，好比从人间顺利升入天堂；唯独莲花，生于淤泥之中，必须先突围后方可孕育生长，恰似先要从地狱来到人间，然后进入天堂。艺术亦像莲花，须在淤泥里、也只能在淤泥里汲取营养、积攒力量。将根向下扎入淤泥，为的是向上生长，为的是用常人难以领悟和察觉的心，吸其养分采其精华来成就自己。当终于开出花来时，必向上空高高擎起，离得淤泥越远越好。

　　反过来说，也是淤泥成就了莲花、困境成就了君子……生活的种种苦难、人生的种种坎坷，都能给人以最有效的磨砺，如泰戈尔所说，"只有经历过地狱般的磨砺，才能练就创造天堂的力量"。试想若不是流亡一生、若没有贫困半世，就不会有八大山人、板桥居士及其传世之作了。既然君子、艺术皆与莲花相类，那么两者必然互通，即君子可成就艺术、艺术也可成就君子。君子有了艺术，可以不再过于孤独。八大山人遭遇国破家亡，心中悲凄，却以书画遣怀。他画莲花，寥寥数笔便神完气足，这莲花就是他的化身。板桥居士曾咏过一朵入秋方开的莲花："秋荷独后时，摇落见风姿。无力争先发，非因后出奇。"这朵莲花便是他的化身，不是不想顺时应序，只因困顿太久、积攒太难，故而开得稍迟一些罢了。

淤泥偏自出芙蓉，代有前贤为此钟。屈子衣裳逐水去，周生笔墨待人逢。从来孤独皆难耐，当是艺文最适从。初夏深秋俱恰好，何妨盛放在春冬。

（选自 2018 年 7 月 23 日《新民晚报》，有删改）

1. 下面这段文字中也有描写荷香的，与文章第一段中曹寅的描述进行比较，简要分析它们在语言表达上的不同。

曲曲折折的荷塘上面，弥望的是田田的叶子。叶子出水很高，像亭亭的舞女的裙。层层的叶子中间，零星地点缀着些白花，有袅娜地开着的，有羞涩地打着朵儿的；正如一粒粒的明珠，又如碧天里的星星。微风过处，送来缕缕清香，仿佛远处高楼上渺茫的歌声似的。

（选自朱自清《荷塘月色》）

2. 在作者看来，优秀的艺术作品具备哪些特性？

写作实践

一、2021年天津市中考作文题

培根说："欣赏者心中有朝霞、露珠和常年盛开的花朵。"我们希望得到他人的欣赏，他人的欣赏如暖流滋润心田，让人获得奋进的力量；我们也要学会欣赏他人，欣赏他人会在自己心中播下善与爱的种子，不断提升人生境界；我们还要学会欣赏自己，欣赏自己才会内心有光，自信乐观地面对生活。

对此，你有怎样的经历和感悟呢？请自拟题目，自选角度，写一篇文章。

要求： 紧扣主题，内容具体充实；文体不限（诗歌、戏剧除外）；不少于600字。

> **提 示**
>
> 材料作文一定要精心研读材料，充分解读材料内容，抓住核心信息，以此确定要写的内容。这篇作文材料有三层含义：一是我们希望被他人欣赏，以及他人的欣赏对自己的重要性；二是我们要学会欣赏他人，提升自己的人生境界；三是学会欣赏自己，这是面对生活最重要的法宝。三重立意，可以任选一个写，也可以三者兼顾。
>
> 这样的作文要结合自己的生活实际，选取最熟悉的领域，写出真情实感。可以写欣赏自己或自己欣赏的人，比如父母、老师、同学、邻居等，也可以写欣赏自然美景所获得的心灵启迪，欣赏文学艺术作品所受到的精神滋养等。若想在选材上高人一筹，则有赖于平日丰厚的积淀。拟题时宜从小处入手，尽量具体，力戒空泛。比如可以选择"欣赏稼轩词，让我知道何为英雄气""欣赏一朵花的绽放""你欣赏的目光，是我向前的动力"等。
>
> 在合理安排文章条理结构的基础上，可以充分展示自己的语言才能。要在细节上下功夫，精彩的细节往往能够化腐朽为神奇。也可以运用多种修辞手法，进行细致生动的描绘。句式上可以长短句交错运用，气韵生动、抑扬跌宕、饱含激情的语言定会为你的文章增添不少光彩。

二、2022年吉林省中考作文题

生活如诗，岁月如歌。温馨的家园，欢乐的操场，美丽的田野……生活中的每一个角落，一定都有你散落的诗行。教室里你埋头苦学的身影，家庭里你体贴关爱父母的孝行，生活中你帮助他人的故事……都是你书写在时光长河里的美丽诗行，梳理过往，你会发现自己真棒！

请以"这里，我写下最美诗行"为题，写一篇文章。

要求： 有创意地表达真情实感；文体不限（诗歌除外）；不少于500字。

题目中的"最美诗行"是有比喻义的，是指意境最美、情感最真挚的文字。"最美"即所写的内容是记忆中最深刻、最有感触、最难忘记、最富于启示的。"这里"则限定了是某一时、某一地、某一情境之中的心境。而"最美诗行"，一定是抒发最真挚、最美好的情感，可以结合成长经历，含蓄地表达出正确的人生观、世界观和价值观。美好的诗歌可以写给正在不断进取的自己，写给正在努力改变现状的自己，写给不同时期阳光向上的自己，写给尊敬父母、乐于助人的自己……

写作时，最好把"我"在写下诗行过程中的感受描述出来，这样文章的主题会更加鲜明。叙事时，注重细节描写，注重抒情，这样的文字才能准确诠释题目中的"最美诗行"。语言表达上宜采用叙述、描写为主，穿插抒情、议论的表达方式，让"写下最美诗行"的过程更真切感人。

三、2021年湖北省宜昌市中考作文题

婴儿从孕育到出生，主要靠脐带提供营养、维持生命。断开脐带、离开母体的过程，尽管充满着未知与风险，但也意味着从此成为一个真正意义上的人。同样，从少年到青年，长大成人、融入社会的过程，也如同断开一条无形的脐带，充满着憧憬与希望，伴随着纠结与迷茫。亲爱的同学，你感受到自己青葱岁月中的这条"脐带"了吗？它带给你的是呵护与依靠，还是束缚与苦恼，抑或是二者之间的徘徊与煎熬？

请以"青春的脐带"为题，或分享你的故事，或倾诉你的心声，或交流你的思想，写一篇不少于600字的文章，文体不限（诗歌除外）。

这个命题体现了中考作文写作一种非常重要的导向：关注成长、关注现实、关注社会及自己的社会角色。导语中"自己青葱岁月中"明确限定了写作范围，而"脐带"是引申义，它既输送了营养，也带来了束缚，更孕育着许多未知的矛盾。可以选取自己最为熟悉的校园生活中几个具有典型意义的故事或场景，来表达脱离老师这条"无形脐带"的感受，抒发成长感悟，表达人生哲理。可以记叙在家庭生活中成长的过程，来表现责任与担当，凸显断开"青春的脐带"后，自我独立意识与担当精神的觉醒。可以从担起自己的社会角色方面选材写作，更容易获得阅卷人的青睐。比如热心公益、关注时事，体现"未来主人翁"的担当与思想深度，从而彰显断开"青春的脐带"的意义。从这一角度构思，立意新颖而且深刻，自然能得高分。为避免空洞，应撷取成长历程中触动人心的细节，来书写青春的脉动；也可援引名家对青春的论述来表达自己的独到见解。

••• 中考作文押宝猜题 •••

一、阅读材料，完成作文

　　没有永恒的冬天，三年漫长而难熬的疫情时期终于画上了句号。一路跟随我们走过的行程码和核酸检测已经被取消，在欢呼自由出行的同时，我们永远不能忘记、也不会忘记那些在我们身边发生的难忘的故事。

　　请以"你是夜空中最亮的星"为题，写一篇作文。

　　要求：体裁不限，字数不超过 600 字。

提 示

　　关键词"夜空"和"星"，都具有明显的象征意义，星——微小但发亮，选取的人物需要和它有共同点；夜空——可以理解为困难和迷茫；最亮——要突出人物精神品质的优秀。选材可以从写亲情、师生情、人间真情三大题材入手，手法上可以借景抒情或者情景交融，突出星光的环境描写，把人物的塑造和事件的叙述跟当时的环境结合起来，星光既是回忆的线索，也代表这件事、这个人如星光般明亮璀璨。

二、命题作文

　　疫情时期，口罩是一面映现人心的镜子。有的人已经习惯了戴口罩，跑步都不愿摘下；有的人却拒绝戴口罩，理由是口罩有害，而且影响呼吸……口罩不会隔绝你与世界的联系，只会让你更加看清这个世界的面目。

　　请以"口罩"为题，写一篇作文。

　　要求：立意自定；除诗歌外，文体不限；不少于 600 字。

提 示

　　审题立意时要注意阅读材料中的提示，可以从小处入手，比如人们对口罩的认知变化，口罩隔离不了亲情和爱，捐口罩彰显的人性温暖，等等。也可以阐述不戴口罩的科学依据，批判不法商人囤积口罩大发灾难财的卑劣行径。若要写出口罩像镜子一样的影射功能，考生需要对主题和立意有更深入的思考。最好以记叙描写为主，多一些感人的细节描写，多一些环境背景情境的渲染，再以精当深刻的抒情和议论点题，深化、升华主题。

三、阅读下面的文字，按要求作文

布洛芬，全球最为畅销的消炎止痛药之一，它在 1969 年以处方药的身份在英国获得许可，如今已经面世五十三年之久，全球年产量达 2 万吨之多。在疫情暴发的今天，布洛芬已经成为每个家庭的必备药，帮助无数人减轻了病痛。

如今，一盒布洛芬缓释胶囊，大概只需要二十元人民币，是一种人人都能吃得起的平价药。而这一切都要感谢一位善良的老人——布洛芬发明人，被称为"布洛芬之父"的英国药学家——斯图尔特·亚当斯。

当初，亚当斯为布洛芬申请了专利，但不久他就将配方公之于世，不收一分专利费。任何国家、任何药厂，都可以用这个配方制造布洛芬出售。有人估计，这让他和其家族至少损失了几十亿美金的收入。

2019 年，亚当斯在九十五岁高龄时仙逝。去世前，他一直生活在诺丁汉城一所简陋小房子里，也没有什么财富。

上面的材料引发了你哪些感受和思考？请自定主题，按要求完成作文。

要求： 自拟题目，自选文体（诗歌、戏剧除外），字数不少于 600 字。

提示

这则材料作文紧扣热点问题，以消炎止痛药发明者斯图尔特·亚当斯的事迹为出发点，让考生谈谈自己的感受和思考。

审题时要认真分析材料，抓住材料中的重要信息：一是布洛芬强大的功效和面世53 年来，特别是在疫情肆虐的情况下带给全球数亿普通人的福音；二是布洛芬的发明人斯图尔特·亚当斯主动放弃专利，放弃至少几十亿美金的收益，选择了清贫终生。

基于以上分析，我们在文章立意时就可以从斯图尔特·亚当斯的精神确立文章主旨，比如可拟定题目为《精神的高度》《富足的精神》《取舍之间》等，从这些角度阐发，赞美那些舍弃物质利益、愿以一己之力施惠于民的精神贵族，弘扬他们向善向美的精神追求。

写作时既要以材料为立足点，又不能受材料的限制。因此在确定主题之后，选材时最好选取自己熟悉的领域，可以写自己敬佩的伟人，也可以写普通人的可贵品德；可以以记叙为基础，以议论抒情点睛升华；也可以反向立意，运用对比手法，既收到抨击的功效，又达到赞扬的目的。

第二部分

文本品读

••• 亲人啊，亲人 •••

阅读导言

《读者》杂志之所以被称为"中国人的心灵读本"，就在于它刊发了无数震撼心灵的佳作。这些书写美好人性的文字，以其真诚、通透赢得了读者的喜爱。亲情是《读者》占比最重的主题，佳作纷呈，令人美不胜收。

本辑所选文章，主角是亲人们，所写人物从婴儿到老者，几乎包含了生命的各个阶段。有正常人，也有残疾人，还有一头被视为亲人的老牛。

主题丰富多样，在人性发掘上呈现出相当的深度和广度。既有一个小生命的诞生带来的父性的觉醒，也有为孩子的生存日夜操心的父亲；既有一个幼女心中永不凋谢的父亲，也有一个少年目睹的秉性刚正父亲的悲惨遭遇；既有生性贪婪、残暴的父亲，有被命运压垮的母亲，也有创造美的生活的外婆；甚至还有一头家人般的老牛的死去……他们都在诠释着生命的真义。

人性幽深似海，博大似海，浸润其中就会有所发现，可以说，每一篇文章都是一个发现。因这发现，我们感受到生命的宝贵，不免生出人生值得的喜悦，并对那些高贵的人投去敬佩的目光。

写人难，写亲人更难。因为熟悉不等于理解，惯性认知妨碍我们接近真实的身边人。人是复杂的存在，每一个生命都是一个宇宙，若仅从概念判断亲人，就极易曲解或误解每一个独特的个体，因简化而导致人物的千篇一律。如何观察亲人感受亲人刻画亲人，这些文章可以给予我们生动的启示。

一个父亲的札记

周国平

平凡的神秘

我曾经无数次地思考神秘，但神秘始终在我之外，不可捉摸。

自从妈妈怀了你，像完成一个庄严的使命，耐心地孕育着你，肚子一天天骄傲地膨大，我觉得神秘就在我的眼前。

你诞生了，世界发生了奇异的变化，一个有你存在的世界是一个全新的世界，我觉得我已经置身于神秘之中。

诚然，街上天天走着许多大肚子的孕妇，医院里天天产下许多婴儿。孕育和诞生实在平凡之极。

然而，我要说，人能参与的神秘本来就平凡。

我还要说，人不能参与的神秘纯粹是虚构。创造生命，就是参与神秘。

摇篮和家园

出生后第七天，你和妈妈离开医院，回到了家里。我们终于"团圆"了。

说你"回"到家里，似不确切，因为你是第一次来这个家。

不对。应该说，你来了，我们才第一次有了这个家。

孩子是使家成其为家的根据。没有孩子，家至多是一场有点儿过分认真的爱情游戏。有了孩子，家才有了自身的实质和事业。

男人是天地间的流浪汉，他寻找家园，找到了女人。可是，对于家园，女人有更正确的理解。她知道，接纳了一个流浪汉，还远远不等于建立了一个家园。于是，她着手编织一只摇篮——摇篮才是家园的起点和中心。

屋里有摇篮，摇篮里有婴儿，心里多么踏实。

心甘情愿的辛苦

未生儿育女的人，不可能知道父母的爱心有多痴。

在怀你之前，我和妈妈一直没有拿定主意要不要孩子。甚至你也是一次"事故"的产物。我们觉得孩子好玩，但又怕带孩子辛苦。有了你，我们才发现，这种心甘情愿的辛苦是多么有滋有味，爸爸从给你换尿布中品尝的乐趣，不亚于写出一首好诗！

这样一个肉团团的小躯体，有着和自己相同的生命密码，它所勾起的如痴如醉的恋和牵肠挂肚的爱，也许只能用生物本能来解释了。

哲学家会说，这种没来由的爱不过是大自然的狡计，它借此把乐于服役的父母们当成了人类种族延续的工具。好吧，就算如此。但我有一问：当哲学家和诗人怀着另一种没来由的爱从事精神的劳作时，他们岂非也不过是充当了人类文化延续的工具？

弱小的力量

我不愿做暴君的奴隶，我却被你的弱小所征服。

你的力量比不上一株小草，小草还足以支撑起自己幼小的生命，你却只能用啼哭寻求外界的援助，可是你的啼哭是天下最有权威的命令，一声令下，妈妈的乳头已经为你擦拭干净，爸爸也已经用臂弯为你架设一只温暖的小床。

此刻你闭眼安睡了。你的小身子信赖地倚偎在我的怀里，你的小手紧紧抓住我的衣襟。闻着你身上散发的乳香味，我不禁流泪了。你把你的小生命无保留地托付给了我，相信在爸爸怀里能得到绝对的安全。可爸爸我……

不过，对于爸爸妈妈，你的弱小确有非凡之力——是魅力，也是威力。唯其因为你弱小，我们的爱更深，我们的责任更重，我们的服务更勤。你的弱小召唤我们迫不及待地为你献身。

忘恩负义的父母

过去常听说，做父母的如何为子女受苦、奉献、牺牲，似乎恩重如山。自己做了父母，才知道这受苦同时就是享乐，这奉献同时就是收获，这牺牲同时就是满足。所以，如果要说恩，那也是相互的。而且，愈是有爱心的父母，愈会感到所得远远大于所予。

对孩子的爱是一种被动的主动，一种身不由己的心甘情愿。孩子那么可爱，由不得你不爱。

对孩子的爱是一种自私的无私，一种不为公的舍己。这种骨肉之情若陷于盲目，真可以使你为孩子牺牲一切，包括你自己。

其实，任何做父母的，当他们陶醉于孩子的可爱时，都不会以恩主自居。一旦以恩主自居，就必定是忘记了孩子曾经给予他们的巨大快乐，也就是说，忘恩负义了。人们总谴责忘恩负义的子女，殊不知天下还有忘恩负义的父母呢！

盼望生女

我盼望生个女儿——

因为生命是女儿给我的礼物，我愿把它奉还给女人；

因为我知道自己是一个溺爱的父亲，我怕把儿子宠娇，却不怕把女儿宠娇；

因为儿子只能分担我的孤独；女儿不但分担而且抚慰我的孤独；

因为上帝和我都苛求男儿而宽待女儿，浑小子令我们头疼，傻妞却使我们破颜；

因为诗人和女性订有永久的盟约。

最得意的作品

你的摇篮放在爸爸的书房里，你成了这间大屋子的主人。从此爸爸不读书，只读你。

你是爸爸妈妈合写的一本奇妙的书。在你问世前，无论爸爸妈妈怎么想象，也想象不出你的模样。现在你展现在我们面前，那么完美，仿佛不能改动一个字。

我整天坐在摇篮边，怔怔地看你，百看不厌。你的小脸蛋白白净净的，透着一股灵气。有时候片刻之间，你的脸上会闪过千百种表情：微笑、沉思、横眉蔑视、皱眉厌烦、眼睛变成月牙形的娇媚……不过，多数时候，你出奇地恬静，那时你最美。入睡时，你的两条小胳膊平举在脑袋两侧，脸上的神态安详得近乎佛相。醒时，你静静地睁着一双乌黑澄澈的大眼睛，久久凝视空中某处，不知在想什么。那目光自信而超然，真令人感到神秘。

看你这么可爱，我常常忍不住要抱起你来，和你说话。那时候，你会盯着我看，眼中闪现两朵仿佛会意的小火花，嘴角微微一动似乎在应答。

你是爸爸最得意的作品，我读你读得入迷。

舍末求本

我退学了。这是一所德国人办的具有权威性的语言学校，拿到这所学校的文凭，差不多等于拿到了去德国的通行证。

可是，此时此刻，即使请我到某个国家去当国王或议员，我也会轻松地谢绝的。

当我的孩子如此奇妙地存在着和生长着的时候，我别无选择。你比一切文凭、身份、头衔、幸遇更加属于我的生命的本质。你使我更加成其为一个人，而别的一切至多只是使我成为一个幸运儿。我宁愿错过一千次出国或别的什么好机会，也不愿错过你的每一个笑容和每一声啼哭，不愿错过和你相处的每一刻不可重复的时光。

如果有人讥笑我没有出息，我乐于承认，在我看来，有没有出息也只是人生的细枝末节罢了。

点评

用最朴素的语言说着最深情的话，因为这个世界上多了一个"你"——孩子！创造生命的喜悦，让父性的触角变得异常敏锐，伸展得如此广阔，如此无所不能及。孩子，是父母认识这个世界的另一扇窗户，当这个窗户打开，所有的神奇和美丽如约而至。这些直抒胸臆的独白，又何尝不是诗性的哲理！诗人哲学家的身份在此获得了可信的确认。言说变成了美文，这便是情感创造的奇迹。

推荐阅读： 作者长篇散文《妞妞——一个父亲的札记》。

爸爸的花儿落了

林海音

新建的大礼堂里，坐满了人，我们毕业生坐在前八排，我又是坐在最前一排中间的位子上。我的襟上有一朵粉红色的夹竹桃，是临行时妈妈从院子里摘下来给我别上的，她说："夹竹桃是你爸爸种的，戴着它，就像爸爸看见你上台一样！"

爸爸病倒了，他住在医院里，不能来。

昨天我去看爸爸，他的喉咙肿胀着，声音是低哑的。我告诉爸爸，举行毕业典礼的时候，我要代表全体同学领毕业证书，并且致辞。我问爸爸，能不能起来参加我的毕业典礼。六年前他参加我们学校欢送毕业同学的同乐会时，曾经要我好好用功，六年后也代表同学领毕业证书并致辞。今天，"六年后"到了，我真的被选中来做这件事。

爸爸哑着嗓子，拉起我的手笑笑说："我怎么能够去呢？"我说："爸爸，你不去，我很害怕。你在台下，我上台说话就不发慌了。"

"英子，不要怕，无论多么困难的事，只要硬着头皮去做，就闯过去了。"

"那么爸爸不也可以硬着头皮从床上起来到我们学校去吗？"

爸爸看着我，摇摇头，不说话了。他把脸转向墙那边，举起他的手，看那上面的指甲。然后，他又转过脸来叮嘱我：

"明天要早起，收拾好就到学校去，这是你在小学的最后一天了，可不能迟到！"

"我知道，爸爸。"

"没有爸爸，你更要自己管好自己，并且管好弟弟和妹妹，你已经大了，是不是？"

"是。"我虽然这么答应了，但是觉得爸爸讲的话使我很不舒服，自从六年前的那一次之后，我何曾再迟到过？

当我在一年级的时候，就有早晨赖在床上不起床的毛病。每天早晨醒来，看到阳光照到玻璃窗上了，我的心里就是一阵愁：已经这么晚了，等起来，洗脸，扎辫子，换校服，再到学校去，准又是一进教室就被罚站在门边。同学们的眼光，会一道道向我投过来，我虽然很懒惰，却也知道害羞呀！所以我又愁又怕，每天都是怀着恐惧的心情奔向学校去的。最糟的是爸爸不许小孩子上学乘车，他不管你晚不晚。

有一天下大雨，我醒来就知道不早了，因为爸爸已经在吃早点了。我听着雨声，望着大雨，心里愁得了不得。我上学不但要晚了，而且要被妈妈穿上肥大的夹袄（是在夏天），拖着不合脚的油鞋，举着一把大油纸伞，走向学校去！想到要这么不舒服地去上学，我竟有勇气赖在床上不起来了。

过了一会儿，妈妈进来了。她看我还没有起床，吓了一跳，催促着我，但是我皱紧了眉头，低声向妈妈哀求说："妈，今天晚了，我就不去上学了吧？"

妈妈做不了主，她转身出去时，爸爸就进来了。他瘦瘦高高的，站到床前来，瞪着我：

"怎么还不起来！快起！快起！"

"晚了，爸！"我硬着头皮说。

"晚了也得去，怎么可以逃学！起！"

一个字的命令最可怕，但是我怎么啦？居然有勇气不挪窝儿。

爸爸气极了，一把把我从床上拖起来，我的眼泪就流出来了。爸爸左看右看，结果从桌上抄起鸡毛掸子倒转来拿，藤鞭子在空中一抡——我挨打了！

爸爸把我从床头打到床脚，从床上打到床下，外面的雨声混合着我的哭声。我号哭，躲避，最后还是冒着大雨上学去了。我像一只狼狈的小狗，被宋妈抱上了洋车——我第一次花钱坐车去上学。

虽然迟到了，但是老师并没有罚我站，因为这是下雨天。

老师叫我们先静默，再读书。坐直身子，手背在身后，闭上眼睛，静静地想五分钟。老师说："想想看，你是不是听爸妈和老师的话？昨天的功课有没有做好？今天的功课全带来了吗？早晨跟爸妈有礼貌地告别了吗……"我听到这儿，鼻子抽搭了一下，幸好我的眼睛是闭着的，泪水不至于流出来。

静默之中，我的肩头被拍了一下，急忙地睁开了眼，原来是老师站在我的位子边。他用眼神叫我向教室的窗外看去。我猛一转过头，是爸爸那瘦高的身影！

我走出了教室，站在爸爸面前。爸爸没说什么，打开了手中的包袱，拿出来的是我的花夹袄。他递给我，看着我穿上，又拿出两个铜板来给我。

后来怎么样，我已经不记得了，因为那是六年以前的事了。只记得，从那以后到今天，每天早晨我都是等待着校工开大铁栅栏校门的学生之一。冬天的清晨，我站在校门前，戴着露出五个手指头的那种手套，举着一块热乎乎的烤白薯吃。夏天的早晨，我站在校门前，手里举着从花池里摘下的玉簪花，送给亲爱的韩老师，是她教我跳舞的。

啊，这样的早晨！一年年过去了，今天是我最后一天在这学校里啦！

当当当，钟声响了，毕业典礼就要开始了。看外面的天，有点阴，我忽然想，爸爸会不会忽然从床上起来，给我送来花夹袄？我又想，爸爸的病几时才能好？今早妈妈的眼睛为什么红肿着？今年爸爸都没有给院里大盆的石榴和夹竹桃上麻渣。如果秋天来了，爸爸还要买那样多的菊花，摆在我们的院子里、廊檐下、客厅的花架上吗？

爸爸是多么喜欢花啊！每天他下班回来，我们在门口等他，他把草帽推到头后面，抱起弟弟，经过水龙头，拿起灌满了水的喷水壶，唱着歌儿走到后院来。他回家来的第一件事就是浇花。那时太阳快要下去了，院子里吹着凉爽的风，爸爸摘一朵茉莉插到瘦鸡妹妹的头发上。陈家的伯伯对爸爸说："老林，你这样喜欢花，所以你太太生了一堆女儿！"我有四个妹妹，只有两个弟弟。我才十二岁……

我为什么总想到这些呢？韩主任已经上台了。他很正经地说："各位同学都毕业了，就要离开上了六年的小学到中学去读书，做了中学生就不是小孩子了，当你们回到小学来看老师的时候，我一定高兴地看到你们都长高了，长大了……"

于是我唱了五年的骊歌，现在轮到学弟学妹们唱给我们："长亭外，古道边……"

我哭了，我们毕业生都哭了。我们是多么希望长高了变成大人，我们又是多么怕呢！

快回家去！快回家去！拿着刚发下来的小学毕业证书——红丝带子系着的白纸筒，我催着自己，好像怕赶不上什么事情似的，为什么呀？

进了家门，静悄悄的，四个妹妹和两个弟弟都坐在院子里的小板凳上。他们在玩沙土，旁边的夹竹桃不知什么时候垂下了好几根枝子，散散落落的，很不像样，是因为爸爸今年没有收拾它们——修剪、捆扎和施肥。石榴树大盆底下有几个没有长成的小石榴，我很生气，问妹妹们："是谁把爸爸的石榴摘下来的？我要告诉爸爸去！"

妹妹们惊奇地睁大了眼，摇摇头说："是它们自己掉下来的。"

我捡起小青石榴。缺了一根手指头的厨子老高从外面进来了，他说："大小姐，别说什么告诉你爸爸了，你妈妈刚从医院来了电话，叫你赶快去，你爸爸已经……"

他为什么不说下去了？我忽然着急起来，大声喊着："你说什么，老高？"

"大小姐，到了医院，好好劝劝你妈，这里就数你大！就数你大了！"

是的，这里就数我大了，我是小小的大人。我对老高说："老高，我知道是什么事了，我就去医院。"我从来没有这样镇定，这样安静。

我把小学毕业证书放到书桌的抽屉里，再出来，老高已经替我雇好了到医院的车子。走过院子，看那垂落的夹竹桃，我默念着：

爸爸的花儿落了。我已不再是小孩子了。

点 评

　　悲悯之眼，温婉之笔。表现生命底色的苍凉，但又不拘泥于此，而能超越悲戚，让人于沉重中获得勃发的力量。文章心理描写平实、细腻，对话简洁，淡而有味。最可称道的是精巧的构思，以"爸爸的花儿"为线索，开篇以衣襟上妈妈给自己戴的粉红色夹竹桃引出爸爸，中间插叙去医院探望爸爸，父女交谈和六年前赖床受罚之情节，进而联想到爸爸对花的喜爱和呵护。或许在爸爸心里，女儿就如这些花，需要精心栽培，借旁人之口所言的这段"花语"，既烘托了父亲美好的形象，又传达了他对女儿的期许。文末点题，花儿凋落，爸爸病殁，但自己也如爸爸期许那般长大了。

　　推荐阅读：作者代表作《城南旧事》。

合欢树

史铁生

　　十岁那年，我在一次作文比赛中得了第一。母亲那时候还年轻，急着跟我说她自己，说她小时候的作文作得还要好，老师甚至不相信那么好的文章会是她写的。"老师找到家来问，是不是家里的大人帮了忙。我那时可能还不到十岁呢。"我听得扫兴，故意笑："可能？什么叫'可能还不到'？"她就解释。我装作根本不在意她的话，对着墙打乒乓球，把她气得够呛。不过我承认她聪明，承认她是世界上长得最好看的女的。她正给自己做一条蓝底白花的裙子。

　　我二十岁时，我的两条腿残废了。除去给人家画彩蛋，我想我还应该再干点别的事，先后改变了几次主意，最后想学写作。母亲那时已不年轻，为了我的腿，她头上开始有了白发。医院已明确表示，我的病目前没法治。母亲的全副心思却还放在给我治病上，到处找大夫，打听偏方，花了很多钱。她倒总能找来些稀奇古怪的药，让我吃，让我喝，或是洗、敷、熏、灸。"别浪费时间啦，根本没用！"我说。我一心只想着写小说，仿佛那东西能把残疾人救出困境。"再试一回，不试你怎么知道会没用？"她每说一回都虔诚地抱着希望。然而对我的腿，有多少回希望就有多少回失望。最后一回，我的胯上被熏成烫伤。医院的大夫说，这实在太悬了，对于瘫痪病人，这差不多是要命的事。我倒没太害怕，心想死了也好，死了倒痛快。母亲惊惶了几个月，昼夜守着我，一换药就说："怎么会烫了呢？我还总是在留神呀！"幸亏伤口好起来，不然她非疯了不可。

　　后来她发现我在写小说。她跟我说："那就好好写吧。"我听出来，她对治好我的腿也终于绝望。"我年轻的时候也喜欢文学，跟你现在差不多大的时候，我也想过搞写作。你小时候的作文不是得过第一吗？那就写着试试看。"她提醒我说。我们俩都尽力把我的腿忘掉。她到处去给我借书，顶着雨或冒着雪推我去看电影，像过去给我找大夫、打听偏方那样，抱了希望。

三十岁时，我的第一篇小说发表了，母亲却已不在人世。过了几年，我的另一篇小说也获了奖，母亲已离开我整整七年了。

获奖之后，登门采访的记者就多。大家都好心好意，认为我不容易。但是我只准备了一套话，说来说去就觉得心烦。我摇着车躲了出去。坐在小公园安静的树林里，想：上帝为什么早早地召母亲回去呢？迷迷糊糊的，我听见回答："她心里太苦了。上帝看她受不住了，就召她回去。"我的心得到一点安慰，睁开眼睛，看见风正在树林里吹过。

我摇车离开那儿，在街上瞎逛，不想回家。

母亲去世后，我们搬了家。我很少再到母亲住过的那个小院子去。小院在一个大院的尽里头，我偶尔摇车到大院儿去坐坐，但不愿意去那个小院子，推说手摇车进去不方便。院子里的老太太们还都把我当儿孙看，尤其想到我又没了母亲，但都不说，光扯些闲话，怪我不常去。我坐在院子当中，喝东家的茶，吃西家的瓜。有一年，人们终于又提到母亲："到小院子去看看吧，你妈种的那棵合欢树今年开花了！"我心里一阵抖，还是推说手摇车进出太不易。大伙儿就不再说，忙扯到别的，说起我们原来住的房子里现在住了小两口，女的刚生了个儿子，孩子不哭不闹，光是瞪着眼睛看窗户上的树影儿。

我没料到那棵树还活着。那年，母亲到劳动局去给我找工作，回来时在路边挖了一棵刚出土的绿苗，以为是含羞草，种在花盆里，竟是一棵合欢树。母亲从来喜欢那些东西，但当时心思全在别处。第二年合欢树没有发芽，母亲叹息了一回，还不舍得扔掉，依然让它留在瓦盆里。第三年，合欢树不但长出了叶子，而且还比较茂盛。母亲高兴了好多天，以为那是个好兆头，常去侍弄它，不敢太大意。又过了一年，她把合欢树移出盆，栽在窗前的地上，有时念叨，不知道这种树几年才开花。再过一年，我们搬了家，悲痛弄得我们都把那棵小树忘记了。

与其在街上瞎逛，我想，不如去看看那棵树吧。我也想再看看母亲住过的那间房。我老记着，那儿还有个刚来世上的孩子，不哭不闹，瞪着眼睛看树影儿。是那棵合欢树的影子吗？

院子里的老太太们还是那么喜欢我，东屋倒茶，西屋点烟，送到我跟前。大伙儿都不知道我获奖的事，也许知道，但不觉得那很重要；还是都问我的腿，问我是否有了正式工作。这回，想摇车进小院儿真是不能了。家家门前的小厨房都扩大了，过道窄得一个人推自行车进去也要侧身。我问起那棵合欢树，大伙儿说，年年都开花，长得跟房子一样高了。这么说，我再看不见它了。我要是求人背我去看，倒也不是不行。我挺后悔前两年没有自己摇车进去看看。

我摇车在街上慢慢走，不想急着回家。人有时候只想独自静静地待一会儿。悲伤也成享受。

有那么一天，那个孩子长大了。会想起童年的事，会想起那些晃动的树影儿，会想起他自己的妈妈。他会跑去看看那棵树。但他不会知道那棵树是谁种的，是怎么种的。

点 评

一直期待着作者笔下的"合欢树"出现，但是，作者却故意让我们的期待落空，直到篇末，都没有看到那株开了花的合欢树到底长什么样子。但我们却一点一点地看到了，年轻时那个有些自我、有些傲娇的母亲，在"我"两腿残疾之后是如何一步一步艰难地、小心翼翼地陪着"我"走过最难熬的岁月。

文章构思别具匠心，作者把"我"、母亲、合欢树的命运与情感紧密融合在一起，"合欢树"是一个象征，在文中有着丰富的意蕴，是作者命运的写照，也是母亲的希望和母爱的化身。文中那个不哭不闹的孩子，也有非常精彩的隐喻。具有母爱的"合欢树"，是作者留给读者的遗憾，正因了这遗憾，读这篇文章时，我们的内心才有了长长久久的悲伤。

推荐阅读：作者代表作《我与地坛》。

父亲的手

［美国］麦伦·尤伯格

费方利 译

一九三三年七月一日午夜刚过，我便来到了世间，我是父母的长子。我的生日刚好跨在那一年的上下半年之间，这是我日后命运的一个暗示：一只脚总是被拖向听力障碍的世界——父亲和母亲的那个静悄悄的世界，我的生命源自他们；另一只脚却总希望大步迈入有声的大世界中去，进入我自己的那片天地。

多年后我才知道，我的父母亲作为听力障碍者，在大萧条最严重的时期决心要一个孩子，这是何等的乐观啊。

我们住在康尼岛附近的布鲁克林。这里每到夏天，清风吹拂，我们敞开厨房的窗户，影子在滚轴上缓缓爬升。我可以嗅到咸咸的海洋气息，夹杂着毫无遮挡的芥末味和烤热狗味（尽管那可能只是我的想象）。

我们的公寓是位于三楼的四个房间，红砖建筑，外面是明亮的橙色安全出口。这是我的父亲和母亲在附近散步时找到的，然后他们亲自同缺乏耐心的、听力健全的房东商量。他们各自的父母都极力反对，觉得他们两个"失聪的残疾人"会"孤立无援"，"不能独立办好这件事"，肯定会被"欺诈"。他们刚刚从华盛顿结束了幸福、喜悦的蜜月，就正好赶上樱花兀自盛开的时节。花儿开得静悄悄又明艳艳，我母亲觉得，这是他们两个失聪的人喜结连理的一个好兆头。

公寓 3A 是父亲作为已婚男人所知道的唯一的家。这里的四个房间是他生活的地方，是他爱他的聋妻的地方，是他抚养他的两个听力正常的儿子的地方。直到后来有一天，在他们到那里四十四年之后，他被一辆救护车拉走，再也没有回来。

一天，父亲用双手为我解释他是如何失聪的，充满了悲伤、痛苦、遗憾与惋惜。这个故事还是他后来从他的妹妹萝丝那里拼接而成的，这是萝丝从母亲那里听到的。他必须从自己听力健全的妹妹那里才能知道自己失聪的细节，这永远是他愤怒的根源。

父亲告诉我，他出生于一九〇二年，本来是一个听力正常的小孩，但是早年不幸患上脊膜炎。他的父母大卫和瑞贝卡，那时刚刚从俄罗斯移居到美国，住在布朗克斯的一间公寓里。他们原以为自己的孩子会夭折。

当时，父亲的高烧持续了一个星期，白天用冷水洗浴，晚上盖着湿被子，他才得以保住一条小命，但是他那小小的身体终于被毁坏了。高烧终于退下去了，他却双耳失聪。从此以后，父亲再也没有听到过任何声音。成年之后，他经常质问，为什么他们家里单单只有他变成了聋子。

我，他听力健全的儿子，只能眼睁睁看着他用手势表达自己的痛苦："太不公平了！"

长大了之后，我越来越精通于充当父亲的声音的角色了，我会感觉到失望、羞耻，后来会愤怒，因为听力健全的人忽视他，就仿佛他是一块没有生命的石头一样。这种完完全全的冷漠比蔑视更加让人难受。

在很多场合，我亲眼看见街上听力正常的陌生人走近我父亲，问他一个问题："你能告诉我地铁站怎么走吗？""现在几点了？""最近的面包房在哪里？"

当父亲没有反应时，这些路人的脸上立马就会露出不理解的神情。我非常不适应这样的情形，因为接下来，父亲会发出刺耳的聋人声音，他们会变得吃惊无比，接着又换作一副厌恶的样子。每当此时，这些陌生人都会转身逃开，仿佛我父亲的聋人声音是会传染的病毒一样。

甚至现在，时光向前走了七十年，童年记忆里的那种羞耻的感觉，还像蓄电池的酸液一样腐蚀着我的血管，如同胆汁不自觉地冲进我的喉咙。

"我爸爸要五磅牛脊肉，不要肥肉。"等轮到我们时，我对屠夫说。

"孩子，我在忙，"他甚至看都不看我父亲一眼，"告诉他，你们要去排队。"

"他说什么？"父亲问我。

"他说我们必须排队等待。"

"可现在已经轮到咱们了。告诉那人，现在！"

"我爸爸说现在已经轮到我们了。他要五磅牛脊肉，不要肥肉。"

我又礼貌地补充了一句："先生，麻烦您了。"

"告诉那个哑巴，我说了等轮到他的时候。现在你们要么去队伍后面，要么就滚出我的肉店。"

焦躁不安的顾客，正在他们的位子上，用空洞又冷酷的眼神盯着我们，仿佛他们就是法官一样。

"那人说什么？"父亲问我。

父亲跟我说过，最重要的一点是，我一定不要，永远不要自己改编听力正常的人对他说的话，不管他们说什么。他需要我直接翻译。于是，我比画着："那人说你是个哑巴。"我六岁的身体就像一个咆哮的火炉，几乎要烧坏我的皮肤。

我以前从未听人叫"哑巴"。唯一的一次是在收音机上听到的，在查理·麦卡锡的表演里，当时埃德加·卑尔根叫查理"哑巴"："查理，你是个哑巴。你什么也不是，只不过是一块木头。"

我父亲不是一块木头，他不是哑巴。

父亲的脸色大变，气愤不已。"告诉那人，把烤肉甩到他屁股上吧！"他比画着，动作极度夸张。

"我爸爸说我们下次再来。谢谢你！"

从肉店出来后，我们走在大街上，父亲向我俯下身来。

"我知道你没有跟那屠夫转述爸爸的话，"他比画着，"我能从他的表情里看出来。没有关系，我理解。你夹在中间很尴尬。

"我知道，这很不公平。

"我在无声的世界里。

"而你在有声的世界里。

"我需要你，我不是傻子。"

父亲的手开始静默无声。

"不管他们怎么想，"他最后跟我比画，"我还是必须同他们交涉。所以，我需要你来帮助我。你可以听，你可以说。"

父亲一直对自己很有信心，但是现在，他看起来完全变了个人。我想父亲可能想哭。我从未见过他哭，我也根本想象不出这会是什么情形。我真的被吓到了。

他直直地看着我的眼睛，缓缓地做着手势："总是需要你承担那么多，我心里很痛。你还只是个孩子。我希望你可以理解我，不要讨厌我。"

讨厌父亲？我很震惊。他怎么会那样想呢？

"不。"我摇头，"从来不会！"我对他比画着。

父亲双臂抱住我，亲吻我，然后把我的头搂到胸口，我能听到父亲的心跳。

点评

　　身体可以残缺，但尊严和爱却从不缺席。父亲用他那双手向这个冷漠、麻木的世界诉说着，抗争着。"我"陪伴着他，向他传达这个世界漠视和冷酷的声音，这是一种怎样的痛苦和无助啊！但他们之间有可以消弭一切寒冰的深深的理解和爱，在他们和这个世界抗争的同时，爱的花儿在静悄悄地开，明艳，美丽，温暖。

　　作者把这种反差极大的痛苦和爱，用父亲的"手"传递给读者，也让读者在这种痛苦的煎熬和爱的感动中去思考：有这样一个被漠视的群体需要这个世界的理解和包容。在冷峻的底色上显现爱的暖色调，这是高明的表现手段。

我的母亲

[日本] 北野武

小学时，母亲是如何逼我读书，而我又是如何不肯读书、老想着打棒球，一直是我最深的记忆，也是我们母子之间最初的较量。邻居大婶看我那么爱打棒球却没有手套，觉得我可怜，于是在我生日时偷偷帮我买了棒球手套。但母亲根本就不准我打棒球，就连拥有手套也会惹她生气。

我家只有两个房间加一个厨房，一个房间四叠半，另一个房间六叠。根本没有"自己的房间"这类时髦玩意儿，所以没处藏手套。不过走廊尽头，有个勉强算是院子的地方，种着一棵低矮的银杏树。于是我把手套包在塑料袋里，偷偷埋在银杏树下，假装没事的样子。

每逢打棒球时我才挖它出来。有一天，当我挖开泥土时，手套不见了，只见塑料袋里装着一堆参考书……母亲认为我迷恋棒球，是因为空闲时间太多，便又安排我去英语和书法补习班。足立区附近极少有英语补习班，于是我去了三站地之外的北千住补习。我骑自行车往返，假装乖乖去上课，其实都是跑到附近的朋友家或公园，玩到时间差不多时再回家。

有一次，一回到家，老妈迎面就说："Hello，how are you？"我一时不知该怎么办，默不作声，结果挨了一顿好打。"你没去上课吧？！要说'I am fine'，混蛋！"这真叫人不寒而栗。她怎么知道那些英语的？不会是和美国大兵交往了吧？我的补习费可能是美国人出的？太令人不安了。

其实她是为了我，硬学会了那几句。

终于有一天，当我上电视演出，酬劳超过百万时，我不知怎么回事，又想回那个久别的家了。打电话过去时，心脏还猛跳。是母亲接的电话："最近上电视，赚到钱啦？"语气非常温柔。不料，我才说"还可以啦"，她立刻缠着我说："那要给我零用钱！"这当妈的怎么回事，真会扫兴。既然如此，就让她见识一下。我准备了30万现金，还请她到寿司店。

"妈，这是给你的零用钱。"我想给她惊喜。

她问："有多少？"

我得意地说："30万。"

"就这么一点？"不变的刻薄语气，"不过30万块钱，就一副了不起的样子！"

我能怎么办？当然是不欢而散，发誓再也不回家了。麻烦的是，电话号码已经告诉她，从那以后，过两三个月她必定打来要钱。

…………

"我要走了。"

母亲突然握住我的手："小武！"眼眶湿润。

我安慰她说："我还会再来。"

她突然回我："不来也行，只要最后再来一次。"语气变得强硬，"下次你再来时，我的名字就变了，因为取了戒名。葬礼在长野举行，你只要来烧香就好"。她又恢复成彻底好强的母亲。

我挥手跟姐姐告别。在零售店买罐啤酒，跳上停在眼前的车厢，里头空荡荡的。车子钻过隧道，远处高崎的灯光忽隐忽现，猛然想起来时姐姐交给我的袋子。虽然医生说她没问题，但拿这个有点脏的小袋子当纪念遗物，母亲真是年老昏聩了吧？说她脑筋还正常，其实已经痴呆，搞不好里面装着菊次郎的丁字裤。我打开了袋子。

这是啥？我一时无言。竟然是用我的名字开的邮政储蓄存折！翻开来看，排列着遥远记忆中的数字：

1976 年 4 月 × 日 300000

1976 年 7 月 × 日 200000

…………

我给她的钱，一毛也没花，全都存着。30 万、20 万……最新的日期是一个月前。轻井泽邮局的戳印。存款接近 1000 万日元。车窗外的灯光模糊了，这场最后的较量，我明明该有九分九的胜算，却在最终回合被翻盘。

点 评

常见的结局反转，也是最容易抓住读者的写法。叛逆儿子和执拗的母亲，各有个性的长久较量，调侃轻松的叙述。这么多年，在儿子笔下，似乎是母亲一直在无理取闹，儿子成了包容她忍让她的人——这种角色互换的感觉何其熟悉。就这样不断地铺垫、推进，这么多年累积的障壁，却在最后一刻破防：是母爱，让这场"较量"在最后的回合彻底翻盘。

换了一个角度，便带给我们不一样的感受。

推荐阅读：作者坦诚犀利的自述《北野武的小酒馆》。

站立的兔子

北 岛

一天，楼下来了个挑担的农民，头戴破草帽，高一声低一声地吆喝，招来不少孩子围观。我随父亲路过，凑近一看，担子两头的多层竹屉里，竟是一簇簇刚孵出来的小鸡，黄灿灿、毛茸茸的，让人心痒痒。在我的纠缠下，父亲买下六七只。回家，他用剪刀在纸箱上戳些小洞透气，纸箱便成了临时鸡窝。

那纤声细语让人牵肠挂肚。我一放学回家就冲向纸箱，先看后摸，再用双手捧起其中一只。小鸡用爪子钩住我的手指，瑟瑟发抖，阵阵哀鸣。

从二十世纪五十年代末起，粮食日渐紧张，我们身后的成人们早有打算：母鸡下蛋、公鸡食肉。可离那目标尚远时，它们因一场瘟病相继死去。

相比之下，养蚕要单纯得多。首先成本低，一只空鞋盒，几片桑叶铺垫足矣。蚕宝宝小得像米虫，但就身体比例而言，蚕宝宝的生长速度和食量都是惊人的。桑叶紧缺，方圆数里的桑树几乎全秃了。"春蚕到死丝方尽"，我的春蚕还没吐丝就死了。

养金鱼最容易——耐饿，十天半个月不喂食没事儿。唯一的麻烦是定时换水，那倒也是种乐趣：把鱼缸搬到水池中，用笊篱一条条捞出，放进碗里，怀着孩子天生的恶意，看它们大口喘息。金鱼的生活完全透明，我纳闷：是金鱼装饰我们的生活，还是我们装饰它们的生活？

二

我正发育的身体被大饥荒唤醒，惶惶不可终日。人们都在谈吃，谈的是存活之道。学校减少课时，停掉体育课，老师劝大家节省体能，少动多躺，晚饭后就上床睡觉。亲友们做客自备粮票，饭后结算。相关的发明应运而生：用各种容器养小球藻；把淘米水积存下来，每月可多得两三斤沉淀物——与其说是米粉，不如说是沙尘杂质之类。楼下沐家实行黄豆均分制，按颗计算。这生存之战实在是惊心动魄。

某个冬日下午，父亲带我和弟弟来到官园农贸市场，见到几只小灰兔蜷在一起取暖，嘴唇翕动，红眼闪亮。我俩向父亲苦苦哀求，最后买下一公一母。

到了家，两只兔子东闻闻西嗅嗅。我们跟着连蹦带跳，比兔子还欢。

父亲找来一个旧木箱和几块破木板，吱吱嘎嘎拉锯，叮叮当当敲打，终于制成现代化的兔舍：斜屋顶，木板从中隔成两层，有木梯勾连，铁丝网罩住木箱裸面，右下角开一小门，带挂钩。兔子在楼下玩耍、就餐、如厕，在楼上安寝。兔舍就安置在阳台上。

兔子胃口极大，好像永远也吃不够。我和弟弟只好背着口袋出门，先在大院里，继而向外延伸，从后海沿岸到紫竹院公园。在田野实践中，我们意外发现除了杂草，多数野菜人类均可食用，有的甚至是美味。看来人和兔子差不多，处在生存的同一起跑线上。

一天下午，我和楼下的男孩儿，为了改变我家兔子和他家母鸡的生存状况，决定大干一场。我们用铁丝做成钩耙，从一号楼的垃圾箱开始动手，一直搜到八号楼的垃圾箱。我们总共捡到一百四十六个白菜头，战果辉煌。

我们平分了白菜头。晚上回到家，把白菜头浸泡在水池里，一边刷洗一边跟父母讲述经过。他们却用异样的眼神看着我。他们认为，在地球的食物链中还是有高低之分。不由分说，他们接替我的工作，把洗净的白菜头放进锅里，用清水煮烂，再对半切开，蘸着酱油，啃咬较嫩的中心部分，咂巴咂巴，大赞美味。我早就饿坏了，于是也加入这白菜头大餐。阳台上兔笼咚咚作响。

三

饥饿感正在啃噬我们的生活。浮肿变得越来越普遍。大家见面时的问候语从"吃了没有"转为"浮肿了没有"，然后撩开裤腿，用手指测试各自的浮肿程度。母亲的小腿肚可按进一枚硬币，且掉不下来，被评为三级，那是最厉害的浮肿。众人啧啧称奇，有如最高荣誉。

母兔怀孕了。那时，生殖对我来说还是个谜。它日渐笨拙，除了进餐，基本都卧在楼上，从身上揪下一撮撮兔毛筑窝。

一天傍晚，我发现兔笼有异动，用手电筒一照，五只兔崽正围着母兔拱动。它们双眼紧闭，浑身无毛，像无尾的小耗子。我和弟弟妹妹打开小门，把兔崽一只只抱出来，放在手中轻轻抚摸。没想到再把它们放回兔笼时，母兔竟然追咬、驱赶它们。后来才知道，母兔是通过气味辨认孩子的，一旦身上有异味，便六亲不认。

采取应急措施：把小兔崽们抱进屋，放在垫好棉花的鞋盒里，用吸管喂养。除了米汤，还找出少许奶粉，那可是稀有金贵之物。兔崽们闭着眼，贪婪地吮吸着，我们如释重负。

第二天早上，打开鞋盒，五只兔崽全都死了。我们为自己的过错而哭。母兔却若无其事，谁能懂得兔子的感情生活呢？

它们的胃口越来越大，而附近的草地越来越少。我和弟弟越走越远，出了城门，深入田野，经常被乡下孩子驱赶。为了兔子，我们正耗尽口粮转化而成的有限能量。在同一生存的起跑线上，我们和兔子不是比谁跑得快，而是比谁跑得远。

在此关键时刻，表姐来家做客，她是北师大的学生。她建议把兔子寄养在她那儿——她们宿舍楼前有一大片草地，课间休息时正好放牧。

那是兔子的天堂。

那时我和弟弟正学游泳，先到北师大游泳池瞎扑腾，然后头顶半湿的游泳裤去看望兔子。它们欢蹦乱跳，咬咬凉鞋以示亲热。放牧兔子估摸和放牧羊群差不多，它们有时潜行如风，溜进繁茂的野草深处；有时警觉而立，收拢前腿，观望四周的动静。

可好景不长，有人告状，校方出面干涉，兔子又搬回家里。

四

谣言与饥荒一样无所不在。同学们围着教室的火炉一边烤窝头，一边大谈国际局势。一个流行说法是，苏联老大哥逼着咱中国还债，什么都要，除了鸡鸭鱼肉，还要粮食水果。我开始为兔子担心——记得电影里俄国人戴的都是兔毛帽子。

母兔肚子又大了，这回生了六只。对八口之家来说，兔笼嫌小了。我和弟弟找来砖头，把阳台的铁栏杆底部圈起来，让它们有更大的活动空间。

翌日早晨，我们大惊失色：竟然少了三只兔崽！这才发现，在"砖墙"上出现一道缝隙。冲下楼去，在龚家小菜园找到尸体。懊丧之余，我们加固了"砖墙"。可第二天早上又少了一只——落在了龚家窗台上的花盆里。我们快疯了，这盲目的自杀行为不可理喻，只好把它们全都关进兔笼。

春去秋来，幸存的兔崽长大了，要养活这四口之家更难了。搂草喂兔子，跑断了腿——我和弟弟走遍北京城，走遍城郊野地，整个暑假都在为兔子的生存而斗争。这是最后的斗争。冬天就要到了，怎么办？

父亲——我家最高行政长官做出决定：杀兔果腹，以解后顾之忧。我估摸在买兔子那一刻他就盘算好了——从野兔到家兔，正是我们的祖先保存狩猎剩余成果的方式。

我和弟弟激烈反对，哭喊着，甚至宣布绝食抗议。但人微言轻，专制正如食物链的排列顺序，是不可逆转的。

那是个星期天。我和弟弟一早出门，各奔东西，临走前没去阳台与兔子诀别。我顺着后海河沿，上银锭桥，穿烟袋斜街，经钟鼓楼，迷失在纵横如织的胡同网中。其实兔子眺望时站立的姿势很像人。我恍惚了，满街似乎都是站立的兔子。

天色暗下来，我和弟弟前后脚回家。一切都静悄悄的，看来大屠杀早已结束。最高行政长官躺在床上看书，母亲悄悄提醒我们，饭菜在锅里。她并没提到兔子，这是不言而喻的。尽管饥肠辘辘，我们坚决不进厨房。

我爬上床，用被子蒙住头，哭了。

点评

一篇记述养兔子的故事，置放于那个动荡不宁的时代中，自然就有了别样的意义。语言真切、细致、生动，情节曲折，勾人魂魄。对少年心理活动的叙写，诗人的笔触含蓄而节制，却往往震撼人心。讲述从容不迫，时常有闲笔，使故事更具魔力和张力。

少年眼里的父母，在一个为生存而战的世界里，最终变得残酷无情，杀害了对孩子极其重要的生命——兔子，这被少年尽力喂养长大并繁衍的兔子一家，也是温暖饥饿少年的力量，他们想和兔子一同长大，并长久地活在世间。

笔调有诗性，简洁无赘词，又带着些许锋利。临近结尾，作者终于露出了自己愤怒的本色，"满街似乎都是站立的兔子"。

推荐阅读：作者代表作《北岛诗选》及自传性散文集《城门开》。

难民火车

琼 瑶

我不知道有没有人记得抗战时期的"难民火车"？我不知道坐过那火车的人能不能忘记那种经历？

我们离开那小乡镇后，翻过了一座荒山，就第一次看到了去桂林的难民火车！初听汽笛的狂鸣，初次看到那么多的人，车厢里，车厢顶上，车厢下面……人叠着人，人挤着人……我们兴奋得大叫。有火车，我们不必再走路了！有火车，我们就安全了！有火车，可以把我们带往四川！于是，我们爬上了车顶，挤进了人潮里。

在我记忆中，那难民火车有"上、中、下"三等位子。"上"位是高踞车厢顶上，坐在那儿，无论刮风、下雨、大太阳，你都沐浴在"新鲜"的"空气"中。白天被太阳晒得发昏，夜晚被露水和夜风冻得冰冷。至于下雨的日子，就更不用去叙述了。"中"位是车厢里面，想象中，这儿有车厢的保护，没有风吹日晒雨淋的苦恼，一定比较舒服。可是，车厢里的人是道道地地的挤沙丁鱼，男男女女，老老少少，混杂在一个车厢中，站在那儿也可以睡着，反正四面的人墙支持着你倒不下去。于是，孩子们的大小便常就地解决，车厢里的汗味、尿味、各种腐败食物的臭味都可以使人生病。何况，那车厢里还有一部分呻吟不止的伤兵和病患。"下"位是最不可思议的，如今回忆起来，我仍然心有余悸。在车厢底下，车轮与车轮的上面，有两条长长的铁条，难民们在铁条上架上了木板，平躺在木板上面，鼻子顶着的就是车厢的底，身侧轰隆轰隆旋转的就是车轮。稍一不慎，滚到铁轨上，就会被碾为肉泥。这，就是难民火车。我和父母还算幸运，我们在"上"位上找到了一块位置。我想，三种位子里还是上位最好。但是，当时选择车顶的人比选择车厢的人仍然少得多。因为车顶上极不安全，一根凸出的树枝可以把你扫下车子，电线可以挂住你，打个瞌睡，也可能滑下车子。所以，每个动作都要小心翼翼，坐好了就不能移动。我们有了"上位"，本以为是一段"徒步跋涉"的终止，谁知道，搭上了车，我们才发现高兴得太早。姑且不论坐在那种车顶上有多少限制和恐惧，那车子是烧煤的，阵阵煤烟，随风而至，车子开了没多久，我们也都成了黑人，而且被煤烟呛得咳个不停。再加上，时时刻刻，可以听到一阵惨呼或哭叫，使我们明白又发生了一件"意料之内"的"意外"。在一场大的战乱里，生命是那么渺小而不值钱。

过了没多久，我们又有个新发现，这难民火车并不是挨站停车，而是"随时"停车，高兴走的时候走，高兴停的时候停，停多久也不一定。因为燃料的不继，常常一停就停上好几小时，又因为火力的不足，常常会把整节车厢抛下来不顾了。我们就这样坐在车顶上，走一阵，停一阵，再走一阵，再停一阵……白天，黑夜，黎明，黄昏……一日又一日。

我们坐在那儿想弟弟，想未来，想那早就该到达而始终未曾到达的桂林城。母亲常常啜泣，我用手紧紧地环抱住母亲，父亲再用手紧紧地环抱住我们。父母和我都知道，我们再也不能分散。因而，在那几日搭难民火车的时间里，我们要下车就三个人一起下，要上车也三个人一起上，生怕车子忽然开走，又把我们给分散了。

这难民火车越走越慢，越停越久。我们相信，如果是步行的话，我们早已到了桂林。这火车的速度比步行还慢。可是，母亲的脚伤未愈，我的脚上更是伤痕累累，坐车总比走路好，所以我们也就一直搭着那列火车。

这样，我们居然又遭遇了奇迹！

这天早晨，车子又停了。和往常一样，停下来似乎就没有再走的意思。停了一个多小时以后，我坚持下车走一走，因为我又两腿发麻了。父母带着我下了车，怕那火车说走就走，我们沿着车厢，在铁轨边走来走去，活动着筋骨。就在此时，忽然有个声音在大叫着："陈先生！陈先生！陈先生！"

我们循声看去，在一个车厢顶上，有位军人正对着父亲又挥手又挥帽子，大呼大叫。我们跑过去，那是个负了轻伤的伤兵！看来似曾相识，那军人上气不接下气地、急促地嚷着："陈先生！我是曾连长的部下！你快去找我们的连长，你家的两个娃仔，被我们连长找到了！"

不相信我们的耳朵，不相信我们的听觉。父母一时之间，竟呆若木鸡。然后，是一阵发疯般的狂喜及雀跃，父母忘形地大跳大叫，夹杂着父亲紧张、兴奋，语无伦次的询问声：

"真的，你亲眼看到吗？他们好吗？但是……但是……你的连长在什么地方？""连长在桂林！他今天才去的桂林！你们去桂林找他！孩子们找到了！找到了！他们好好的！我亲眼看到的！"那军人和我们一样兴奋，"快去桂林！快去！"

桂林！啊！桂林！父母相对注视了一秒钟，看了看那毫无动静的难民火车。同一时间，他们做了一个决定，举起手来，他们对那军人感激涕零地嚷着：

"谢谢！谢谢！谢谢！"

然后，父母一边一个，拉着我的手，我们放开脚步，就沿着铁路，向桂林城的方向狂奔而去。

点评

　　本文以抗日战争中的衡阳会战为背景，描写了当时只有六岁的作者与父母的一段颠沛流离的流亡之路。作者平实叙述了"难民火车"的铺位特点，烘托人命在战争车轮碾压下的低贱卑微，给人以强烈的心理撞击。这是一幅乱世逃亡图：火车似乎永远到不了目的地；人面对着飘摇的命运的绝望无助。因此，当有好心人找到了分散的家人时，那种绝处闻喜的"感激涕零"可想而知。对父母的刻画非常出彩，以孩子之眼摹写成人世界的惶恐不安，更让人感受到人生的沉重。

　　推荐阅读：琼瑶自传《雪花飘落之前：我生命中最后的一课》。

跟着父亲读古诗

潘向黎

二十世纪七十年代初，我还是学龄前稚童，父亲便开始让我背诵古诗。

听上去平淡无奇——如今谁家孩子不从"鹅鹅鹅"开始背诵几十首古诗，好像都不好意思说幼儿园毕业了。但是相信我，在那个年代，这也算是逆时代潮流的举动。我带着一点违禁的提心吊胆，开始读父亲手写在粗糙文稿纸背面的诗词。

我背的第一首诗是"白日依山尽"，然后是"床前明月光"和"慈母手中线"。然后，应该是王勃的《送杜少府之任蜀州》。在我的心目中，这首诗有的地方好理解，有的地方我完全不明白。什么是"城阙"？什么叫"三秦"？"宦游人"是什么？继续背，"海内存知己，天涯若比邻"。当时我还没有见过海，"海"字让我想到的是父亲所在的上海。既然一年只能在寒暑假见父亲两次，上海一定非常非常远，那是"海内"还是"天涯"？

我背诵的第一阕词，对一个小女孩来说，是非常生硬突兀的——岳飞的《满江红》。后来我不止一次想过，如果我有女儿，即使不让她背李清照、柳永，至少也会选晏殊、周邦彦吧？现在的我对当年的父亲笑着说："爸爸，你也太离谱了。"当时因为这阕词生字多，我背得很辛苦。等放暑假，父亲回来了，居然没有抽查这阕词，让我暗暗失望。那时候，因为常年不在一起生活，我有些敬畏父亲，竟不敢自己主动卖弄一下，背给他听。

按现在的养育标准看，我还在襁褓中时，父母就被迫分居两地，我的整个童年父亲都不在身边，心理阴影该有多大啊。幸亏父亲不在的时候，有他亲手录的古诗词陪着我。

父亲出差给我带回一套唐诗书法书签。"千里莺啼绿映红，水村山郭酒旗风。南朝四百八十寺，多少楼台烟雨中。"这首诗我很喜欢，但是不太明白杜牧到底想说什么。读着读着，眼前好像出现了一个画面，像在去上海的火车上看到的烟雨朦胧的田野那样，我被一种奇异的感觉笼罩了，觉得整个人在昏暗中闪闪发光。我独自惊喜了一会儿，又有一点隐隐的担忧：怎么读不出要人上进的意思？

等到可以天天见到父亲，我已经不需要再问，我自己明白：把千里之外的景色"拘"到读诗人的面前，让人觉得优美，置身其境，这个诗人便可称得上手段了得，这首诗的价值已经足够。诗不一定要用来包裹人生道理，不说"苦寒"，单纯写梅花也是可以的。明白了这一点，我有一种被赦免的轻松感，从此便自由自在地选择自己喜欢的诗词来读了。

我十二岁那年，随母亲移居上海，全家团聚。仿佛一下子海阔天空了，我可以很方便地从父亲的书架上接触到许多古典诗词读本，而且编选者都是真正的大家。也就是在这些诗词选里，我第一次看到在书上随手标记、评点的做法——父亲在这些书里，用铅笔、红铅笔、蓝色钢笔做了各种记号（估计是每读一遍用一种颜色的笔标记，有三种颜色表示至少读了三遍）。

父亲觉得好的地方，会画圈。若是句子好，先画线然后在线的尾巴上加圈；整首好，则在标题处画。好，一个圈；很好，两个圈；极好，三个圈。觉得不好，是一个类似于拉长了的顿号那样的一个长点。父亲画三个圈的情况自然不多，所以每次遇到，我都要整理衣裳、清清嗓子，认认真真地读上几遍。有时候我会忍不住对父亲说，某一首诗真是好，我完全同意他的三个圈。父亲大多只是笑笑，并不和我展开讨论。那是 20 世纪 80 年代，他忙着准备讲义和伏案著书，我虽然到了他眼皮底下，他却常常没空理我。于是我也只能用在书上点点画画写写的方式来抒发自己的读后感——父亲破天荒地允许我在他的书上做记号，当然只能用铅笔。父亲在苦熬他的文章或者讲义，我虽然就坐在他对面，但是不敢打扰他，只能在他读过的书里通过各自的评注和他"聊天"。

一天，我捧着一本古诗站到父亲面前，破釜沉舟般地对他说："这首诗，我不同意你的观点。"惜时如金的父亲有点抵挡不了，想早点溜进书房："以后再说吧。"我不依不饶："你给我五分钟。"于是父亲坐了下来，听完我机关枪扫射般的一通话，想了想，说："虽说诗无达诂，不过你的观点好像比我当年的更有道理。"没等我发出欢呼，他又接着说，"哪天我去看朱先生，带你一起去吧。"朱先生是父亲特别尊敬的老师朱东润先生！我又觉得自己整个人闪闪发光起来。

就在那一天，我觉得自己长大了。

点 评

　　每个人的成长，不知不觉中都会受到父母的熏陶，这是一种"润物细无声"式的浸润。从小到大，一点一点渗透到骨子里，又从血脉中流淌出来，在某一个时间点上碰撞出夺目的火花。作者擅于运用细节描写表现父女精神交融的过程，她通过读父亲画过圈的诗词选本，一点一点读懂了诗，也读懂了父亲。

　　推荐阅读：《梅边消息：潘向黎读古诗》。

麦黄黄杏黄黄

李 翔

父亲要出山做麦客去了。

第二天天不亮父亲就动身了。他穿一身洗得发白的蓝布衫，头戴一顶半旧的草帽，那是他去年做麦客留的念想。父亲手握镰刀，肩上挎着塞满干粮的黄挎包，对母亲说："今年想走远些，多挣几个，赶麦子搭镰了再回来。"父亲见我在被窝里骨碌骨碌地转着眼珠，指着腰间的黄挎包说："听老师话，好好念书，到时候给你买一口袋杏子回来。"

父亲做麦客去了。

我家在渭北的大山深处，这里麦子熟得晚，父亲趁这时去渭河边上的大平原替人家割麦子。父亲已做过多年的麦客，每次回来，他都要兴冲冲地对母亲和我们兄妹讲那平展展一望无际的庄稼地、轰隆隆的大汽车、一拃来长的惹人心疼的粗穗子、金黄的打着旋的麦浪。我们最关心的莫过于他肩上的那个黄挎包。妹妹伸着小手迫不及待地叫嚷着："买下杏子吗？我要吃杏子哩。"父亲喜形于色地打开挎包，伸手抓出黄亮黄亮的叫人一见就直流口水的杏子分给我们。"咔嚓咔嚓"地嚼着杏子的时刻是多么舒心美妙呀，至今我还觉得那是儿时一段少有的幸福时光。因为我们这里只有长在山坡上的野杏子，毛桃似的，又小又酸，实在难以下咽。

自打父亲离家后，妹妹每隔两天就仰起小脸问妈妈："爸爸啥时回家呀？我想吃杏哩。"母亲摸着妹妹扎着红头绳的羊角辫耐心地说："去看看地里，啥时麦子黄了，你爸爸就回来喽！"我和妹妹便飞跑到山顶的地里去看麦子。那一片片的麦地跟周围茂密的灌木丛一个颜色，妹妹抚摸着翠绿的麦穗自言自语道："噢，还早哩，麦子还绿油油的嘛！"

下过一场透雨，接着又暴晒了好多天，远远望去，披挂在坡洼里的麦地块儿渐渐泛出了淡淡的亮色，好像打上了一抹光晕。一天早上打山外边飞来一只漂亮的小鸟，那鸟儿站在门前的树梢上不住地啼叫着："算黄，算割！算黄，算割！"妹妹从炕上一骨碌爬起来，揉着惺忪的眼睛喊道："妈妈，麦子黄啦！你听鸟都叫了，爸咋还不回来呀？"母亲和蔼地说："那是稍黄，要真黄了，还得过几天。麦子没黄，你爸咋能回来哩，不信你去看看。"我跟妹妹跑到村口的大槐树下去看父亲，张望了好大一会儿也没见着人影儿。

又过了几天，麦子真的熟了。村里出去做麦客的人相继回了家，山顶上向阳处的麦子已经开始收割了。山路上行人渐渐多起来，有的挑着担，有的拉着车子，有的赶着牲口疾走，路边上散落着许多凌乱的麦穗，麦场上立起一排排士兵一样的麦捆子，空气中弥漫着干燥微香的麦秆气息。"都搭镰了，咋还不见回来？"母亲打发我跟妹妹一趟又一趟地往村口跑，她自己也忙着一次一次去向别人打听，可是一点消息都没有。母亲急了。

蚕老一时，麦熟一晌。我家的麦子能搭镰了，若再等下去，成熟的麦粒就得留在地里。要是遇上冰雹什么的，就更麻烦了，那可是整整一年的收成呀！真是急死人了。母亲心焦似火。第二天一早，母亲带领我们兄妹三个上了地。我们母子四人在灼热的麦地里整整折腾了三天，才勉强割了三亩来地的麦子。要知道今年我家种了十多亩小麦哪，母亲心焦了。

第四天天快黑时，跟在身后拾麦穗的妹妹突然举起小手喊道："快看呀，爸爸回来啦，有杏子吃啦！"我赶快抬起头看，不见人影，却忽然发现身后未割的麦子一阵潮水般涌动，有人在麦浪里伏腰挥镰，随着"嚓嚓嚓"的响声，麦子纷纷倒地。"哦！是爸爸，爸爸回来啦！"我和哥哥不约而同地叫出了声。母亲两眼霎时湿润了。父亲很快赶了过来，在他身后排着一列士兵般的麦捆子，一件件扎得结结实实、整整齐齐。父亲对我们苦涩地笑一笑，淡淡地说："路上耽搁了，回来晚了……"我骤然觉得父亲陌生了许多，才二十来天工夫好像分开了好多年，蓬乱的长发上蒙着厚厚一层尘土，颧骨山崖般凸出来，脸颊水坑一样陷进去，暗淡无光的眼珠一下子掉进了又深又大的井口似的眼眶中，裤腿裂开一道大口子，一尺来长的灰布条有气无力地耷拉在膝盖上。妹妹兴奋地一把抓住挎包翻了个底朝天，见什么也没有，"哇"的一声哭了。父亲擦把汗，手笨拙地伸进瘪瘪的裤兜，费力地摸索出一个皱巴巴的塑料袋。他提起袋子的一角小心翼翼地往手心里倒，骨碌一下滚出一个黄澄澄的大杏子。那杏子在父亲汗湿的掌心里沐浴着落日的霞光，透射出一股奇妙迷人的风采，显得金光灿烂、耀眼生辉，那么大，那么美。父亲用手掌托着这颗孤独的杏子，仿佛托着一座巍峨的大山，手微微有些颤动，好大一会才嗫嚅着说："活难寻……没挣下钱……生了病……买了一颗……好赖尝一点……"说着父亲把杏子给了妹妹。妹妹用婆娑的泪眼看看手里的杏子，看看父亲的脸，又转身看看我和哥哥，反倒不好意思起来，眨巴眨巴眼睛，走到母亲跟前举着杏子说："妈，你吃吧。"母亲把杏子凑到唇边轻轻沾了沾，说："娃儿真乖，妈吃好了。"母亲把杏塞给我，我紧紧地攥住这颗温热的杏子，望着父亲那张瘦削、苍凉又略显惭愧的脸，悲切地说："爸爸，还是你吃吧，我吃杏仁。"父亲接过杏子在牙上碰了碰，说："多好的杏，真甜哩。"父亲说着把杏子随手给了哥哥。哥哥小心地用门牙微微咬破一点皮，舌尖舔舔，咂吧咂吧嘴，又塞给了妹妹。

原来，那年渭河沿岸有了不少收割机，雇麦客的人少了，父亲跑了好多地方都没找到活。正要回家，在麦地边遇到一个白发苍苍的老婆婆恸哭不止。一打听才得知，老婆婆相依为命的儿子死在了铜川矿井下，老人孤单无助，麦子也没人收。父亲二话没说，一口气帮老婆婆收割、拉运、碾打完毕，没收一分钱。返回的路上淋了雨，发烧了。父亲用仅剩的一分钱买了这颗杏子揣在兜里，赶了两天两夜的路，才回到二百多里外的家。

那颗唯一的杏子在妹妹手心里宝贝似的攥着，过一会儿咬一小口，过一会儿咬一小口，到第二天晚上才吃完。我把杏核细心地晾干，悄悄藏在瓦罐里。第二年春天，我家门前的院子里长出了一棵小小的杏树苗，这棵杏树就是父亲带回的那个珍贵的杏子变成的。至今，那棵杏树还长在我家的院子边上，长在我的记忆里，长在我心中。

点 评

　　麦客已经退出农耕舞台很久了，这篇文章让我们重回那汗水流淌的艰难岁月。麦子是引子，杏子才是主角。作者以饱含深情的笔调，讲述一颗杏子的故事，出人意料的情节颇能打动人心。一家人被一颗黄澄澄的杏子所温暖的过程，可谓精雕细刻。深沉的情思皆在细节里。叠字的题目亦蕴含深情。

老 牛

［保加利亚］埃林·彼林

陈文贲 魏振东 译

每当我想起自己的童年，想起家庭的温暖，想起高高的小山冈上太阳直晒着的故乡的村庄，想起我们曾经在那岸边玩耍的小河，在我的记忆里便浮现出一头庞大瘦瘠的公牛——我们的老别尔乔。

在长久的岁月里，它任劳任怨，在它那公牛性格的巨大的沉默中拉犁耕田，终至衰老无力。我的父亲亲手养大了它，知道这头牲口充满了劳动和顺从命运的一生。他热爱这个年老的四条腿的劳动者，他的这位无可非议的朋友。他全心全意地怜恤它，在它没有用了以后，他既不想卖掉它，也不拿什么活儿去折磨它，只是让这头老牛自由自在安安静静地度过它的晚年。

可怜的别尔乔！它的样子看起来经受了多大的苦难，而它的性情又是多么温顺啊！当时它是村里最大的一头牲口。它白得像雪，头顶上高高地翘起一对巨大的闪着黑珍珠般光泽的犄角，像两只竖琴……

别尔乔通常卧在院子里的遮棚底下，受到孩子们无微不至的照顾。我们给它梳毛，抚摸它，给它送饲料，把花束戴在它的犄角上。它戴着花束像婚礼队列里的一个老汉，看起来有点可笑，但是它并不怪我们淘气。这头善良的老牛用它那双恬静、可爱、聪明、忧伤的黑色大眼睛友爱地望着我们，仿佛想说什么话。我们瞅着它的眼睛亲切地问道："怎么啦，别尔乔？你想要什么东西吗？嗯？"

别尔乔摇着头，深深地叹了口气，便开始用它那没有牙齿的嘴巴慢吞吞地反刍起食物来。

我们尽量喂它。它不断地吃，不断地反刍，但总是瘦得可怕。它的两肋陷下去，突出的肋骨一条一条的可以数出来，脊背上的肩胛骨和椎骨像普拉尼纳山上锋利的山脊似的耸立着。

每天早晨别尔乔立起身来，抖掉身上的麦秸，舐一舐身上睡麻了的地方，然后从遮棚底下走出来，走到河边饮水的地方。它慢吞吞地、安闲地、漠不关心地迈着步子，高傲地昂着头，仿佛在宣示自己过去所做的巨大业绩似的。膘少筋多的别尔乔，身上的毛被刷得干干净净，两只漂亮的犄角上挂着我们的花束，以自己的庄严仪表引起过路人的尊敬，甚至所有的人都站住朝它观望。

别尔乔走到河边，喝过水，然后同样那么安详地、目不斜视地回到遮棚底下自己的地方去。在傍晚的时候，它又完全自觉地、不需要旁人的招呼或催促，照样往返一次。这种散步它向来是在每天一定的时间进行的，那么准确无误，以至通过它的散步，人们就可以像看钟表似的知道时间。

夏天，有时候我们赶着它跟村子里的牛群一起到牧场上去。许多乳牛都远远地走进树林里，爬到坡上去，但是别尔乔已经没有力气跟着它们跑了。它经常掉队，晚上回来得很晚。有一次它差一点儿丢了。我的父亲在树林里找了它整整一夜。原来它疲乏了，离开了牛群，卧在大道上。

此后，父亲决计不让别尔乔跟乳牛一同出去，而让它跟牛犊一同出去了。牛犊在近处吃草，不会走进树林里去，别尔乔也就不会落在它们后面了。

第一天，别尔乔不愿意跟那些小毛孩一块儿走，它觉得受了侮辱，还没有出村子就转回来了。一个牧童企图赶它走也没有成功。别尔乔怒吼起来，并且威胁地用犄角做瞄准的姿势，吓得那个赶它的牧童只好让它走了。第二天，我们又赶着别尔乔跟牛犊一块儿出去。它去了，但是回来吃饭的时候，显得非常不满意，生着气，它的自尊心受到了深深的伤害。那些牛犊，那些淘气的小家伙，像发了疯似的，翘起尾巴，蹦蹦跳跳，它们的恶作剧使得它更加生气。

但是过了几天，别尔乔的这股倔强劲儿被磨下去了。它像一个乐天知命的人那样顺从自己的命运了。人们特意从家里跑出来看它走路时威严的样子。当牧人赶着牛犊，扬起一片尘土走过去时，别尔乔便加入到它们一伙里，但保持着一定距离，像一个伴随小学生的教师似的。它有时会向某个淘气的小牛犊发出吼声，用自己尖利的犄角向它示威。

大清早，一听到牧人的喊声，别尔乔便从大门里走出来。它总是站在广场上，眺望一下那刚刚出来射破露珠儿的太阳，以及阳光普照着的绿色田野，注视着它曾经耕过的土地，注视着它年轻力壮时曾经工作和被牧放过的牧场。它用自己湿润而忧伤的眼睛长久地注视着，仿佛看不够似的，不时的像人那样深沉地叹着气。

有一次别尔乔突然病倒了。它没有到广场上去观赏田野的景色，而是留在遮棚底下卧着。它的身体肿胀了，毛也蓬乱了；它像发疟疾似的打着哆嗦，看样子它是非常难受的。我们给这个可怜的家伙盖上了一条马被，拿来了草料，但它连尝都不尝一口。给它水喝，它把鼻孔探进水里，但又立刻厌恶地缩回，然后沉重地呻吟起来。我跑去把会给牛治病的铁匠请来，他仔细地诊察了患者，拉了拉它的尾巴，提了提它的耳朵，翻了翻它的眼皮，最后用一支管子往它鼻孔里吹了一些辛辣的、黑色的药面便走了。

别尔乔痛苦地、有气无力地躺了好几天，既不想吃草也不想喝水。它的身子瘦得像一块板子了。几天后它开始稍微吃点东西，最后好不容易才用腿支撑住身子站了起来。

有一天过节，那是在晴朗的春天，人们高高兴兴，穿着新衣裳从教堂回来。我们园子里的老李树花开得正盛，这些树含笑地彼此鞠着躬，好像一些盛装参加婚宴的老太婆。夜里下了一场小雨，早晨空气十分清新，天空洁净。太阳升上了小山冈，美丽、明亮、愉快，仿佛是跟着人们一同从教堂里走出来似的。

别尔乔看样子好了些。我们都为它恢复健康而感到高兴，用大把的嫩荨麻、迎春花和李子花装饰它的犄角，给它梳毛。它亲热地看着我们，舒服地眯缝着眼睛。突然，它站起来，慢吞吞地离开了我们，然后吃力地挪动着发抖的腿走出了大门。它虽然瘦得可怕，但还是跟从前一样那么威严好看。我们打算拦住它，但是母亲不让我们这样做，我们便跟在它后面。

别尔乔往河边走去。好久没有见到它的人都停下来，口里念叨道："可怜的别尔乔！"

它走到小桥旁边，喝过水，站了一会儿，但不像往常那样，它没有回家，而是涉过河朝离这里不远的我们的田地走去。那儿的稞麦刚刚拔节，一前一后地摇摆着。麦浪里传来了鹌鹑的叫声，麦浪上飞舞着成群的小虫。别尔乔站在地边仿佛看一件熟悉的、亲切的东西似的看了看这片田地，又从田埂上用嘴扯下了几棵小草，然后迈了一两步，可是突然它全身摇晃起来，沉重地、深深地叹了一口气便倒在了地里。我们惊慌地跑回家报告这个不幸的消息。

等我们同父亲回来的时候，别尔乔已经躺在那儿死了。它把头伸在开满鲜花的田埂上，睁大着眼，凝视着蔚蓝色的天空。它那双悲伤、沉静、美丽的眼睛现在已经什么都看不见了。这位年老的劳动者，我的这位无言的朋友就这么死去了。

我们在别尔乔曾经耕耘过并且死去的田地旁边掘了一个深坑，像埋葬人一样埋葬了这头老牛。坟墓周围用白色的石头筑了一道围墙。每到春天，坟墓上便长满了鲜艳的花草。人们称这座孤坟所在的地方为"别尔乔墓"。

> **点评**
>
> 本篇的动人之处就在于作者将老牛拟人化，将它当作亲人来写，它俨然是这个家中不可或缺的一个成员。因深谙它的习性和个性，写起来也就自然而不矫情。文章通篇洋溢着一股澎湃的诗情，开头以一组抒情性的排比领起，引出下文深情地回忆；尾句与鲁迅先生《阿长与〈山海经〉》的结句意味相仿，都可谓是神来之笔。若把"仁厚黑暗的地母啊，愿在你怀里永安它的魂灵"用于此处也很恰切。读一读两篇的结句，多读几遍你就能感受到文字背后所蕴含的力量，咂摸出文章的深意。

老爸的火炉

冯 唐

有时候，人会因为一两个微不足道的美好而暗暗渴望一个巨大的负面，比如因为一个火炉而期待北京漫长而寒冷的冬天。

我怕冷，我把我怕冷的原因归结于我从父亲那边遗传的基因。我老爸生在印尼，长到十八岁才回国，十八岁前没穿过长裤，更别说秋裤了。

记忆里北京的冬天漫长而寒冷，每个人都穿着同一个颜色和式样的衣服，像一个个丑陋的柜子在街上被搬来搬去。北京漫长的冬天里唯一的喜庆颜色是"两白一黑"。一"白"是白菜，北京人冬天的主菜，通常的习惯是买半屋子，吃整整一个冬天，醋熘、清炒、乱炖，包饺子、包包子、包馅饼，百千万种变化，不变的是白菜还是白菜。另一"白"是白薯，北京冬天唯一的甜点，买两麻袋，吃整整一个冬天。一"黑"是蜂窝煤，堆在门前院后，那时候北京大部分地方没有市政供暖，整整一个冬天的温暖得意就靠它了。

我常常因为烧蜂窝煤的火炉而想念那时候北京的冬天。

伺候火炉是个有一定技术含量的活儿，这个技艺由老爸掌握。炉子被安放到屋里的一个角落，烟囱先伸向房顶再转向一面墙，最终探出屋外。为了伺候炉火，老爸自制了很多工具，夹煤的、捅煤的、掏灰的、钩火炉盖儿的，其中捅煤的钎子常常被我们拿去滑冰车用，总丢，老爸总是多做几个备用。蜂窝煤似乎有两种：一种比较普通，数量多，含煤少；另一种数量少，含煤多，贵，用来引火，先放在煤气炉子上烧着，然后放进火炉最底层，最后再放上普通蜂窝煤。蜂窝煤烧尽，要从下面捅碎，煤灰因重力落到炉底，用煤铲掏走，再往炉子里加一块新煤。最考验技术的是临睡前封炉子，留多大进气口很有讲究：留大了，封的煤前半夜就烧没了，下半夜全家被冻醒；留小了，不热，一整夜全家受冻；加上蜂窝煤的煤质不稳定，留多大更难控制。老爸的解决办法是半夜起来一次，我睡觉轻，常常听见他摸黑穿拖鞋声，因为长期吸烟的暗咳声，吐痰声，喝水声，用铁钩子拉开炉盖儿声，用铁钩子合上炉盖儿声，脱鞋再上床声。

我对伺候火炉的兴趣不大，但是对炉火的兴趣很大。炉火当然能供暖，而且炉火比空调好很多，不硬吹热风，而是慢慢做热传递和热辐射，暖得非常柔和。从脆冷的屋外进来，把千斤重的厚棉衣一脱，一屁股坐在炉火旁边的马扎上，面对炉火，像拥抱一个终于有机会可以拥抱的女神，伸出双臂、敞开胸怀，但是又不能且不敢抱紧。哪怕不抱紧，很快身心也感到非常温暖。然后，倒转身，挺直腰板，让炉火女神再温暖自己的后背、后腿和屁股。炉火还能热食物，白薯、汤、粥、馒头片。晚上看书累了、饿了，贴炉壁一面的烤白薯和烤好的抹上酱豆腐的馒头片都是人间美味。遇到周末改善生活，放上一口薄铝锅，炉火还能煮火锅。火锅神奇的地方是，已经吃得不能再烦的白菜、酸菜、豆腐、土豆放到里面，几个沉浮，忽然变得好吃得认不出来了，围坐在周围的家人也开始和平时不一样了——老妈转身去橱柜拿酒，老姐望着炉火眼神飘忽，老哥热得撩起秋裤腿毛飘忽，老爸开始小声哼唱18岁前学会的歌曲。窗外天全黑了，借着路灯的光亮看到小雪，在窗子的范围里，一会儿向左飘，一会儿向右飘。

后来，住处有了市政集中供暖，老爸还是习惯性地半夜起来一次。我睡觉轻，还是听见他摸黑穿拖鞋声，因为长期吸烟的暗咳声，吐痰声，喝水声，脱鞋再上床声。我背诵最早和最熟的唐诗之一是白居易的《问刘十九》："绿蚁新醅酒，红泥小火炉。晚来天欲雪，能饮一杯无？"如今，每到冷天，每到夜晚，我闭上眼总能听到老爸像老猫一样爬起来，去照看那早已经不存在了的炉火的声音。

> ## 点 评
>
> 读完全文，我们应该知道开头他在说反话。其实，曾经的记忆是巨大的美好，而"北京漫长而寒冷的冬天"则成了微不足道的负面，用来成就记忆中的温暖。作者写的是一位不怕琐碎，奋力烧红一炉暖火的父亲。平静幽默的语调，真切灵动的细节描写，成就了一篇妙文。

吃酒席

王小妮

一九七四年春天，我第一次吃了正规的酒席。那年，我十九岁。

我不知道，那天早上起来的时候，我父母的心情是什么样的。开始，我没觉出有什么特别，跟平时差不太多，还没有"事到临头"的感觉。那天，家里人送我去插队。

我是没经过敲锣打鼓举红旗宣誓就下乡了的。送我的是家里的其他四口人，父母、弟弟妹妹。出城前，车上又上来一个人，母亲让我叫他张叔叔，我觉得父母对这位张叔叔特别热情。很快车就出了城。季节尚早，车窗外面的田野里还没长出庄稼。一路上，弟弟妹妹很兴奋。我和他们一起看风景，像春游一样。父母一直和张叔叔说话。

"文革"以前，在我们家里，就是大人上班，孩子上学。母亲经常爱说一句话："我们堂堂正正，万事不求人，不搞歪门邪道。"但是，一九七四年春天的那一次，我看见他们为我而笨拙地改变。我去插队的那个公社是张叔叔的老家，他的几个亲戚在公社和大队当干部。为了让我得到照应，父母带上张叔叔，并且要在县城请他的亲戚吃饭。

将近中午，听说快到县城了。我听见母亲低声问张叔叔，他们是不是能喝酒，要什么酒合适。我母亲嘱咐我们，一起吃饭的还有几位客人，你们都要安静点。我觉得那天她和父亲都有点紧张。

弟弟很高兴，他对我说："饭馆里做的肉好吃。"弟弟小我一岁，他中学毕业，插队还要等到第二年。我妹妹也很高兴，当时她刚上中学。

那天让我惊奇的是，父母并不认识他们将要宴请的客人。车一进县城，张叔叔就把头伸出窗外，向路边望。父亲还不断问，是不是那几个人。张叔叔总摇头，他的头又尖又长。他说他妹夫很胖，肚子都圆了，一个管下乡青年的公社小干部，屁大个官儿，成天吃席。

大人们见面一番握手。我站在他们后面，看见我的父母和不认识的人寒暄，表现出了不大自然的热情。母亲拿出烟，请每个人抽。

我记得，那种场面让我反感，觉得庸俗。大人们之间客套了一阵，父母叫我的名字，我被推向前，父亲的手热热地抓着我，说："就是这孩子。"

陌生的人们很平淡地点点头，然后全体上楼，木楼梯"咕咚咕咚"一阵响。大家围着一个油乎乎的大圆餐桌坐下来，我看见母亲和张叔叔商量着点菜。感觉母亲拿不准该点些什么，净看张叔叔，又小声问服务员。她的意图是不怕花钱，要尽量让客人吃好。那天，我第一次感到做一个大人很不容易。平时下了班就在家里看看书、浇浇花的父母，那天很努力地应酬，连我都看出了他们的不自如。

酒席上，大人们都在喝酒，连不喝酒的父母也喝了。很多时候，是客人之间谈得很热闹，父母只是听着。我几次看见母亲在擦汗。在我插队前后的那几年，她的身体一直不好，有肩周炎，心情总是很烦躁。但是她那天好像很健康，一点病也没有。父亲一贯看不惯"喝大酒"的人，但那个中午他对喝酒一点意见都没有。

酒席吃了很久。我真不知道，一顿饭还能吃那么久，从中午一直吃到下午。

我看见母亲动作很小心地从裤子侧面的口袋里往外拿钱，是一沓钱。在客人们喝得说话声越来越大的时候，她算了账。那一沓钱让我吃了一惊。

后来，我才知道，和我们一起吃酒席的，有我插队那个公社主管知青的干事，大队民兵营长，还有公社的其他几个干事。吃好了饭，人很快都散了。吉普车继续向东，几分钟就出了县城。跟我们走的，还是那个张叔叔。他喝多了，话有些颠倒。我要去插队的生产队离县城还有五十多里路。这一段路上，我父母都不大讲话，只听张叔叔一个人说。他说的大意是，人不能太死性了，不能像我父母这样，清高的人要吃亏，不遇到事儿还行，真遇到了，就要"浑和"点儿。

现在还能记住的下一个场面是，我站在一个很高的土墙豁口上，父母、弟弟妹妹都不看我，一起朝着吉普车走，我的心里乱七八糟的，眼睛里都是眼泪。后来，我自己走进集体户，男生女生全不认识，全都冷眼看我。我坐在炕沿上，一直坐到天黑都不敢动。

二十世纪九十年代，我问起母亲那天请客的细节，问她花了多少钱，她无论如何也想不起来。吃酒席的任何细节，她都忘记了。她记忆最深的是，那天，她看见我站在土墙那儿可怜巴巴的。她小声对我父亲说："快走，别回头。"

点评

为托人关照插队异乡的女儿，一向清高的父母设宴请客，从而开始了笨拙地"改变"。作者记述酒宴的细枝末节，着力表现父母忐忑不安的情态。眼里所见，皆是亲人不得不隐忍的行状。"可怜天下父母心"的主题，似乎已经写烂了，这篇却写出了某种新意。文末，多少年后，当"我"问起那天请客的细节，母亲早已忘记了自己的尴尬，记忆最深的竟然是孩子"站在土墙那儿可怜巴巴的"样子。所谓母子情深，莫过于这般彼此体谅怜惜的心意了。

推荐阅读： 作者随笔集《看看这世界》。

散去的好日子

老 愚

铁青的天色让人窒息，我心里很想问：好日子都到哪里去了？

七旬高龄的母亲心情黯淡，她的一只眼睛模糊，连身边的老伴都看不清了。这是近几个月的事情，她有些难以接受。她的另一只眼睛去年做了白内障手术，能穿针引线。看看电视，缝几针穿了多年的旧衣裳，跟父亲说几句话，日子就不见了。

母亲一直在乡下生活，心里装的却是外面的事情。她最喜欢看电视新闻，世上发生的事，她都愿意念叨几句，还能很快联系到儿女们身上。我能想象她端坐炕头的样子，眼微眯，一副沉思的神态，她一定在问：好日子为什么走得那么快？

很多年前，我在大姨家看到一张母亲年轻时的照片，满月的我被她抱在怀里。照片上写有"绛帐火车站东风照相馆"的字样。一个静谧的瞬间。那是一个什么样的日子呢？母亲抱着自己的儿子，走长长的土路，把我和她留在时间的夹缝里。那是我吗？一个混沌的婴儿，他能想到有一条怎样的路在等自己走吗？我多想回到那一天，看看外面的世界是什么样子，街上走的都是些什么人？爷爷、我的父亲，他们都是什么样的表情？我降生的汤家村，又是怎样的景象，天上有没有骆驼样的云彩？

母亲和她的两个妹妹在新屋院子里有说有笑，手里正缝制着一条绸缎被子。那是三十年前的午后。秋阳高照，柔软的风吹得院子里的梧桐树叶窸窣作响。我就要去上海读书了。

"娃有出息了，订下的媳妇咋办呢？"大姨一边用手抚平被面，一边问。

"走一步看一步吧。说不准引回来个上海女子！"小姨接过话茬。

母亲乐得合不上嘴巴，好像没说什么，又好像说了句："由娃吧。"

那个下午定格在我的记忆里。

走的时候，父亲拉着架子车，母亲和我在后面推。车里装了一个麻袋和一个崭新的皮箱。玉米快熟了，乡人在地里忙活着。通向绛帐火车站的路坑洼不平，一路上不断有人打招呼："送儿上大学啊！呵呵。"父亲喜悦，母亲伤感，我是悲喜交加：迈出黄土地，眼前有一个光明的前途等着我，我好似摆脱了命运的纠缠，从此可以自由飞翔了；又有莫名的哀伤，自此离开母亲，奔赴不可知的未来，隐隐有割断脐带的痛楚。

生我养我的土地，在我眼里亲切起来。你们，玉米和高粱在列队为我送行吗？

下双庙坡前，我回头看了一眼东北方青纱帐掩映的村子——高家村，几乎缩成小点。它东边是我的出生地汤家村，疼爱我的爷爷孤零零地住在偏厦房里，他将在几年后离开人世。汤家村东南的王上村住着我的干爹一家，我幼年的快乐时光就储存在他们温暖的窑洞里，干妈、两个哥哥、两个姐姐，他们是我的庇护者。双庙坡正北的绛中村，是我的生命之根——母亲的家。外祖父外祖母长眠地下，大舅二舅分家而过。绛中村西北方向的毕公村和朱家村是两个姨的家。十多年后，小姨因脑溢血而离世，大姨因同样的疾病而亡，二十多年后，大姨夫被烟头燃着的大火烧死在冷冰冰的床上。

我的生父此刻正在绛帐火车站以西一百公里外的宝鸡，惦念着我的行程。一个月前，他闯进高家村，要求供我读大学，被母亲拒绝了，"他想摘桃子呢！只要我娃考上大学，就是吃糠咽菜我也要把他供出来。"

宝鸡往西，在遥远的新疆伊宁，我爱慕的姑娘坐在教室里，她已经先我一年考上了医校。这就是我登上去上海的列车前的人生地图。

北京，香港，只是一个名词在远处闪光。宝岛台湾遥不可及。美国，更是湮没在浓雾里。村里人说，从咱们这地里一直挖下去，就能到美国。我知道那是个笑话，意思是谁也去不了的一个地方。

跟父亲通话，好像坐在自家的热炕上，关中平原的风在窗棂外呼啸。母亲看似眯眼，其实我们说的每个字她都听进去了。

"我和你妈现在是互相帮助。"父亲说，"我挂完吊针，她又病了，也挂上了。"挂吊针似乎是农村人的宗教，医生总是说，那样好得快。

母亲现在正躺在西安一家医院里等待做手术，两个弟弟跑前跑后伺候着。我在等那个电话，我盼望她用复明的眼睛看看这个越来越不可理喻的世界。

好日子仿佛从指间漏出去的水，怎么也掬不住。

点评

本文开篇以"好日子都到哪里去了"发问，直切正题，设置悬念的同时将其设定为线索，引出对家人、故土、乡情的追忆，足见作者的匠心独运。主体部分以诗性的笔调铺展叙事：满月时的照片、母亲与妹妹们的说笑、离乡时的情形等，每一段都具画面感。那些隐藏在岁月背后的片段，每一个都犹如一帧恬淡的田园画卷，使那些风烟弥漫的往事都着上了温情的色调。借有限的物象，展示无限的思绪，情感暗流汹涌，用词却简洁克制。结尾处呼应开篇，意蕴深厚。

推荐阅读： 作者自传散文集《暮色四合——故乡在童年那头》。

母亲的秘密

林海音

母亲在二十八岁时便做了寡妇。当母亲赶去青岛办了丧事回来后，外祖母也从天津赶来，她见了母亲第一句话便说："收拾收拾，带了孩子回天津家里去住吧。"

母亲虽然痛哭着扑向外祖母的怀里，却摇着头说："不，我们就这么过着，只当他还没有回来。"

既然决定带我和弟弟留在北平，母亲仿佛是从一阵狂风中回来，风住了，拍拍身上的尘土。我们的生活，很快在她的节哀之下，恢复了正常。

晚上的灯下，我们并没有因为失去父亲而感到寂寞或空虚。

母亲没有变，碰到弟弟顽皮时，母亲还是那么斜起头，鼓着嘴，装出生气的样子对弟弟说："要是你爸爸在，一定会打手心的。"跟她以前常说"要是你爸爸回来，一定会打手心"时一模一样。

就这样，三年过去了。

三年后的一个春天，我们家里来了一位客人，普普通通，像其他的客人一样。母亲客气地、亲切地招待着他，这是母亲一向的性格，这种性格也是受往日父亲好客所影响的。更何况这位被我们称为"韩叔"的客人，本是父亲大学时代的同学，又是母亲中学时代的学长。有了这两重关系，韩叔跟我们也确实比别的客人更熟悉些。

他是从远方回来的，得悉父亲故去的消息，特地赶来探望我们。不久，他调职到北平，我们有了更多的交往。

一个夏夜，燥热，我被钻进蚊帐的蚊虫所袭扰，醒来了。这时我听见了什么声音，揉开睡眼，隔着纱帐向外看去，我被那暗黄灯下的两个人影吓愣住了，我屏息着。

我看见母亲在抽泣，弯过手臂来搂着母亲的，是韩叔。母亲在抑制不住的哭声中，断断续续地说着："不，我有孩子，我不愿再……"

"是怕我待孩子不好吗？"是韩叔的声音。

过了一会儿，母亲停止了哭泣，她从韩叔的臂弯里躲出来："不，我想过许久了，你还是另外……"这次，母亲的话中没有哭音。

我说不出当时的心情——是恐惧？是厌恶？是忧伤？都有的。这是从来没有过的情绪，它使我久久不眠，我在孩提时代，第一次尝到失眠的痛苦。

我轻轻地转身向着墙，在恐惧、厌恶、忧伤的情绪交织下，静听母亲把韩叔送走，回来后脱衣、熄灯、上床、饮泣。最后我也在枕上留下一片潮湿，才不安地进入梦乡。

第二天早上我醒来时，看见对面床上的母亲竟意外地迟迟未起，她脸向里对我说："小荷，妈妈头疼，你从抽屉里拿钱带弟弟去买烧饼吃吧。"

我没有回答，在昨夜的那些复杂的心情上，仿佛又加了一层莫名的愤怒。

我记得那一整天上课我都没有注意听讲，我仔细研究母亲那夜的话，先是觉得很安心，过后又被一阵恐惧包围，我怕的是母亲有被韩叔夺去的危险。我虽知道韩叔是好人，可是仍有一种除了父亲以外，不应当有人闯进我们生活的感觉。

放学回家，我第一眼注意的是母亲的神情，她如往日一样照管我们，这使我的愤怒稍减。我虽未怒形于色，但心情却在不断地转变，忽喜、忽怒，忽忧、忽慰，如一锅滚开的水，冒着无数的水泡。

当日的心情是如此可怜可笑。

母亲和韩叔的事情，好像随时都有爆发的可能，这件心事常使我夜半在噩梦中惊醒。在黑暗中，我害怕地颤声喊着："妈——"听她在深睡中梦呓般地答应，才放心了。

其实，一切都是多虑的。我从母亲的行动、言语、神色中去搜寻可怕的证据，却从没有发现。就像从来没有发生过什么事情，母亲是如此宁静。

一直到两个月以后，韩叔离开北平，他被调回上海去了。再过半年，传来一个喜讯——韩叔要结婚了。母亲把那张粉红色的喜帖拿给我看，并且问我："小荷，咱们送什么礼物给韩叔呢？"

这时，一颗久被箍紧的心一下子松弛了，愉快和许久以来不原谅母亲的歉疚，两种突发的感觉糅在一起。我跑回房里，先抹去流下的泪水，然后拉开抽屉，拿出母亲给我们储蓄的银行存折，怀着复杂的感情，送到母亲的面前。

母亲对于我的举动莫名其妙，她接过存折，用怀疑的眼光看我。我快乐地说："妈，把存折上的钱全部取出来给韩叔买礼物吧。"

"傻孩子。"母亲也大笑，她用柔软的手捏捏我的嘴巴。她不会了解她的女儿啊。

这是十五年前的往事了，从那以后，我们宁静地度过了许多年。

间或我们也听到一些关于韩叔的消息，我留神母亲的情态，她安详极了。

母亲的老朋友们都羡慕她有一对好儿女，唯有我自己知道，我们能够在完整无缺的母爱中成长，是靠了母亲曾经牺牲过一些什么才得到的。

点评

　　"我"在父亲亡故后偶尔窥见了母亲的"秘密"，由此而产生恐惧、愤怒和忧伤，担心又要失去母爱的忧虑缠绕着小小的"我"，而"我"却忽视了母亲的生命需求。"我"以为的惊雷闪电并没有来，母亲平静地掐灭了自己的情丝，过着云淡风轻的日子。高明之处在于，喜剧的外壳里埋藏着令人叹惋的人生悲剧，风平浪静的海面下隐藏着惊涛骇浪，从而掀起读者内心巨大的波澜。这是作者成年后的回忆，她已然理解了母亲的牺牲。

站在生者与死者之间

[美国]托马斯·林奇

张宗子 译

　　我的童年平淡无奇。母亲视我们如珍宝，父亲却总是忧心忡忡。在他看来，危险无处不在，灾难随时可能发生。它们就像念着我们名字的幽灵，徘徊在周围，等待在父母疏忽的一瞬间把我们席卷而去。甚至在最单纯无害的事情中，父亲也能看到危险。橄榄球赛使他想到撞裂的脾脏；每家后院的游泳池，使他想到淹死人；擦伤使他想到破伤风；蹦床使他想到胫骨折断；而每一个小疹子或虫子的叮咬，都使他想到致命的水痘或高烧。

　　因为父亲是一名殡仪员。

　　作为殡仪员，他习惯了意外和看似不可能的伤害。他学会了担惊受怕。

　　母亲把大事托付给上帝。她最喜欢对我们说，"原先计划"只生一个孩子，结果生了九个，多出来的都是上帝的礼物——当然也没什么好奇怪的，原因她自己明白——因此还得靠上帝来保佑。我敢肯定，她坚信，上帝的守护天使就翱翔在我们身边，保护我们免受伤害。

　　可是父亲却从那些婴儿、幼童和少男少女的遗体上，看到了上帝依照自然法则存在并依从自然法则的明证，不管这法则是何等残酷。孩子们因为重力，因为物理学和生物学的原理，因为自然的选择而夭亡。车祸、麻疹、插在烤面包机里的刀、家用毒剂、装弹的枪、绑架犯、连环杀手、阑尾炎、蜂蜇、卡喉的硬糖、未得到治疗的哮喘病，凡此种种，他目睹了太多的事例，全是上帝无意干预自然秩序的例证。除了飓风、陨石和其他自然灾害，最残酷的一项，就是儿童遭受的那些异乎寻常的劫难。

　　正因为这样，每当我和兄弟姐妹们请求去某个地方玩这玩那时，父亲总是脱口而出："不行！"他刚刚埋葬的一个孩子，正是因此才惨遭不幸的。

　　那些男孩子有的死于打棒球没戴头盔，有的死于钓鱼没穿救生衣，或是吃了陌生人给的糖果。随着我们兄弟姐妹一天天长大，导致那些孩子死伤的行为也越来越成人化。他们不再死于意外或自然的灾变，不知不觉间，他们越来越多地死于人际关系。儿童被雷击的故事逐渐让位于失恋自杀，让位于少年因开飞车、酗酒和吸毒而丧生，以及数不清的只是因为不小心而导致的死亡。一句话，他们不该在"错误的时间置身于错误的地点"。

然而他的恐惧不是装出来的，亦非毫无道理。就算是郊区那些备受宠爱、备受呵护的孩子，也不能担保不出事。社区里少不了疯狗、能传染疟疾的蚊子和冒充邮差与教师的歹徒。日常经验告诉他，最糟糕的事随时可能发生。在父亲看来，就连蝴蝶也难逃嫌疑。

所以，当母亲做完祈祷，像个上帝的孩子一样安然入睡时，父亲却一直警觉着、提防着，电话和收音机都放在伸手可及的地方，准备随时接听殡仪馆半夜打来的电话和监听打给警察局和消防队的求救电话。在我童年的记忆里，没有一天早晨他不是守候在床前等我们醒来，没有一个夜晚不是等到我们回家才回房就寝。这一习惯一直保持到我十九岁。

每天早晨，他都能从收音机里听到昨夜发生的不幸事件的消息；每天晚上，他都要带回葬礼上的悲伤故事。我们的早餐和晚餐，话题中总少不了新寡的未亡人，伤心的、承受不了痛苦而垮掉的、丧失了亲人的可怜人，包括因痛失孩子而终生痛苦的父母们。每当此时，母亲眨眨眼，针对他的担心说出一番道理，最终我们仍能获准去打棒球、露营，独自去钓鱼、开车、约会、滑雪、开支票账户以及冒其他人生成长中不可避免的风险。母亲的信心就这样抹平了由父亲的恐惧屹立在我们面前的高山。

母亲的口头禅是："听天由命，顺其自然吧。"

母亲这样的态度，绝非漠不关心。生死事大，她一概托付给上天，从而得以把精力用在日常生活中，保证我们健康成长。她关心的是"性格""正直""我们对社会的贡献"和"我们灵魂的救赎"。她相信，上帝把她孩子的灵魂交由她亲自负责，她的天堂靠的是我们的良好品行。

对于父亲来说，我们做什么，我们成为什么人，取决于人生的脆弱本性。我们生来似乎就是可怜的、忧心忡忡的。除此之外，皆属非分。

我们按照父母养育我们的方式来做父母。我开始体会到这一点，是在一九七四年。那年二月我有了第一个孩子；六月，我们买下米尔福德的殡仪馆。在这个生死都受人注意的小镇上，我是个刚当上爸爸的人，又是一个新殡仪员。我注意到的事情之一，是我们受托料理的死婴和死胎的数量。二十年前，附近没有医院，镇子周围没有一家诊所，产前护理根本谈不上。那些日子，我们每年除了安排上百场成年人的葬礼，还要安葬十多个夭折的婴儿，有的是生下来就死了，有的没活多久就因为种种疾病而送命。

我常和这些不幸的父母坐在一起，他们精神恍惚，试图弄明白眼前发生的变故。一向担当保护角色的父亲，感到茫然无助；母亲们内心深处则浸透了痛苦，随时会崩溃。他们脸上的表情像是说，什么都没有意义了，什么都没有了。

当我们安葬老人时，我们埋葬的是已知的过去。我们曾把它想象得比实际更好，但所有的过去都是一样的，其中的一部分我们曾栖身其中。记忆是压倒一切的主题，是最终的慰藉。

但埋葬孩子就是埋葬未来，难以控制的、不为人知的未来，充满希望和可能性，以及被我们的梦想所拔高的美好前程。悲伤无边无际，无始无终。坐落在墓园一角和栅栏边的那些小小的坟茔，永远容纳不下心头的伤痛。死去的婴儿没有给我们留下回忆，他们留下的是梦想。

我忘不了初为人父和殡仪员的最初几年，生育孩子和掩埋孩子对我来说都是新鲜事。半夜里我常会醒来，悄悄跨进儿女们睡觉的房间，俯身床前，听他们均匀的呼吸。这就够了。我并不奢望他们成为宇航员、总统、医生或律师，我只要他们好好活着。像父亲一样，我学会了恐惧。

我从孩子们的每一个动作中，都看到可能致命的后果。我们住在殡仪馆隔壁的一幢旧房子里，孩子们在侧院玩橄榄球，在停车场溜旱冰，然后是滑板、骑自行车，最后是开车。在四个孩子分别是十岁、九岁、六岁和四岁那年，他们的母亲和我离了婚。她搬走了，孩子留给我。面对四个伤心的孩子，我觉得自己完全失败了。长久以来，婚姻已成为痛苦，离婚虽然使我得到解脱，我也为之高兴，但我同时意识到，做一个单亲家长，意味着在诸般不便之外，全靠你的一双眼睛盯着孩子们，不再有第二双；你的一对耳朵得时时注意倾听；只有你一个人的身躯为他们挡开灾祸；只剩下你一颗心为他们操心。冲突少了，担心多了。房屋本身隐藏着危险：水池下放着消毒剂，每件电器都可导致触电，地下室缺氧，厨房垃圾能传染疾病。

每当孩子不仔细看两边的路就跨进车如流水的大街，我不免急火攻心。打耳光、破口大骂、摔门、踢狗、握紧拳头想揍人，老天，全是因为爱！爱给人伤害，因为有爱才会有哀痛。那是我们向生活中我们无力控制的一切宣战。这样做，适合装英雄，适合演戏，却不是抚养孩子的正道。

如我所知，信仰才是治疗恐惧的唯一良药。信仰就是你知道有人在此负责，检查身份证，守护边界。信仰正如我母亲所言：听天由命，顺其自然。好像是一步跨进不由我们支配的未知领域，但我们在那里始终是受欢迎的。

有这么一件事。不久前我刚送走一个女孩，她叫斯蒂芬妮，得名于石匠的保护神、第一个殉教者圣斯蒂芬。她是被扔下的一块墓地的石碑砸死的，当时她正睡在汽车的后座上。时当半夜，他们全家驾车沿着州际公路前往佐治亚州。他们是傍晚时分从密歇根州出发的，要到佐治亚州一个农场看圣母显灵。据说每月的十三号，圣母都会现身对信徒讲话。当他们在夜色中穿过肯塔基州中部时，一群无所事事的男孩子正在墓地里撬石碑玩。他们最后选中了一块，天晓得准备拿去干什么。走过高速公路上方的天桥时，他们累了，不想再要那块石头了。桥下，南行车流的灯光闪烁如一条长龙，他们没有恶意，纯粹是恶作剧，把那块石头越过栏杆扔了下去。不偏不倚，就在此刻，斯蒂芬妮的父亲驾驶的车疾驰而来，被石头砸个正着。石头以每秒三十二英尺的速度向下坠落，汽车以七十英里的速度往南开。石头击碎挡风玻璃，擦过斯蒂芬妮父亲的肩膀，惊醒坐在旁边的母亲，从两个座位中间穿过，击中了正在后座熟睡的斯蒂芬妮的胸口。在后座的还有她的弟弟和另外两个妹妹，而斯蒂芬妮刚刚才和弟弟交换了位子。斯蒂芬妮当时未死，她的胸骨被击碎，心脏受了重伤。路过的一位卡车司机停下，通过无线电替他们求救。可是，这是在周五凌晨两点钟，在肯塔基州一条前不着村后不着店的高速公路上，救援需要时间。全家人在路边祈祷，斯蒂芬妮抽搐着、呻吟着，两小时后死在医院。斯蒂芬妮的母亲在后座找到那块致命的石头，交给当局。石上有"福斯特地界"的字样，后来查明，那是"复活节墓地"福斯特区的界石。

事情有时宛如多重选择题。

第一，这是上帝的旨意。黑色星期五，上帝一早醒来，说："我要斯蒂芬妮！"对这件离奇的意外，除此还能有什么解释呢？仔细回想事情的经过，太像上帝的杰作。如果是另一种结果，我们只能称为奇迹。

第二，这不是上帝的旨意。上帝知道此事，或迟或早他一定会听说，但他没有干预，因为他知道，我们是何等依从于自然法则——关于重力和运动以及静止物体的定律——所以他无意改变那些偶然或刻意得到的结果，他沉痛地向我们通告不幸的发生。我们能理解他的立场。

第三，这是魔鬼干的。如果我们相信善的存在，邪恶亦然。有时候，邪恶会抢在前面下手。

第四，与上面所说的全不相干。倒霉事发生了，生活就是如此。忘掉它，继续活下去。

或许还有第五种答案：上面的理由都对。生命的神秘，就像数十年来的祈祷，那荣耀而又悲哀的大神秘。

每一个答案都无损于我继承来的信念：父亲的恐惧和母亲的信仰。如果它是上帝的旨意，我会说，主啊，你真丢脸。如果不是，主啊，你真丢脸。没什么两样。我会对着全能的主挥舞拳头，问他："那个十三号的凌晨，你究竟在哪里？"他自然有借口，每天都在变。

那没有浮出水面的答案，那信仰并不要求的答案，将属于斯蒂芬妮的父母，以及多年来我所熟知的成百上千人。

点评

这是众多写父爱的文章里颇为新颖的一篇。

生的恐惧，源于面对死亡的无奈。当生命脆弱到"就连蝴蝶也难逃嫌疑"，父亲的耳朵就必须时刻直竖，提防那可能随时会来的意外。面对如此沉重的话题，作者选取了一个非常独特的角度，铺陈一个个孩子夭折的故事，写父亲如影随形的恐惧，以及"我"成为父亲后延续的恐惧。从这个视角表现出来的父性，触及我们心中最软弱的地方，凡做儿女的读了，方能体会"父亲"一词的分量。

最后的早餐

妞　妞

一

不知道还有谁记得二〇一二年七月山东临沂市的那场大雨。

雨是在晚上九点多下起来的，彼时，我刚刚自医院回到住处，关上门后，听见雨打窗棂的声音。几分钟后，暴雨如注。

一整晚，雨滴和雨滴之间便再也没有了任何间隔，那种声音的紧密，在某个瞬间，带给我几乎无声的错觉。

整夜未眠，期待着它可以停下来，在天亮之前。

终究是未能如愿。四点半，雨势似乎渐弱。我去厨房，用微波炉熟练地蒸了三只鸡蛋。蒸

教我写文章 初中版（第一册）

好后，倒入保温桶，在上面撒了厚厚一层白糖。

平常，是六点钟准时把鸡蛋蒸好，六点一刻出门。但这样的天气，无法借助任何交通工具，只能步行，所以，要早早出发。

换好衣服——T恤和短裤，平底凉鞋，为简捷方便。然后把保温桶放入斜挎的背包，挂在左肩，右手撑起一把伞，五点钟准时出门——计算了一下路程，步行一个半小时应该足够。

下到一楼的时候，看到楼道里涌进的积水，踩过去，推开楼道的铁门，整个小区已是一片汪洋。

往前，积水顷刻没过了小腿。

二

蹚着水走出小区。这个城市东高西低，小区在中央的位置，街道已犹如湍急的河流，水自东向西，急速地奔涌。街道两旁的门面房，齐齐陷在河流里。

简单目测，水深至少半米。

试探着踏进水流，水面立刻没过膝盖，到了大腿的位置，打湿了短裤的裤边。街灯昏暗，除了雨幕中灰蒙蒙的建筑物和这条漫长不见尽头的河流，没有车辆和行人，没有任何其他声音。

我必须逆水前行。

走到第一个十字路口，八一路口，用去大约半个小时的时间。天色已微亮，那种被阴暗笼罩的光线，依然让人觉得沉闷和压抑。

看着没有尽头的四下涌动的水流，心底忽然生出深深的恐惧，若是哪一处有丢失了盖子的窨井，一脚跌进去，恐怕很久不会有人知道也不会有人寻到吧？

陡生的念头让我的身体开始在水中打战。但也只是那么一刹那，我便将这个念头抛掉，继续前行。

短裤已经完全湿透，深处的水已至腰部，湍急处，水流和身体撞击后会泛起水花打到T恤上，我尽量抬高左肩，不让雨水打到保温桶上——虽然知道无碍，潜意识里，还是怕会把鸡蛋羹弄凉。

三

过了八一路，继续向东，挪到沂蒙路的时候，也终于到了地势略高处，水流依旧湍急，但水深明显下降，露出了膝盖。

看了看时间，已经六点半，也终于看到同我一样在这样的天气里出行的三两个人，撑着伞蹚着水艰难前行。

沿沂蒙路向东，走了几百米后，在市政府的门口，远远看到有保安站在路边。快走近时，他边比画边冲我喊，两米之外有台阶，留神别摔倒。

我放慢脚步，小心试探前移，果然探到一个略高的台阶。

小心迈下去，路过他身边时，他说已经站了一早上，生怕有行人在大门外这一左一右两个高台阶处出意外。"还好，一早上也没过几个人，"他问我，"姑娘，这样的天不在家待着，出来干吗呀？单位放假，学校停课。"

我笑笑，没有答，只是谢过他，继续朝前走，并用力加快了在水中的脚步。

终于到达东端的沂州路，到达这个城市的高处，终于看到了路面。行人也渐多，看看时间，已是七点钟。两公里的路程，我走了整整两个小时。

这时，雨已经彻底停了。收起伞，我开始下意识奔跑。皮凉鞋在脚上觉得很重，跑了几步我把它们脱下来，和手中的伞一起丢掉。也不知道还有谁记得那天早上，临沂市的沂州路上，一个女子穿着湿漉漉的T恤和短裤，光着脚，抱着一个保温桶在被雨水冲刷过的柏油路上奔跑。

四

终于在十五分钟后，我跑到了目的地——临沂市人民医院。在呼吸科二楼的住院部，右转第一个病房，我冲进去时，一屋子的病人、病人家属及换药的护士，全都愕然地看着我。

我望向靠近窗边的位置，哥哥正用毛巾给父亲擦手。然后哥哥也看到我，那么不动声色、沉得住气的男人，眼睛一下就湿了。

他转开身去。

我抱着保温桶走到病床边，喊了一声，爸。

父亲看着我笑起来。没有愕然，没有惊异，甚至没有说我浑身湿透的狼狈。他的脸上，只有笑容，虚弱到极限的笑容。然后，他轻声问我，放糖了吧？

放了，放了很多，保证甜。我拉过凳子坐在床边，打开保温桶。两个多小时后，嫩嫩的鸡蛋羹依然发出暖暖的热气。可以嗅到味道的香甜。

我一勺一勺盛起蛋羹，慢慢喂给父亲吃。

甜吗？

他点点头。好吃。他边吃边笑。

一下子，我如释重负，此时才感觉腿上和脚上有几处尖锐地痛起来。低头，看到腿上、脚踝处和脚背不知被什么划出了清晰的血印。然后，浑身力气耗尽般地疲惫到整个人几乎瘫软。

那个夏天，短短一个月的时间，我的体重从五十三公斤降到四十五公斤。但是，这一场艰难的"跋山涉水"，我竟然丝毫没有觉得累，前行的力量满满的。

直到这一刻。

我累了。

父亲似乎也是，吃了几口之后，缓缓地摇了摇头。

五

那是父亲入院的第三十九天，他已经虚弱到除了微笑，连挪动身体的力气都不再有。那段时间，每天早上，他只吃蒸的鸡蛋羹，并且，要放很多糖。他只要吃甜的。

于是每天早上，我早早把蒸好的鸡蛋羹送到医院，六点半左右，喂给他吃。

那是父亲一天中最重要的一顿饭，因为吃饭对他来说，已经非常艰难，每次吞咽，都会影响到他的心律和呼吸，一顿饭，要用去很长很长时间。所以这一顿早餐，这碗甜鸡蛋羹，重要性已超过任何昂贵的药物，是它们的能量，在延续着父亲最后的生命。

所以，这一顿早餐，值得我付出一切来送达。

这一次，父亲却没有能够吃完这一小碗鸡蛋羹，尽管他说"好吃"。

然后，父亲亦无法再进水和说话。两个小时后，他陷入昏迷。

当天下午，在被接回家二十分钟后，父亲去世。

那场下在他生命中的最后一场雨，新闻里说，六十年不遇；那顿他最后的早餐，跟着我在雨水里跋涉了两个多小时的鸡蛋羹，是甜的。他说，很甜。

很多年前，奶奶说过，一个人最后吃的东西是什么味道，下辈子过的，就是什么日子。

所以，老家有风俗，人过世之前，弥留之际，亲人会放一口白糖在他口中。

那么，冥冥之中，我是预感到这是父亲的最后一顿饭吗？所以才不顾一切地，要在这个雨水淹没城市的早上，赶到他身边，给他送这一碗甜鸡蛋羹？而他，耗尽最后的心力一直等到了我，等我来完成做女儿的最后使命。

这是他和我，一对父女，从没有过任何约定的一场人生最重要的约会。还好，我们都没有爽约。

点 评

在齐腰深的暴雨中艰难独行两个小时，只为送一小碗鸡蛋羹给病危的父亲。记述详略得当，情感起落有致，一路辗转辛苦涉水的描写，为到达时的欣慰蓄足了势。在凶险莫测的洪水里奋力前行，适时遇到一位善良的保安，心境为之一转，既是好的预示，也给全文涂上了一抹亮色。

父亲的树

阎连科

记得的，一九七八年，是这个时代中印记最深的，如同冬后的春来乍到时，万物恍恍惚惚苏醒了，人世的天空也蓝得唐突和猛烈，让人以为天蓝是掺杂了一些假——忽然的，农民分地了。政府又都把地分还给了农民，宛如把固若金汤的城墙砸碎替农民制成了吃饭的碗，让人不敢相信，让人以为这是政策翻烧饼、做游戏中新一次的捉迷藏。农民们一边站在田头灿烂地笑，另一边有人把分到自家田地中的树木都给砍掉了。

田是我的了，物随地走，那树自然也该是我家的私有财产。于是，大的和小的，泡桐或杨树就都被砍了。先把树伐掉，抬到家里去，如果有一天政策变了，又把田地收回到政府的账册和手里，至少家里还留有一棵、几棵树。就这样，大家相互学习，相互攀比，几天间，田野里、山坡上那些稍大的可做檩梁的树木就都不在了。

我家的地是分在村外路边的一块平壤间，和别家的田头都有树一样，也笔直地立着一棵比碗粗的箭杨树。在春天，箭杨树叶"哗哗"响。当别家田头的树都只有白茬树桩时，那棵杨树还孤零零地立着，像广场上的旗杆一样。为砍不砍那棵树，一家人是有过争论的。父亲也是有过思忖的，他曾经用手和目光几次去丈量树的粗细和高矮，知道把树伐下来，是盖房做檩的绝好材料，就是把它卖了去，也可以卖上几十近百元。

几十近百元，是那个年代里很壮的一笔钱。

可最终，父亲没有砍那树。

邻居说："不砍呀？"

父亲在田头笑着回人家："让它再长长。"

路人说："不砍呀？"

父亲说："它还没真正长成呢。"

就没砍。就让那原是路边田头长长一排中的一棵箭杨树，孤傲挺拔地竖在路边上、田野间，仿佛是竖在乡村人心的一杆旗。小盆一样粗，两丈多高，有许多"杨眼"妩媚明快地闪在树身上，望着这世界，读着世界的变幻和人心。然而在三年后，乡村的土地政策果不其然变化了。各家与各家的土地需要调整和更换，并且政府还要重新收回，分给那些新出生的孩子。于是，我家的地就是别家的田地了，那棵已经远比盆粗的箭杨树也成了人家的树。

成了人家的地，也成了人家的树。可在成了人家田地后的第三天，父亲、母亲和二姐从那田头上过，忽然发现那远比盆粗的树已经不在了，路边只有紧随地面白着的树桩。树桩的白，如在云黑的天空下白着的一片雪。一家人立在那树桩边，仿佛忽然立在了悬崖旁，面面相觑。不知二姐和母亲说了啥，懊悔、抱怨了父亲一些什么话。父亲没接话，只看了一会儿那树桩，就领着母亲、二姐朝远处我家新分的田地去了。

到后来，父亲离开人世后，我念念不忘他人生中的许多事，也总是常常想起那棵属于父亲的树。再后来，父亲入土为安了，他的坟头因为蟠枝生成，又长起了一棵树。不是箭杨树，而是一棵并不成材的弯柳树。柳树由芽到枝，由胳膊的粗细到了碗状粗。山坡地，不似平壤的土肥与水足，那棵柳树竟也能在岁月中坚韧地长，卓绝地与风雨相处和厮守。天旱了，它把柳叶卷起来；天涝了，它把满树的枝叶蓬成伞。在酷夏，烈日如火时，那树罩着父亲的坟，也凉爽着我们一家人的心。

至今乡村的人多还有迷信，以为蟠枝发芽长成材，皆是很好很好的一桩事。那是因为人生在世有许多厚德，上天和大地才让你的荒野坟前长起一棵树，寂时伴你说话和私语，闹时你可躲在树下寻出一片寂静。以此说来，那坟前的柳树也正是父亲生前做人的延续和回报，也正是上天和大地对人生因果的理解、写照和诠释。我为父亲坟头有那棵树感到安慰和自足。每年上坟时，哥哥、姐姐也都会为那弯树修整一下枝叶，让它虽然弯，却一样可以在山野荒寂中，把枝叶像旗一样扬起来。虽然寂，却更能寂出乡村的因果道理来。就这样，过了二十几年后，那树原来弓弯的腰身竟然也被天空和生长拉得直起来，竟然也有一丈多高，和二十多年前我家田头的箭杨树一样粗，完全可以成材使用了。

我家祖坟上有许多树，而属于父亲的那一棵，却是最大最粗的。这大概一是因为父亲下世早，那树生长的年头多；二是因为乡村伦理中的人品与德行，原是可以为树木提供给养的。我相信这一点。我敬仰那属于父亲的树。可是就在今年正月十五，我八十岁的三叔去世后，我们悲恸地把他送往坟地时，忽然看见父亲坟前的树没了，被人砍去了。树桩呈着岁月的灰黑色，显出无尽的沉默和蔑视。再看别的坟头的树，大的和小的也都一律不在了，被人伐光了。再看远处、更远处别家坟地的树，原来都是一片林似的密和绿，现在也都荡然无存、光秃秃的了。

想到今天乡村世界的繁华和烦扰；想到今天各村村头都有昼夜不息的电锯轰鸣声，与公路边上的几家木材加工厂和木器制造厂的发达；想到那每天都往城市运输的大车小车上的三合板、五合板和胶合板；想到路边一年四季都赫然竖着的大量收购各样木材的文明华丽的广告牌；想到我几年前回家就看到村头路边早已没了树木的空荡洁净，也就忽然明白了父亲和他人坟头被人砍树的原委和因果，也就只有沉默再沉默，无言再无言。

只是默默念念地想，时代与人心从田头伐起，最终就砍到了坟头上。

只是想，父亲终于在生前死后都没了他的树，和人心中最终没了旗一样。

只是想，父亲坟前的老树桩在春醒之后一定会发新芽的，但不知那芽几时才可长成树；成了树又有几年可以安稳无碍地竖在坟头和田野上。

点 评

在一个充满不确定性的社会里，人心浮荡、逐利，一个人笃信的东西会被连根拔掉。即使只是一棵树。原本属于父亲的树，落入他人之手；坟头的树长大后也被人掠走。树桩的沉默和蔑视是对人性贪婪的无声控诉。

作者以沉郁之笔描绘人心的蜕变：人的德行品性可以滋养树木，却似乎难以改变颓败了的人心。劫掠之后，"落了片白茫茫大地真干净"。"只是默默念念地想，时代与人心从田头伐起，最终就砍到了坟头上。只是想，父亲终于在生前死后都没了他的树，和人心中最终没了旗一样。"

悲哀之文宜用舒缓语调，此文运用得当，给予人绵延无尽的情绪冲击。

推荐阅读：作者长篇散文集《我与父辈》。

柳 信

宗 璞

今年的春天，来得特别踌躇、迟疑，乍暖还寒，翻来覆去，仿佛总下不定决心。但是路边的杨柳不知不觉间已绿了起来，绿得这样浅，这样轻，远望去迷迷蒙蒙，像是一片轻盈的、明亮的雾。我窗前的一株垂柳，也不知不觉在枝条上缀满新芽，泛出轻浅的绿，随着冷风自如地拂动。这园中原有许多花木，这些年也和人一样，经历了各种斧钺虫豸之灾，只剩下一园黄土、几株俗称"瓜子碴"的树，还有这棵垂柳，年复一年，只管自己绿着。

少年时候，每到春来，见杨柳枝头一夜间染上了新绿，总是兴高采烈，觉得欢喜极了，轻快极了，好像那生命的颜色也染透了心头。曾在中学作文里写过这样几句：

"嫩绿的春天又来了，看那陌头的杨柳色，世界上的生命都聚集在那儿了，不是吗？那年轻的眼睛般的鲜亮啊……"

老师在最后一句旁边打了密密的圈。我便想，应该圈点的，不是这段文字，而是那碧玉妆成绿丝绦般的杨柳。

抗战期间在南方，一个残冬，我家的小花猫死了。那是我第一次看到什么是死。它躺着，闭着眼。我和弟弟用猪肝拌了饭，放在它嘴边，它仍一动也不动。"它死了。"母亲说，"埋了吧。"我们呆呆地看着那显得格外瘦小的小猫，弟弟呜呜地哭了。我心里像堵上了什么，看了半天，还不离开。

"埋了吧，以后再买一只。"母亲安慰说。

我作了一篇祭文，记得有"呜呼小花"一类的话，放在小猫身上。我们抬着盒子，来到山坡。我一眼便看中那柳伞下的地方，虽然当时只有枯枝。

我们掘了浅浅的坑，埋葬了小猫。冷风在树木间吹动，我们都穿得十分单薄，不足以御寒。我拉着弟弟的手，呆呆地站着，好像再也提不起玩的兴致了。

忽然间，那晃动的枯枝上透出的一点青绿色，照亮了我们的眼睛，那枝头竟然有一点嫩芽了，多鲜多亮啊！我猛然觉得心头轻松好多。杨柳绿了，杨柳绿了，我轻轻地反复在心里念诵着。那时我的词汇里还没有"生命"这个字眼，但只觉得自己又有了精神，一切都又有了希望似的。

时光流去了近四十年，我已经历了好多次的死别，到 1977 年，连我的母亲也撒手别去了。我们家里，最不能想象的就是没有我们的母亲了。母亲病重时，父亲说过一句话："没有你娘，这房子太空。"这房子里怎能没有母亲料理家务来去的身影，怎能没有母亲照顾每一个人、关怀每一个人的呵责和提醒！然而母亲毕竟去了，抛下了年迈的父亲和她的儿女。

两个多月过去，时届深秋，园中衰草凄迷，落叶堆积。我从外面回来，走过藏在衰草和落叶中的小径——这小径我曾在深夜里走过多少次啊。请医生，灌氧气，到医院送汤送药，但终于抵挡不住人生大限的到来。我茫然地打量着这园子，这时，侄儿迎上来说，家里的大猫——"狮子"死了，是让人用鸟枪打死的，已经埋了。

这是母亲喜欢的猫，是一只雪白的狮子猫，眼睛是蓝的，在灯下会闪着红光。这两个月，它天天坐在母亲房门外等，也没有等见母亲出来。我没有问埋在哪里，无非是在这一派清冷荒凉之中罢了。我却格外清楚地知道，再没有母亲来安慰我了，再没有母亲许诺我要的一切了。深秋的冷风将落叶吹得团团转，枯草像是久未梳理的乱发，竖起来又倒下去。我的心直往下沉，往下沉……忽然，我看见几缕绿色在冷风中瑟瑟地抖颤，原来是那株柳树。在一片萧索中，柳色有些黯淡，但在一片枯黄之间，它是在绿着。"这容易生长的、到处都有的普通的柳树，并不怕冷。"我想着，觉得很安慰，仿佛得到了支持似的。

清明时节，我们将柳枝插在母亲骨灰盒旁的花瓶里。柳树并不想跻身松柏等岁寒之友中，它只是努力尽自己的本分，尽量绿得长一些，就像一个普通母亲平凡清白的人生一样。

柳枝在绿着，这些丝丝垂柳，是会织出大好春光的。

点评

宗璞的文字就像她笔下描写的丝丝柳绿一样，冷静的叙述中蕴蓄了无限的生机。她喜欢用花草树木的诗意描写来表达对生死离别这些沉重主题的思考。《紫藤萝瀑布》《好一朵木槿花》《丁香结》都是这样的作品。

写柳绿的色彩：初写——浅、轻、迷迷蒙蒙，再写——青绿色，三写——萧瑟中有些暗淡的绿。写柳绿的修辞：生动的比喻，反复的点染，对比烘托，使她笔下的景物有着"明月照积雪"的典雅诗意。同时，面对生死病痛，又有深沉的哲思和感悟。情感表达的含蓄克制，使她的文章自有一种高远的情致。

雪

蒋 勋

雪落下来了，纷纷乱乱，错错落落，好像暮春时分漫天飞舞的花瓣，非常轻，一点点风，就随着飞扬回旋，在空中聚散离合。

每年冬天都来 V 城看母亲，却从没遇到这么大的雪。

在南方亚热带的岛屿长大的我，生活里完全没有见过雪。小时候喜欢搜集西洋圣诞节的卡片，上面常有白皑皑的雪景。一群鹿拉着雪橇，在雪地上奔跑。精致一点的，甚至在卡片上洒了一层玻璃细粉，晶莹闪烁，更增加了我对美丽雪景的幻想。

母亲是地道的北方人，在寒冷的北方住了半辈子。和她提起雪景，她却没有很好的评价。她拉起裤管，指着小腿近足踝处一个小铜钱般的疤，对我说："这就是小时候生冻疮留下的。雪里走路，可不好受。"

中学时为了看雪，我参加了合欢山的滑雪冬训活动。在山上住了一个星期，各种滑雪技巧都学了，可是等不到雪。别说是雪，连霜都没有，每天艳阳高照。我们就穿着雪鞋，在绿油油的草地上滑来滑去，摆出各种滑雪的姿势。

大学时，有一年冬天，北方的冷空气来了，气温陡降。新闻报道台北近郊竹子湖附近的山上飘雪。那天教秦汉史的傅老师，也是北方人，谈起了雪，大概勾起了他的乡愁吧，便怂恿大伙儿一起上山赏雪。学生当然雀跃响应，于是便停了一课，师生步行上山去寻雪。

还没到竹子湖，半山腰上，四面八方都是人，山路早已拥塞不通。一堆堆的游客，戴着毡帽，围了围巾，穿起羽绒衣，彼此笑闹推挤，比台北市中心还热闹嘈杂，好像过年一样。

天上灰云密布，有点要降雪的样子。再往山上走，山风很大，呼啸着，但仍看不见雪。偶然飘下来一点像精制盐一样的细粉，大家就伸手去接，惊叫欢呼："雪！雪！"赶紧把手伸给别人看，但是凑到眼前，什么都没有了。

没有想到真正的雪是这样下的。一连下了几个小时不停，像撕碎的鹅毛，像扯散的棉絮，像久远梦里的一次落花，无边无际，无休无止。这样富丽繁华，又这样朴素沉静。

母亲因患糖尿病，一星期洗三次肾。我去V城看她的次数也愈来愈多。洗肾回来，睡了一觉，不知被什么惊醒，母亲有些怀疑地问我："下雪了吗？"

我说："是。"

扶她从床上坐起，我问她："要看吗？"

她点点头。

母亲的头发全灰白了，剪得很短，干干地贴在头上，像一蓬沾了雪的枯草。

我扶她坐上轮椅，替她围了条毯子。把轮椅推到客厅的窗前，拉开窗帘，外面的雪下得更大了。刹那，树枝上、草地上、屋顶上，都积了厚厚的雪。只有马路上的雪，被车子轧过，印下黑黑的车辙，其他的地方都成白色。很纯粹洁净的白。雪使一切复杂的物象统一在单纯的白色里。

地上的雪积厚了，行人走路都特别小心。一个人独自一路走去，路上就留着长长的脚印，渐行渐远。

雪继续下，脚印慢慢被新雪覆盖，什么也看不出了。只有我一直凝视，知道曾经有人走过。

"好看吗？"

我靠在轮椅旁，指给母亲看繁花一样的雪漫天飞扬。

母亲没有回答。她睡着了。她的头低垂到胸前，裹在厚厚的红色毛毯里，看起来像沉湎在童年的梦里。

没有什么能吵醒她，没有什么能惊扰她，她好像一心在听自己故乡落雪的声音。

有一群海鸥和乌鸦聒噪着，为了争食被车轧过的雪地上的鼠尸，扑扇着翅膀，一面锐声厉叫，一面乘隙叼食地上的尸肉。雪，沉静在地面上的雪，被它们扑扇着的翅膀惊动，飞扬起来。雪这么轻，一点点风，一点点不安骚动，就纷乱了起来。

"啊……"

母亲在睡梦中长长叹了一声。她的额头、眉眼四周、嘴角、两颊、下巴、颈项各处，都是皱纹，像雪地上的辙痕，一道一道，一条一条，许多被惊扰的痕迹。

大雪持续了一整天。地上的雪堆得有半尺高了。小树丛的顶端也顶着一堆雪，像蘑菇的帽子。

被车轮轧过的雪结了冰，路上很滑，开车的人很小心，车子无声滑过。白色的雪掺杂着黑色的泥，也不再纯白洁净了，看起来有一点邋遢。路上的行人怕摔跤，走路也特别谨慎，每一步都踏得稳重。

入夜以后，雪还在落，我扶母亲上床睡了。临睡前她叮咛我："床头留一盏灯，不要关。"

我独自靠在窗边看雪。客厅的灯都熄了，只有母亲卧室床头一点幽微遥远的光，反映在玻璃上。室外因此显得很亮，白花花、澄净的雪，好像明亮的月光。

没有想到在下雪的夜晚户外是这么明亮的。看起来像宋人画的雪景。宋人画雪不常用锌白、铅粉这些颜料，只是把背景用墨衬黑，一层层渲染，留出山头的白、树梢的白，甚至花蕾上的白。

白，到了是空白。白，就仿佛不再是色彩，不再是实体的存在。白，变成一种心境，一种看尽繁华之后生命终极的领悟。

唐人张若虚，看江水，看月光，看空中飞霜飘落，看沙渚上的鸥鸟，看到最后，都只是白，都只是空白。他说："空里流霜不觉飞，汀上白沙看不见。"

白，是看不见的，只能是一种领悟。

远处街角有一盏路灯，照着雪花飞扬，像舞台上特别打的灯光。雪在光里迷离纷飞，像清明时节山间祭拜亲人烧剩的纸灰，纷纷扬扬；又像千万只刚刚孵化的白蝴蝶，漫天飞舞。

远远听到母亲熟睡时缓慢悠长的鼻息，像一片一片雪花，轻轻沉落到地上。

点评

作者运用多组对比，把雪的空灵和对人生通透的感悟完美融合。曾经几次看到的雪与 V 城漫天飞舞的大雪的对比；地道北方人的母亲对雪的评价与"我"对雪的向往的对比；还有两处人生中不同时期、不同场景的自然切换，写出了盼雪的曾经是已过往的岁月，看雪的如今是静定后的禅悟。

细节处的对比更是比比皆是：一切统一单纯的白色，一切复杂的物象；白色的雪，黑色的泥；母亲沾了雪的枯草一样的短发，裹着厚厚的红色毛毯；母亲深深的皱纹，一道道雪地上的辙痕……文末，在这所有的繁华之后，让我们看到生命的终极领悟：白。结尾处雪花的比喻，形象又蕴含深意，所有飞扬过的生命，如一片一片雪花，轻轻沉落到地上。

推荐阅读：《蒋勋散文》。

永久的憧憬和追求

萧 红

一九一一年，在一个小县城里边，我生在一个小地主的家里。那县城差不多就是中国的最东最北部——黑龙江省，所以一年之中，倒有四个月飘着白雪。

父亲常常为着贪婪而失掉了人性。他对待仆人，对待自己的儿女，以及对待我的祖父都是同样的吝啬而疏远，甚至于无情。

有一次，为着房屋租金的事情，父亲把房客的全套的马车赶了过来。房客的家属们哭着，诉说着，向着我的祖父跪了下来，于是祖父把两匹棕色的马从车上解下来还了回去。

为着这两匹马，父亲向祖父起着终夜的争吵。"两匹马，咱们是不算什么的，穷人，这两匹马就是命根。"祖父这样说着，而父亲还是争吵。

九岁时，母亲死去。父亲也就更变了样，偶然打碎了一只杯子，他就要骂到使人发抖的程度。后来就连父亲的眼睛也转了弯，每从他的身边经过，我就像自己的身上生了针刺一样：他斜视着你，他那高傲的眼光从鼻梁经过嘴角而往下流着。

所以每每在大雪中的黄昏里，围着暖炉，围着祖父，听着祖父读着诗篇，看着祖父读着诗篇时微红的嘴唇。

父亲打了我的时候，我就在祖父的房里，一直面向着窗子，从黄昏到深夜——窗外的白雪，好像白棉一样地飘着；而暖炉上水壶的盖子，则像伴奏的乐器似的振动着。

祖父时时把多纹的两手放在我的肩上，而后又放在我的头上，我的耳边便响着这样的声音：

"快快长吧！长大就好了。"

二十岁那年，我就逃出了父亲的家庭，直到现在还是过着流浪的生活。

"长大"是"长大"了，而没有"好"。

可是从祖父那里，知道了人生除掉了冰冷和憎恶而外，还有温暖和爱。

所以我就向这"温暖"和"爱"的方面，怀着永久的憧憬和追求。

点评

萧红的文字简净有力。天生对文字的敏感和灵性，让她知道如何调动每一个字去触及你心中最柔软的角落：父亲斜视的高傲目光，从鼻梁经嘴角而往下流着。好一个"流"字！似乎再也没有别的字能传达她彼时的感受了。那白棉似飘着的雪，寒冷中的暖炉，祖父微红的嘴唇和多纹的手……无情生父的作践、催逼，在读着诗篇的祖父这里几乎得到了消解。萧红是用白描抒写的高手，别致、干净、朴素，几笔勾勒，就有形有神韵了。

推荐阅读：作者代表作《呼兰河传》。

外婆的美学

李汉荣

外婆说："人在找一件合适的衣服，衣服也在找那个合适的人，找到了，人满意，衣服也满意，人好看，衣服也好看。""一匹布要变成一件好衣裳，如同一个人要变成一个好人，要下点功夫。""无论做衣服还是做人，心里都要有一个'样式'，才能做好。"

外婆做衣服是那么细致耐心，从量到裁再到缝，她好像在用心体会布的心情。一匹布要变成一件衣服，它的心情肯定也是激动的，充满着期待，或许还有几分担忧和恐惧：要是变得不伦不类，甚至很丑陋，名誉和尊严就毁了。

记忆中，每次缝衣，外婆都要先洗手，把自己穿戴得整整齐齐，身子也尽量坐得端正。外婆总是坐在敞亮的地方做针线活。她特别喜欢坐在场院里，在高高的天空下面做小小的衣服，外婆的神情显得朴素、虔诚、庄重。

在我的童年，穿新衣必是在盛大的日子，比如春节、生日。旧衣服、补丁衣服是我们日常的服装。我们穿着打满补丁的衣服也不感到委屈，一方面是因为人们都过着打补丁的日子，另一方面，是因为外婆在为我们补衣的时候，精心搭配着每一块补丁的颜色和形状，她把补丁衣服做成了好看的艺术品。

除了缝大件衣服，外婆还会绣花，鞋垫、枕套、被面、床单、围裙上都有外婆绣的各种图案。

外婆的"艺术灵感"来自她的内心，也来自大自然。燕子和其他各种鸟儿飞过头顶，它们的模样和姿态留在外婆的心里，外婆就顺手用针线把它们保存下来。外婆常常凝视着天空中的云朵出神，她手中的针线一动不动，布安静地在一旁等待着。忽然出现一声鸟叫或别的什么声音，外婆才如梦初醒般地把目光从云端收回，细针密线地绣啊绣啊，要不了一会儿，天上的图案就出现在她手中。读过中学的舅舅说，外婆的手艺是从天上学来的。

那年秋天，我上小学，外婆送给我的礼物是一双鞋垫和一个枕套。鞋垫上绣着一汪泉水，泉边生着一丛水仙，泉水里游着两条鱼儿。我说："外婆，我的脚泡在水里，会冻坏的。"外婆说："孩子，泉水冬暖夏凉。冬天，你就想着脚底下有温水流淌；夏天呢，有清凉在脚底下护着你。你走到哪里，鱼就陪你到哪里，有鱼的地方你就不会口渴。"

枕套上绣着月宫，桂花树下，蹲着一只兔子，它在月宫里，在云端，望着人间，望着我。到夜晚，它就守着我的梦境。外婆用细针密线把天上人间的好东西都收拢来，让它们贴紧我的身体。贴紧我身体的，是外婆密密的手纹，也是她密密的心情。

直到今天，我还保存着我童年时的一双鞋垫。由于时间已经过去三十年之久，它们已经变得破旧，如文物那样脆弱易碎。但那泉水依旧荡漾着，贴近它，似乎能听见隐隐水声。两条小鱼仍然没有长大，一直游在岁月的深处。几丛欲开未开的水仙，仍然那样停在外婆的呼吸里。

我端详着外婆留给我的这件"文物"。我的手纹，努力接近和重叠着外婆的手纹。她冰凉的手从远方伸过来，感受我手上的温度。

点评

写人的文章该如何做，并无一定之规。此篇的结构如下：先有一个总括性的评价，紧随其后是全景式描写，写出主人公的面貌来，继之以一个高关联度的情节特写，最后以低沉隽永的抒情文字照应开头。

回忆性的文字容易出彩，奥妙在于时间提纯了一切，将原本平淡的东西变成了吉光片羽，可谓佳酿天成。当作者具备诗人的气质，他的文字一定会带有浓烈的诗意。作者把外婆定义为生活艺术家，开篇即亮出她的三段极富哲理的话语，可谓先声夺人，激起读者的强烈期待。接下来运用各种手段塑造她的艺术家形象，细致耐心、虔诚庄重、充满想象力的创造——从自然万物身上寻找灵感，通过灵巧的双手，将家和亲人打造成美的享用者。

点　评

　　"外婆常常凝视着天空中的云朵出神，她手中的针线一动不动，布安静地在一旁等待着。忽然出现一声鸟叫或别的什么声音，外婆才如梦初醒般地把目光从云端收回，细针密线地绣啊绣啊，要不了一会儿，天上的图案就出现在她手中。"这样的画面何其传神、动人啊！

　　文末作者对逝去外婆的怀念，因为含蓄节制而升腾起更大的热度：外婆送给自己的旧鞋垫上，"几丛欲开未开的水仙，仍然那样停在外婆的呼吸里。"等看到这里，几乎要泪目了："我的手纹，努力接近和重叠着外婆的手纹。她冰凉的手从远方伸过来，感受我手上的温度。"

　　推荐阅读：《李汉荣散文选集》。

••• 大地的节奏 •••

阅读导言

日月经天，江河行地；春风夏雨，秋霜冬雪。

自然者，上天所造之物也。人类生活于自然之中，生存有赖于自然的恩惠，精神仰仗自然的启迪滋润。自然并非为人类而存在，但人类要繁衍下去，却离不开运行有序的自然。故而，我们要对自然保持敬畏之心，遵从自然之道，与其和谐相处。基于此种共识，我们才有可能开始与自然的对话。

本辑所选文章，意在探寻人与自然的关系。自然不只是一种存在，它还蕴含着全部的知识和真理，也是塑造人类文明的决定性因素：它激发我们敏锐的感知，唤醒我们探究物理的好奇心；它提升我们的审美能力，教会我们欣赏万物之美……人类所做的一切努力，无一不在证明自己只是一名谦卑的学生。

光影转换，四季交替，人们应和着自然的节律，行走在安身立命的大地上。他们发现四时景色之妙，欣赏花鸟虫鱼之美，体会与自然融为一体的惬意，品味身心安宁的家园感；他们书写对自然的感佩，叙写万物的灵性，以及表达对文明侵蚀自然的忧虑……事物在笔下熠熠生辉，酿成无数美妙的瞬间和场景。

汪曾祺的作品通透活泼，表现的是人对花鸟草木的欣赏玩味；冯骥才借人与鸟之间的信赖，意在呼唤人与人之间的信任；蒋勋的文字精致隽永，展示着文化人对自然的睿智感悟；张承志对草原文化衰退的忧虑，既有情感层面的不舍，也有对工业化进程毁灭自然环境的忧思……但这些总归属于人的理性思考，而日本作家德富芦花、东山魁夷、志村福美，他们信奉万物有灵论，对自然的理解确乎更胜一筹，文章更有一股清新超拔之气。由此可知，对自然的认知，取决于一个人的信仰。

初春的雨

［日本］德富芦花

陈德文 译

午前春阴，午后春雨，和暖，闲适，且宁静。

八幡的梅林里，一位背着孩子的老婆婆，正在拾松叶、松子和松枝。雨水透过林中的松树、杉树、榉树，沙沙地滴打在散满枯叶的沙地上。

从村庄来到野外，麦苗郁郁青青，路边的枯草也泛起片片绿意。春雨潇潇，神武寺山青烟迷离。樱花山头虽有斑斑白雪,然而,这山,这树,这房舍,这田园,无不在春雨里尽情洗浴。河边干枯的芦苇被草草割去了,剩下的,这里一丝,那里一簇。河床开阔了,被辟为宽广的田圃。春雨淋在一张渔网上。

梅花渍香,山茶流红,麦苗绿润,山色空濛。这是一场催春的雨啊!

途经望富士桥头,见两只小船漂浮在河面之上,盖着草席。是刚刚淘过米吧,牛乳般的泔水,从倾倒的木桶里淌出,点点滴滴,融汇在春潮里消失了。春潮带雨,清流急湍,如膏似玉。海洋上水天蒙蒙,春帆一点,穿雨而来。

点 评

好的文字,在有限的语言之外会有无尽的情思。那流泻而下的岂止是雨,还有那美到极致的雨中景物:"梅花渍香,山茶流红,麦苗绿润,山色空濛。"有色有香,有形有质感,增一字嫌多,减一字味变。

推荐阅读: 作者散文集《自然与人生》。

春

丰子恺

春是多么可爱的一个名词!自古以来的人都赞美它,希望它常在人间。诗人,特别是词客,对春爱慕尤深。试翻词选,差不多每一页上都可以找到一个"春"字。后人听惯了这种话,自然地随声附和,即使实际上没有理解春的可爱的人,一说起春也会觉得欢喜。这一半是春这个字的音容所暗示的。"春!"你听,这个音读起来何等铿锵而惺忪可爱!你看这个字的形状何等齐整妥帖而具足对称的美!这么美的名字所隶属的时节,想起来一定很可爱。好比听见名叫"丽华"的女子,想来一定是个美人。然而实际上春不是那么可喜的一个时节。我积三十六年之经验,深知暮春以前的春天,生活上是很不愉快的。

梅花带雪开了,说道是漏泄春的消息。但这完全是精神上的春,实际上雨雪霏霏,北风烈烈,与严冬何异?所谓迎春的人,也只是瑟缩地躲在房栊内,战栗地站在屋檐下,望望枯枝一般的梅花罢了!

再迟个把月罢,就像现在:惊蛰已过,所谓春将半了。住在都会里的朋友想象此刻的乡村,足有画图一般美丽,连忙写信来催我写春的随笔。好像因为我偎傍着春,惹他们忌妒似的。其实我们住在乡村间的人,并没有感到快乐,却生受了种种的不舒服:寒暑表激烈地升降于三十六度至六十二度之间。一日之内,乍暖乍寒。暖起来可以想起都会里的冰淇淋,寒起来几乎可见天然冰,饱尝了所谓"料峭"的滋味。天气又忽晴忽雨,偶一出门,干燥的鞋子往往拖泥带水归来。"一春能有几番晴"是真的;"小楼一夜听春雨"其实没有什么好听,单调得很,远不及你们都会里的无线电的花样繁多呢。春将半了,但它并没有给我们一点舒服，只教我们天天愁寒，愁暖，愁风，愁雨。正是"三分春色二分愁，更一分风雨"！

春的景象，只有乍寒、乍暖、忽晴、忽雨是实际而明确的。此外虽有春的美景，但都隐约模糊，要仔细探寻，才可依稀仿佛地见到，这就是所谓"寻春"罢？有的说"春在卖花声里"，有的说"春在梨花"，又有的说"红杏枝头春意闹"，但这种景象在我们这枯寂的乡村里都不易见到。总之，春所带来的美，少而隐；春所带来的不快，多而确。诗人词客似乎也承认这一点，春寒、春困、春愁、春怨，不是诗词中的常谈吗？不但现在如此，就是再过个把月，到了清明时节，也不见得一定春光明媚，令人极乐。倘又是落雨，路上的行人将要"断魂"呢。可知春徒美其名，在实际生活上是很不愉快的。实际上，一年中最愉快的时节，是从暮春开始的。就气候上说，暮春以前虽然大体逐渐由寒向暖，但变化多端，始终是乍寒乍暖，最难将息的时候。到了暮春，冬天的影响方才完全消灭，而一路向暖。寒暑表上的水银爬到 temperate 上，正是气候最 temperate 的时节。就景色上说，春色无须寻找，有广大的绿野青山，慰人心目。古人词云："杜宇一声春去，树头无数青出。"原来山要到春去的时候方才全青，而惹人注目。我觉得自然景色中，青草与白雪是最伟大的现象。造物者描写"自然"这幅大画图时，对于春红、秋艳，都只是略蘸些胭脂、朱磦，轻描淡写。到了描写白雪与青草，他就毫不吝惜颜料，用刷子蘸了铅粉、藤黄和花青而大块地涂抹，使屋屋皆白，山山皆青。这仿佛是米派山水的点染法，又好像是 Cèzanne 风景画的"色的块"，何等泼辣的画风！而草色青青，连天遍野，尤为和平可亲，大公无私。花木有时被关闭在私人的庭园里，吃了园丁的私刑而献媚于绅士淑女之前。草则到处自生自长，不择贵贱高下。人都以为花是春的作品，其实春工不在花枝，而在于草。看花的能有几人？草则广泛地生长在大地的表面，普遍地受大众的欣赏。这种美景，是早春所见不到的。那时候山野中枯草遍地，满目憔悴之色，看了令人不快。必须到了暮春，枯草尽去，才有真的青山绿野的出现，而天地为之一新。一年好景，无过于此时。自然对人的恩宠，也以此时为最深厚了。

讲求实利的西洋人，向来重视这季节，称之为 May（五月）。May 是一年中最愉快的时节，人间有种种的娱乐，即所谓 May-queen（五月美人）、May-pole（五月彩柱）、May-games（五月游艺）等。May 这一个词，原是"青春""盛年"的意思。可知西洋人视一年中的五月，犹如人生中的青年，为最快乐、最幸福、最精彩的时期。这确是名副其实的。但东洋人的看法就与他们不同：东洋人称这时期为暮春，正是留春、送春、惜春、伤春，而感慨、悲叹、流泪的时候，全然说不到乐。东洋人之乐，乃在"绿柳才黄半未匀"的新春，便是那忽晴、忽雨、乍暖、乍寒，最难将息的时候。这时候实际生活上虽然并不舒服，但默察花柳的萌动，静观天地的回春，在精神上是最愉快的。故西洋的"May"相当于东洋的"春"。这两个字读起来声音都很好听，看起来样子都很美丽。不过 May 是物质的、实利的，而春是精神的、艺术的。东西洋文化的判别，在这里也可窥见。

点 评

　　单看标题，实在是平淡的老话题，但一看内容，翻出了新意。文中用大量笔墨"抑"初春时节，铺排渲染它的种种"料峭"的滋味，断言早春之美少而隐。至此，对早春的"贬抑"已至最低点。接着，笔锋一转，热烈褒扬暮春，如此便收到了强烈的对比效果。这是"先抑后扬"的高妙之处。作者卓异的美学鉴赏力尤其值得称道：他指出自然景色中的白雪与青草最美，因为它"伟大"，虽常见但是最能表现出大地之磅礴，是大美；而春红、秋艳等只是点染，是小景。

　　推荐阅读：作者随笔集《缘缘堂随笔》。

山 隘

[德国] 赫尔曼·黑塞

　　风吹过陡直坚实的小径。树与灌木被抛在身后，只见石头与青苔独占山头。人类尚未入侵这块净土；这里没有人类的份。在这里，即使农人也找不到粮草或木材。远方呼唤着，点燃了殷殷的思念，这可爱的小径越过山崖、沼泽与皑皑白雪，引人来到另一个山谷、另一处村落，接触另一种语言、另一群人。

　　我在山隘高处小歇片刻。山路缓缓下降，两侧潺潺流水相随。在这高处驻足，几乎能找到通往两个世界的路。脚下的这条小河流向北方，注入远方冰冷的大海；另一侧雪融之水则落向南方，在亚得里亚海入地中海，最后流向北非大陆。然而，世界上所有的河流，终将汇集在一起，北极冰海与尼罗河终会一起转为潮湿的云。这古老而又美丽的平衡，平添此刻的神圣之感，对于像我这样的游子而言，每一条路都是回家的路。

　　我的目光仍有选择的余地。此时，北方与南方仍在视线范围之内，再走五十步，就只能看到南方了。南方的气息在蓝色山谷里神秘地向我吹送而来，我的心跳竟与之相应和。我期待着那儿的湖水及林园、那葡萄与杏果的芳香，我仿佛听见那渴慕已久且带着朝圣意味的古老传说。

　　远方山谷传来的声响，唤起年少的回忆。我曾因首次南方之旅而深深陶醉；曾在湛蓝的湖畔深深吸入浓郁的田园芳香；某个夜里，曾在异乡的苍白雪山下，竖耳倾听远方家乡的讯息；也曾在古老文明圣殿的石柱下，做第一次祝祷；更难忘的，是初见棕色沿岸及大浪如雪时的美景。

　　如今，我已不再如痴如醉，也不再想将远方的美丽及自己的快乐和所爱的人分享。我的心已不再是春天，我的心已是夏天。异乡对我的呼唤不同于以往，它在心中回荡的声音，也较以往沉静。我不再雀跃地将帽子抛向空中，也不再欢唱。但我微笑。我不是以唇微笑，而是用心灵、用眼睛、用每寸肌肤微笑。现在，面对着香气袭人的土地，我比当年与它邂逅时更优雅、更内敛、更深刻、更洗练，也更心存感激。如今的我，比以前更融入这南国的一切；而它也为我娓娓诉说更丰富、更详尽的故事。我的思念，不会再为朦胧的远方增添梦幻的色彩。我的眼光满足于所见的事物；因为学会了看，从此世界变美了。

世界变美了。我孤独，但不为寂寞所苦。我别无所求。我乐于让阳光将我完全晒熟，我渴望成熟。我迎接死亡，乐于重生。

世界变美了。

点评

这位诺贝尔文学奖得主，既是作家，也是一位漂泊、孤独、隐逸的诗人。作者曾说自己的作品大多可谓心灵传记，其作品带有强烈的内倾性，文字灵动、深邃。此文由触目所见景物生发联想，表达自己对生命的无尽思索。是写景，也是独白，物我一体，情景交融，迥异于东方传统笔法。结尾处尽是金句，可做座右铭。

推荐阅读： 作者散文集《给所有人的黑塞童话》。

夏 天

汪曾祺

夏天的早晨真舒服。空气很凉爽，草上还挂着露水，写大字一张，读古文一篇。

凡花大都是五瓣，栀子花却是六瓣。山歌云："栀子花开六瓣头。"栀子花色白，近蒂处微绿，极香，香气简直有点叫人受不了。我的家乡人说这是"碰鼻子香"。栀子花粗粗大大，又香得掸都掸不开，于是为文雅人所不取，以为品格不高。栀子花说："我就是要这样香，香得痛痛快快，你们管得着吗！"

人们往往把栀子花和白兰花相比。苏州姑娘串街卖花，娇声叫卖："栀子花！白兰花！"白兰花花朵半开，娇娇嫩嫩，象牙白色，香气文静，但有点甜俗，为上海长三堂子的"倌人"所喜，因为听说白兰花要到夜间枕上才格外香。我觉得红"倌人"的枕上之花，不如船娘鬓边花刺激。

夏天的花里最为幽静的是珠兰。

牵牛花短命。早晨沾露才开，午时即已萎谢。

秋葵花也命薄。瓣淡黄，白心，心外有紫晕。风吹薄瓣，楚楚可怜。

凤仙花有单瓣者，有重瓣者，重瓣者如小牡丹。凤仙花茎粗肥，湖南人用以腌"臭咸菜"，此吾乡所未有。

马齿苋、狗尾巴草、益母草，都长得非常旺盛。

淡竹叶开浅蓝色小花，如小蝴蝶，很好看。叶片微似竹叶而较柔软。

"万把钩"即苍耳。因为结的小果上有许多小钩，碰到就会挂在衣服上，得小心摘去。所以孩子们叫它"万把钩"。

我们那里有一种"巴根草"，贴地而去，见缝扎根，一棵草蔓延开来，就会长很多根，横的，竖的，一大片。而且非常顽强，拉扯不断。很小的孩子就会唱：

> 巴根草，
> 绿茵茵，
> 唱个唱，
> 把狗听。

最讨厌的是"臭芝麻"。掏蟋蟀、捉金铃子时，常常沾一裤腿。奇臭无比，很难除净。

西瓜以绳络悬于井中，下午剖食，一刀下去，咔嚓有声，凉气四溢，连眼睛都是凉的。

天下皆重"黑籽红瓤"，吾乡独以"三白"为贵：白皮、白瓤、白籽。"三白"以东墩产者最佳。

香瓜有：牛角酥，状似牛角，瓜皮淡绿色，刨去皮，则瓜肉浓绿，籽赤红，味浓而肉脆，北京亦有，谓之"羊角蜜"；蛤蟆酥，不甚甜而脆，嚼之有黄瓜香；梨瓜，大如拳，白皮，白瓤，生脆有梨香；有一种较大，皮色如蛤蟆，不甚甜，而极"面"，孩子们称之为"奶奶哼"，说奶奶一边吃，一边"哼"。

蝈蝈，在我的家乡叫作"叫蚰子"。叫蚰子有两种。一种叫"侉叫蚰子"。那真是"侉"，跟叫驴子似的，叫起来"咶咶咶咶"很吵人。喂它一点辣椒，吵得更厉害。一种叫"秋叫蚰子"，全身碧绿如玻璃翠，小巧玲珑，鸣声亦柔细。

别出声，金铃子在小玻璃盒子里爬呢！它停下来，吃两口食——鸭梨切成小骰子块。于是它叫了"丁铃铃铃"……

乘凉。

搬一张大竹床放在天井里，横七竖八一躺，浑身爽利，暑气全消。看月华。月华五色晶莹，变幻不定，非常好看。若月亮周围有一个模模糊糊的大圆圈，是谓"风圈"，则近几天会刮风。"乌猪子过江了"——黑云漫过天河，要下大雨。

一直到露水下来，竹床子的栏杆都湿了，才回去，这时已经很困了，才沾藤枕，已入梦乡。

鸡头米老了，新核桃下来了，夏天就快过去了。

点评

夏天在汪曾祺笔下活色生香，花、草、瓜、虫各有风致，令人怜爱。数百字的篇幅，运用动静结合、正侧面对比等手法，放得开，收得住，形散神聚，让人惊叹其笔力的纵横多变。行文文白相济，骈散间杂，长短句参差，方言俚语杂糅而不觉俗噪，妙品也。

推荐阅读：作者散文集《人间草木》。

听 泉

[日本] 东山魁夷

陈德文 译

鸟儿飞过旷野。一批又一批，成群的鸟儿接连不断地飞了过去。

有时候四五只联翩飞翔，有时候排成一字长蛇阵。看，多么壮阔的鸟群啊！……

鸟儿鸣叫着，它们和睦相处，互相激励；有时又彼此憎恶，格斗、伤残。有的鸟儿因疾病、疲惫或衰老而失掉队伍。

今天，鸟群又飞过旷野。它们时而飞过碧绿的田原，看到小河在太阳照耀下流泻；时而飞过丛林，窥见鲜红的果实在树荫下闪烁。想从前，这样的地方有的是。可如今，到处都是望不到边的漠漠荒原。任凭大地改换了模样，鸟儿一刻也不停歇，昨天，今天，明天，它们继续打这里飞过。

不要认为鸟儿都是按照自己的意志飞翔的。它们为什么飞？它们飞向何方？谁都弄不清楚，就连那些领头的鸟儿也无从知晓。

为什么必须飞得这样快？为什么就不能慢一点儿呢？

鸟儿只觉得光阴在匆匆忙忙中逝去了。然而，它们不知道时间是无限的、永恒的，逝去的只是鸟儿自己。它们像着了迷似的那样剧烈，那样急速地振翅翱翔。它们没有想到，这会招来不幸，会使鸟儿更快地从这块土地上消失。

鸟儿依然呼啦啦拍击着翅膀，更急速、更剧烈地飞过去……

森林中有一泓清澈的泉水，发出叮叮咚咚的响声，悄然流淌。这里有鸟群休息的地方，尽管是短暂的，但对于飞越荒原的鸟群来说，这小憩何等珍贵！地球上的一切生物，都是这样，一天过去了，又去迎接明天的新生。

鸟儿在清泉旁歇歇翅膀，养养精神，倾听泉水的絮语。鸣泉啊，你是否指点了鸟儿要去的方向？

泉水从地层深处涌出来，不间断地奔流着，从古到今，阅尽地面上一切生物的生死、荣枯。因此，泉水一定知道鸟儿应该飞去的方向。

鸟儿站在清澄的水边，让泉水映照着身影，它们想必看到了自己疲倦的模样。它们终于明白了鸟儿作为天之骄子的时代已经一去不复返了。

鸟儿想随处都能看到泉水，这是困难的。因为，它们只顾尽快飞翔。

不过，它们似乎有所觉悟，这样连续飞翔下去，到头来，鸟群本身就会泯灭的。但愿鸟儿尽早懂得这个道理。

我也是群鸟中的一只，所有的人们都是在荒凉的不毛之地上飞翔不息的鸟儿。

人人心中都有一股泉水，日常的烦乱生活，遮蔽了它的声音。当你夜半突然醒来，你会从心灵的深处，听到幽然的鸣声，那正是潺潺的泉水啊！

回想走过的道路，多少次在这旷野上迷失了方向。每逢这个时候，当我听到心灵深处的鸣泉，我就重新找到了前进的标志。

泉水常常问我：你对别人，对自己，是诚实的吗？我总是深感内疚，答不出话来，只好默默低着头。

我从事绘画，是出自内心的祈望：我想诚实地生活。心灵的泉水告诫我：要谦虚，要朴素，要舍弃清高的偏执。

心灵的泉水教导我：只有舍弃自我，才能看见真实。

舍弃自我是困难的，甚至是不可能的，我想。然而，絮絮低语的泉水明明白白对我说：美，正在于此。

点评

上帝赐予人耳朵，即是教人要学会倾听，可是人却被五色迷了眼，糊了心。读这篇文章有洗濯身心之效。开篇先宕开一笔，以鸟引泉，为全文张本。泉滋养鸟，鸟通过泉"看到了自己疲倦的模样"。进而借物喻人，所阐发之理澄澈、精当、自然。

推荐阅读：作者散文集《和风景的对话》。

灵魂深处

王小波

爱树，爱它整整一世的风景。它的美，自始至终，没有空缺。

从春日一棵破土而出的小苗开始，新鲜柔嫩的枝叶在阳光雨露下，一天一个姿态地生长；仲夏来临，昔日瘦小的枝条在不经意间，抽成一片绿海，跌宕起伏；金秋，自是黄叶飞卷，繁华落尽；待数九腊月，褪尽铅华，根根玉树琼枝在苍茫天地间傲然挺立又一年。

任一个晦暗的傍晚，斜风细雨，杨柳堆烟，为重重帘幕后的思念再添离愁，载进文人画士的名册佳作，代代流芳。然而它却从未在乎过这些，只是沉静地站着，汲取空中之露，涵养地下之泉，追求着自己平实的理想。而它却不自知，恰是那最淡泊的宁静，成全了它与哲人的深交——譬如竹林之于郑板桥，譬如堂前三松之于冯友兰，譬如枣树之于鲁迅先生。

曾见过一幅图画，主体是荒原中的一棵树，幕天席地的背景，孤独的姿态，似有呼啸风来，漫卷千古的愁绪刹那间湮没了观者。

而另一个深刻的记忆便是西部沙漠的精灵——胡杨。当胡杨林大片大片地死去时，枝干仍会屹立不倒。立体的死亡凝固了永恒的时空，展示着无边的壮烈，令观者震撼。

无论是傲岸还是虬曲，有着灵魂的生命，自有其不可凌越的气势！

虽未亲见，却有耳闻——树的本色，在深山老林里，方才显现得最为淋漓尽致。可以想象，空山新雨后，寂静无人时，厚茸茸的苔藓铺满根茎，大地如同被漆上一层绿衣。人走在蒙蒙山雾里，耳边风涛阵阵，心神清静，空灵迷幻中，仿佛踏入一段与树之灵魂相交的、前世今生的缘。

其实，无所谓繁盛，无所谓衰逝；无所谓众，亦无所谓孤。赏树犹如赏阅生命本身，在心灵的对话中，在无限轮回的罅隙间，恍恍走过一世，留下的，是所见深处那挥之不去、永不衰朽的树之魂。树犹如此，人何以堪！

点 评

以树为线索结构全文，组织材料，从一棵树经历四季苍茫写起，由此及彼，纵横古今，既放得开，又收得拢，其间虚实相映，景、情、理交融。作者写树，其实是在写自己对生命价值的思考，读来令人精神为之一振。

推荐阅读：作者随笔集《沉默的大多数》。

珍珠鸟

冯骥才

真好！朋友送我一对珍珠鸟。放在一个简易的竹条编成的笼子里，笼内还有一卷干草，那是小鸟舒适又温暖的巢。

有人说，这是一种怕人的鸟。

我把它挂在窗前。那儿还有一盆异常茂盛的法国吊兰。我便用吊兰长长的、串生着小绿叶的垂蔓蒙盖在鸟笼上，它们就像躲进深幽的丛林一样安全；从中传出的笛儿般又细又亮的叫声，也就格外轻松自在了。

阳光从窗外射入，透过这里，吊兰那些无数指甲状的小叶，一半成了黑影，一半被照透，如同碧玉；斑斑驳驳，生意葱茏。小鸟的影子就在这中间隐约闪动，看不完整。有时连笼子也看不出，却见它们可爱的鲜红小嘴儿从绿叶中伸出来。

我很少扒开叶蔓瞧它们，它们便渐渐敢伸出小脑袋瞅瞅我。我们就这样一点点熟悉了。

三个月后，那一团愈发繁茂的绿蔓里边，发出一种尖细又娇嫩的鸣叫。我猜到，是它们有了雏儿。我呢？决不掀开叶片往里看，连添食加水时也不睁大好奇的眼去惊动它们。过不多久，忽然有一个小脑袋从叶间探出来。更小哟，雏儿！正是这个小家伙！

它小，就能轻易地由疏格的笼子钻出身。瞧，多么像它的母亲：红嘴红脚，灰蓝色的毛，只是后背还没有生出珍珠似的圆圆的白点；它好肥，整个身子好像一个蓬松的球儿。

起先，这小家伙只在笼子四周活动，随后就在屋里飞来飞去，一会儿落在柜顶上，一会儿神气十足地站在书架上，啄着书背上那些大文豪的名字；一会儿把灯绳撞得来回摇动，跟着逃到画框上去了。只要大鸟在笼里生气地叫一声，它立即飞回笼里去。

我不管它。这样久了，打开窗子，它最多只在窗框上站一会儿，决不飞出去。

渐渐它胆子大了，就落在我书桌上。

它先是离我较远，见我不去伤害它，便一点点挨近，然后蹦到我的杯子上，俯下头来喝茶，再偏过脸瞧瞧我的反应。我只是微微一笑，依旧写东西，它就放开胆子跑到稿纸上，绕着我的笔尖蹦来蹦去，跳动的小红爪子在纸上发出嚓嚓响。

我不动声色地写，默默享受着这小家伙亲近的情意。这样，它完全放心了，索性用那涂了蜡似的、角质的小红嘴，"嗒嗒"啄着我颤动的笔尖。我用手抚一抚它细腻的绒毛，它也不怕，反而友好地啄两下我的手指。

白天，它这样淘气地陪伴我；天色入暮，它就在父母的再三呼唤声中，飞向笼子，扭动滚圆的身子，挤开那些绿叶钻进去。

有一天，我伏案写作时，它居然落到我的肩上。我手中的笔不觉停了，生怕惊跑它。待一会儿，扭头看，这小家伙竟扒在我的肩头睡着了，银灰色的眼睑盖住眸子，小红脚刚好给胸脯上长长的绒毛盖住。我轻轻抬一抬肩，它没醒，睡得好熟！还呷呷嘴，难道在做梦？我笔尖一动，流泻下一时的感受：信赖，往往创造出美好的境界。

点　评

　　一个何其美好的故事。事小理大，言浅意深。一幅人与鸟的和谐画卷，一种平和冲淡的意境。结尾处的点睛一句是芥子纳须弥，立意高迈，引人遐思。作者所言的信赖岂仅囿于人与鸟之间耶？作者集作家、画家、学者诸身份于一身，行文张弛有度，工笔写意浑然一体，文字清丽飘逸，诙谐幽默，当以美文范本视之。

　　"以小见大"法，又称"小题大做"法，是初中生需要掌握的一种写作方法。它常常借助小事情来揭示大主题。在构思时，要"胸中有丘壑"，从大处着眼，小处落笔，深入发掘事件意蕴。

　　推荐阅读：作者散文集《冯骥才散文》。

青草和少年

老　愚

老家在渭北台地边缘，地肥，随便撒一把种子下去，地里便长满了庄稼。

油菜、小麦、玉米、棉花、芝麻、萝卜、苜蓿，记忆里，老家一年四季是由植物的荣枯描画的。

那个时候，只有架在皂角树树杈上的大喇叭是亢奋的，革命的音符布满了天空。

大人们忙自己的事情，就剩下孩子和草。

夏天是少年的。

壕沟、河渠、地头，到处长满了野草。一把镰刀映现在空中，少年用井水滋润磨刀石，有时也吐口唾沫，一下下磨利刀刃。思量差不多了，便学大人，把刀刃搁在食指上比试一番，眯眼瞅瞅，设想它触碰在草儿腰身上的情景：我会利索地收拾了它们。

天刚亮，我和小伙伴背起背篓出发了。

露珠濡湿布鞋，地里静悄悄的，草儿好像在等我们似的昂起脖颈，在微风中摇摆不已。对草，我们心里是有区分的。有的草会引人怜悯，轻轻攥在手里，温柔地一割，它们便温顺地躺在手掌里，往背篓里丢的时候，也不用操心，它们轻盈地飘落，好像回到了故乡。有的就让人生出踩躏的欲望，一把抓住头颅，一刀砍下去，它们不服气，在倒下去的同时喷出黏人的汁液，把它们扔进背篓是要费一些力气的，听到落进背篓的声响才放心。

毛毛草让人喜欢，要是地里全是它们晃动的脑袋就好了。

草看着可爱，刈割后也还活着，直到被晒成细小的一缕，还是活着的。在我心里，草最坚韧，直到被粉碎机吐出来，它们仍然活着，喂进军马肚子里，它们就把生命变成了奔驰的力量。

累了，一屁股坐到地上。田野干净，连一张糖纸都见不着。四周皆绿，杨树的绿贴在蓝天上，宛如新鲜的补丁。看不见虫子，却被它们细微的排泄物击中，头上、脸上、衣服上全是。即便如此，也不愿意挪动屁股，图的是树荫的庇护。

最无奈的是坐在椿树下，白白胖胖的"臭大姐"从脸前飞过，熏得人作呕，若落到手上、脖子上，用肥皂使劲洗，两天后熏人呕吐的味道方能散去。"臭大姐"的花纹、气味、样子，无一不令人厌恶。当椿树上落满"臭大姐"，椿树也不美了。

风吹过，少年心里什么也不想。红旗、标语、高挂着的毛主席画像，让他有些紧张和害怕。世界尚未打开，坐在关中平原腹地，他被连绵的秦岭包围了。什么能让少年兴奋呢——天上偶尔飞过一架飞机，机尾拉出一串长长的"云彩"；深夜，火车轮子触碰铁轨，发出激越的声响；浑浊、奔涌、永不驯服的渭河。

太阳落山，背篓里装满了青草。

把草晾晒在家门口，人走过，脚踩；牲口经过，践踏；太阳晒过，两三天后便剩下枯萎的一撮，贴在地面，令人心生怜悯。过几天，将晒干的草拢成堆，码放在旮旯里。一个暑假积攒下来，装了高高一车。用绳子捆扎好，几个小伙伴各自拉起架子车，朝太阳露头的地方奔去。

下坡时路陡，我们把车把仰起来，使车的尾部贴地，负重的车子才会缓缓下行。肩膀扛在车把上，感受车子的颠簸，草的重量传到身上，让人不敢轻视。待降到塬下，一身轻松，和风吹过，被汗水打湿的衣裳很快就干了。

沿着河渠一路飞奔，树高蝉欢，清凉的河水发出欢悦的声音。我们不说话，只是发出各种叫声：

呃呃——

嘀嘀——

哈哈——

呜呜——

呀呀——

. . . .

到了杨陵军马场，草被巨大的粉碎机吞没，旋即变成碎末，世界充满青草的味道。想象它们进入骏马的腹中，生出无穷的力，马儿奔驰在祖国的原野上，践踏更茂盛的青草、土地和敌人，心里便生出一丝骄傲。

一个夏天的辛劳，换作崭新的七块钱。

又可以读书了，妈妈。

少年把钱揣进裤兜，面向天空，微微地笑了。

点　评

这些诗性文字，活泼有力，干净纯粹，一股青草的味道扑面而来。作者行文极具镜头感，画面切换自如，意象妩媚多姿，给予人无限的兴味。

本草·莱菔子

刘梅花

莱菔们开花的时候，青稞正在灌浆。谁开谁的花，谁灌谁的浆，各自忙各自的。至于花的颜色，都是莱菔们自己决定的。想开白花就是白花，想开紫花呢就来一朵紫的，主要看莱菔们的心情如何了。

不过紫花一般来说开不成深紫色的，只是淡淡的一种紫，很清雅，一点儿也不像大蓟花那样俗气。当然，莱菔的花也算不上美丽，很平常罢了。这只是我一厢情愿的见解，蝴蝶们可不这么认为。

这世上所有的花，蝴蝶们都认为很漂亮，所以莱菔的花欲开未开时，它们就扑扇着翅膀从我不知道的地方赶来，挑挑拣拣，拿不定主意是该落在白色的蕾上呢，还是紫色的蕾上。莱菔们就攒足了劲儿往枝上扔花朵。

早上还是点点的花苞儿，中午未到，哗啦啦全打开了，简直有些迫不及待。那花，一小朵一小朵凑成一簇，好像是一小口一小口呵出的气凝结而成的。花没有香气，轻拢在一起，一副谦逊的样子。

不是每棵莱菔都可以开花。开花的莱菔是经过挑选和历练过的。让谁开，让谁不开，那是我说了算的。等到开花的时候，开成哪种颜色，才是莱菔自己做主的。莱菔还有个俗名叫萝卜。这个名儿俗的，不知是谁给起的，简直让我生气。

莱菔花败了做荚结籽，那籽就可入药。入药的籽就贵气了，叫莱菔子，不能说是萝卜籽儿。中药材的世界是很高雅的，是从《诗经》里走出来的。

每味药走进带着古风的药材世界，就得把俗名扔掉，换个笔名进入。比如蚯蚓，一旦药用就叫地龙。僵蚕呢，药用里叫天虫。还有橘子皮，青的是青皮，老的是陈皮。我们小时候常摘来吃的辣椒，贱得天底下都是，可是一旦结了籽，那籽就是葶苈子，简直像来自书香门第。益母草呢，也叫坤草，可见天之大、母之贵了。牵牛花的籽，是二丑子，大俗即大雅嘛！想想这是多么有趣的事啊！

莱菔子入药，归到消导药类里去。吃到人的身体里，归脾、归胃、归肺经。蛇钻的窟窿蛇知道，啥药走啥道都是预先知道的，药们按自己的脉络走就对了。药是走不错路的。比如莱菔子，它理气开胃，绝对不会跑到骨脉里止痛活血。

有时候，人是不如药材的。自己明明该走天涯大道，却偏要跑到七拧八歪的羊肠小路上去。人走错路回头就难了，不像药，牢牢记着自己该走的道儿。

种莱菔得起垄。我喜欢看一垄白白胖胖的莱菔挨挨挤挤地生长，那种旺盛的生命力看着非常舒服。待莱菔们长到镰刀把粗细时，就可以挑选备用了。如果让它们一直长下去，只能长成大萝卜，当然就没有莱菔子可收了。

这时，挑一些缨子旺盛的，拔出来，拎到南墙下晒晒日头。晒多久呢？两三个时辰。下午日头不毒时最好。待太阳落下之后，缨子也蔫了，莱菔也塌水了，就重新栽起，浇水。只一夜，莱菔们就缓上气儿，又活过来了。

二茬长起的莱菔，过段日子就起苔抽枝，打蕾开花。同时栽起的一垄，有的开白花，有的开紫花，让人不断有惊喜。你不停地猜，这棵该是白花吧，可偏是紫的；那棵应是紫花吧，却是白的。就这样，花朵儿不断地绽开着，我就是贪图那份实在的欢愉。

有些付出是要等很久才能有收获的，等的过程要有耐心才行。多大的耐心呢？直到你差不多忘了曾经的付出的时候，收获才翩然而来。花败了，结荚。赶在白露之前拔起晾干，就能收到莱菔子了。此时的莱菔，已经不是白胖胖的水萝卜，而是地道的柴萝卜了，变成了莱菔子的根。

那年秋天，我们翻整后院的菜畦。拔掉莱菔的地方，一个个圆圆的坑空着。从此岸到彼岸，莱菔们度完了自己的一生。

点 评

初看标题，不知莱菔为何物，读至"不是每棵莱菔都可以开花。……让谁开，让谁不开，那是我说了算的"，心生疑窦，不明就里。待到读完才了然大悟。原来，把"萝卜"说得阔气一些就是"莱菔"，或者说，涅槃后的萝卜修成了莱菔。

文章构思精巧，起承转合自然不露痕迹。多用短句、动词，灵秀洒脱，有一种活泼、新鲜之感。文字背后涌动着情与思，时不时点染几句哲理，给人以启发。例如，"蛇钻的窟窿蛇知道，啥药走啥道都是预先知道的，药们按自己的脉络走就对了。药是走不错路的"。

陌上有花开

沈小玲

路过柳浪闻莺的钱王祠，我想起吴越王钱镠给他回娘家的夫人写的一封书信："陌上花开，可缓缓归矣。"

翻阅历史，一代君主钱镠留名千古的不单是他铸就江山的功绩，还包含着一段柔情蜜意的爱情故事。吴越民众被他们君王的爱情深深地打动，就编成《陌上花》山歌，四处传唱。清代学者王士禛说："'陌上花开，可缓缓归矣'，二语艳称千古。"当年苏东坡任杭州通判时，听到《陌上花》的山歌后，英雄相惜，便写了三首《陌上花》。

仅九个字，钱镠的这封书信堪称史上最短、最美、最动人心魄的爱情诗。

陌上花开了！

我们到植物园去看桃花。我们在一株桃树下铺好席子，摆上书和食物，席地而坐。

"桃之夭夭，灼灼其华。之子于归，宜其室家……"女儿翻开《诗经》在读。"桃之夭夭，灼灼其华"，应景！

书看久了，倦了，不知不觉中睡意袭来。有些凉意，我醒了。桃园里一地花瓣，我们坐的席子上、我的身上全是花瓣。

"妈妈，你睡了好一会儿，刚才有风，花瓣就跟着风飘下来了，像下了一场花瓣雨。"

一场花瓣雨？

"记得当时年纪小，你爱谈天我爱笑。有一回并肩坐在桃树下，风在林梢鸟儿在叫，不知怎么地睡着了，梦里花落知多少。"广为流传的诗就是最好的写照。

陌上花，终究开了！

刚来杭州是在五年前的八月，我住的一个新小区里有许多树，叶子明显已经有些泛黄。

"这些树叫什么名字？""它们会开花吗？"每一次，我都问树下来往的人，但每一次我都没有得到确切的回答。

"这些树好像会开花。"一位牵着母鸡在院子里溜达的老奶奶跟我说。

"真的会开花？花是什么颜色的？花好看吗？花期多久？"

"我不确定，我也是新搬来的。"溜鸡的老奶奶招架不住我的提问，到别的地方去了。

等待，再等待，那些树新长出了嫩叶。没多久，叶子变得很肥大。

"妈妈，快来，快来，这树有花蕾，这些树会开花。"一大早，女儿倚在窗口对我大叫。

我们连忙跑到树下。真的，那是会开花的树，它长花蕾了。没过几天，花就次第开放，每一朵都华丽极了，一瓣又一瓣，一层又一层。我想见到此花，就会知道"华丽"的意思，因为那些花就是"华丽"的代名词。很快地，我们知道了那些树的真实身份，它们叫"晚樱"。

院子里、马路上、钱塘江边，一排排、一片片都是晚樱。有芙蓉红、玫瑰红、珊瑚红、杜鹃红、石榴红、辣椒红，千万种红，半边的天都被辉映着艳丽了起来。

陌上花，又开了！

缓缓归矣，缓缓归矣！我心已是"陌上花开"。

点评

开篇用吴越王钱镠写给夫人的一封书信引入，奠定了全文的抒情基调，再选取两个不同情境之中花开绚烂的场景：桃花的灼灼美艳，晚樱的雍容华丽，如同花团锦簇的图画一般，又辅之以女儿吟诵的《诗经》名句，让诗染上花香，使花赋予诗意。写到晚樱盛开的景象时，铺排了各种红色，不仅让红色有了区分度，更有了质地、光泽、味道，"半边的天都被辉映着艳丽了起来"，极力夸张渲染了晚樱夺人眼目的艳丽之姿。

"陌上花，开了！""陌上花，终究开了！""陌上花，又开了！"三次间隔反复，使文章层次清晰，内心的喜悦溢于言表，增强了语言的感染力。

结尾照应开头，再次反复"缓缓归矣"，多少柔情蜜意尽在其中！

母羊的眼泪

阿拉旦·淖尔

母羊第一次产羔子的时候，就像偷偷地爱了一次又不小心怀孕的少女一样害羞。她还不知道肚子里这个自己孕育的生命其实更可以说是上苍的赐予，却想着尽快摆脱这个意外到来的生命的纠缠。

要知道，在我们尧熬尔人古老的经卷里，这都是不能饶恕的罪过啊！

但这些罪过，年轻的母羊和同样年轻的少女一样，她们是不知道的，需要有人去开导。

那一年，不满两岁的童巴子银耳在一个寒冷的冬夜意外地分娩了。银耳是我们羊群中最漂亮的一只小母羊，尤其是那一对耳朵，又白又亮，发着银子一样的光芒。因为这样，我们叫它银耳当然是没有错的。

银耳的分娩是顺利的，阿妈这样说。我们得到银耳顺产的消息，都为银耳有了孩子快乐着，我们都期望它的孩子快点长大，也长得和银耳一样美丽。

可银耳却做出了所有牧人都不愿看到的事，它不但不照料自己的孩子，当孩子挣扎着找它吃奶的时候，它还会毫不迟疑地一头将刚刚出生的孩子顶翻在地，然后自己如释重负地摆头走开。

这可激怒了阿爸，阿爸怒不可遏地要拿鞭子抽，我们都围上去挡住了。我们姐妹几个谁也不愿意看到我们心爱的银耳挨打。

阿爸一生气，扔下鞭子走了，边走边说，自己身上掉下的肉自己不管，那就叫饿死算了。

这时候阿妈抓住了银耳，搂住银耳的脖子蹲下身来，让它和自己的孩子站在一起。然后，我们就听到了阿妈悠长的歌声。

嘿……呀……噫……
帐篷被雨水淋湿了，
这不是白云的罪过。

雨水哺育肥沃的草原啊，

草原养育了万物。

生命的露珠流进你的身体呀，

这不是你的罪过。

生命走出了你的身体，

它是天爷爷所赐的神物。

伟大的山神给了牧人和牛羊慈爱啊，

我的银耳，我的银耳，

你怎能抛弃你生命里的花朵？

罪过呀，罪过。

银耳在阿妈的歌声中渐渐安静下来了，它开始低下头来闻自己的孩子，它还伸出粉红色的舌头慢慢舔着孩子身上的体液。阿妈的歌声越到后来调子越忧伤，听得我心里都酸酸的。我从羊圈的一个角落里走到了银耳身边，我看见银耳那双美丽的大眼睛里，从深深的眼底溢出一层淡淡的水波，它一动不动地垂着头，注视着自己还湿漉漉的孩子，似乎渐渐感到这就是刚刚从自己身体里爬出来的另一个生命。不一会儿，我就看见银耳眼眶里滚出了几颗硕大的眼泪。阿妈又唱了一遍的时候，她搂着银耳脖子的手已经松开了，可银耳的眼泪还在连续不断地流着，它的脸颊上已经有两道清晰的泪痕。阿妈用手抚摸着银耳的头，银耳的伤心是能够看得出来的。它用鼻子发出一种类似忏悔的声音，并叉开后腿，让孩子顺利地找到了它那少女一样精美的乳房。小羊羔开始吮咂的时候，我看见银耳脸上盛开了世界上最甜美的笑容。

后来等我长大了，成了一个真正意义上的女人的时候，在无数个孤独的白天和夜晚，我都被多年以前那个早晨银耳流出的眼泪温暖着、感动着。它让我一次又一次在睡梦中回到我童年的故乡——八个家草原。

我们牧人认为：世上所有生命的心灵都是相通的，没有什么化不开、融不掉的积怨，没有解不开的疙瘩，没有接不住的绳索。

点评

本篇属于典型的故事文，情节婉转，引人入胜。

作者用心观察感受，像写亲人一样写一只母羊，笔触充满深情。草原民族认为万物有灵，阿妈以悠长动听的歌曲抚慰、感化母羊，最终让它的母爱意识得以觉醒。这样一篇性灵之作，值得用心品赏。

想要写好一篇故事，首先要"挖一个坑"（设定一个难题），只有主人公"掉进坑里"（面临难题），他才有"爬出坑"（解决难题）的动力。之后，设置几重阻碍，让主角"爬出坑"的过程曲折艰难，让他历经磨难，这是文章的出彩处，所谓"文似看山不喜平"，功力全在此处显现。最后迎来转机，问题得以解决。结尾处卒章显志，可生发感想，升华主题。

庄稼的逻辑

毕飞宇

村庄的四周是大地，从某种程度上说，村庄只是海上的一座孤岛。我把大地比喻成海是有依据的，在我的老家，唯一的地貌就是平原，那种广阔的、无垠的、平整的平原。每一块土地都一样高，没有洼陷，没有隆起。你的视线永远也没有阻隔，如果你看不到更远的地方，那只能说，你肉眼的视域到了极限。这句话也可以这样说，你每一次放眼都可以抵达极限。极限在哪里？在天上。天高，地迥；天圆，地方。

我想我很小就了解了什么是大。大是迷人的，却也折磨人。这个大不是沙漠的大，也不是瀚海的大。沙漠和瀚海的大只不过是你需要跨过的距离，平原的大却是你劳作的对象。每一尺、每一寸都要经过你的手。"在苍茫的大地上"——每一棵麦苗都是手播的，都是手割的；每一棵水稻都是手插的，都是手割的。这是何等的艰辛。不能想，是的，有些事情你可以干一辈子，但不能想，一想就会胆怯，甚至不寒而栗。

庄稼人艰辛地劳作，他们的劳作不停地改变着大地上的色彩。最为壮观的一种颜色是鹅黄——那是新秧苗的颜色。为什么说它"最壮观"呢？这是由秧苗的"性质"决定的。秧苗和其他庄稼不一样，它要经过你的手，"一棵一棵"地插下去。在天空与大地之间，无边无垠的鹅黄意味着什么？意味着大地上密密麻麻，全是庄稼人的指纹。

鹅黄其实是明媚的，甚至是娇嫩的。因为辽阔，因为来自"手工"，它变得壮观了。

我估计庄稼人是不会像画家那样注重色彩的，但是，也未必。"青黄不接"这个词一定是农民创造出来的。从这个意义上说，这个世界上最注重色彩的是庄稼人。一青一黄，一枯一荣，大地在缓慢地，也在急遽地做色彩的演变。庄稼人的悲欢骨子里就是两种颜色的疯狂轮转：青和黄。

青和黄是庄稼的颜色、庄稼的逻辑，说到底也是大地的颜色、大地的逻辑。是逻辑就不能出错，是逻辑就难免出错。当我伫立在田埂上的时候，我哪里能懂这些？我的瞳孔里头永远都是"汪洋"：鹅黄的汪洋，淡绿的汪洋，翠绿的汪洋，乌青的汪洋，青紫的汪洋，斑驳的汪洋，淡黄的汪洋，金光灿灿的汪洋。它们浩瀚，壮烈，同时也死气沉沉。我性格当中的孤独倾向也许就是在一片片汪洋的岸边留下的，对一个孩子来说，对一个永无休止的旁观者来说，外部的浓烈必将变成内心的寂寥。

大地是色彩，也是声音。这声音很奇怪——你不能听，你一听它就没了，你不听它又来了。泥土在开裂，庄稼在抽穗，流水在浇灌，这些都是声音，像呢喃，像交头接耳，鬼鬼祟祟又坦坦荡荡。麦浪和水稻的汹涌则是另一种音调，无数的、细碎的摩擦，叶对叶，芒对芒，秆对秆。无数的、细碎的摩擦汇聚起来了，波谷在流淌，从天的这一头一直滚到天的那一头，形成了啸聚。声音真的不算大，但是，架不住它的厚实与不绝，它巨响般的尾音不绝如缕。尾音是尾音之后的尾音，恢宏是恢宏中间的恢宏。

还有气味。作为乡下人，我喜欢乡下人莫言。我喜欢莫言所有关于气味的描述，每一次看到莫言的气味描写，我就知道，我的鼻子是空的，它能从我的书房一直闻到莫言的书房，从我的故乡一直闻到莫言的故乡。

福楼拜在《包法利夫人》里说过："大自然那充满诗意的感染力，往往靠作家给我们。"这句话说得好。不管是大自然还是大地，它的诗意和感染力都是作家提供的。

大地在那儿，还在那儿，一直在那儿，永远在那儿。这是令人泪流满面的事实。

点　评

这是一曲土地和庄稼人的颂歌。作者感情丰沛，运用比喻、排比、拟人等多种修辞手段，描写大地的色彩、声音及气味，想象新颖、恰切，如将无边的鹅黄色比作庄稼人的指纹等。尾句表现大地的亘古不变，永恒如斯，令人心有戚戚。

推荐阅读：作者非虚构长篇散文《苏北少年"堂吉诃德"》。

水泥的辩证史

钟永丰

那是一九六八年，我能想能讲的话还不多，世界的范围由祖父带着我牵牛踏过的地域模糊地构成。呈现在我七岁心灵中的这个世界，许多成分一再地被时间轴与空间轴呆呆地复制着。面对事物，用得着理解与分析的地方不多。我习惯了发愣，很自然地。

是从那一天早上开始，我的记忆突然变得多彩，并且出现了清晰的形状。我在空荡的大板眠床上醒来，发现客厅里的器物全被移到了禾埕。我走进客厅一看，一幅景象硬把闪电比了下去：屋后的大土芒果树穿过后门与后窗，竟然就倒在镜平未干的水泥地面上！

恭敬而充满期待地，我们全家在屋檐下吃了两天饭。祖父一双粗裂的手掌在水泥地上煞有介事地摸了又摸、压了又压，并请来识字较多的阿定叔公、长有伯公斟酌意见，确定水泥干实了，才决定把家具搬回原位。

"啊，恁凉！恁平！"突然间，我全身的窍门开了，颤抖着，小心翼翼地呵护、抑制着那种感觉。

祖父滑稽但幸福的身影，像农地重划纪念碑立于被整肃的田野，标志着我们这一家现代化的重要历程——晴时凹凸、雨时黏搭滑溜的泥土地被水泥，啊，被水泥盖住了！

因为这种幸福的冲击，以及想保有并扩大这种滋味的渴望，我学会了测量。两期稻子收割后，水泥由客厅向外铺展，依照合院家族内的空间伦理，先是延伸至祖父母的卧室，继而入侵父母与我及小妹合睡的房间，立刻就把床下叽叽仔虫的繁殖领域给封锁住了。我牢牢记住了水泥的进程，并在时间轴上画下记号。

又是另一种微笑的幸福，房间也从此换了表情。少了叽叽仔虫的作祟，夜晚与鬼怪的关系就淡了；即使大人们仍留在烟楼赶工，我也敢一个人进房就寝了。

上国小后以同学关系作为桥梁，我开始有机会到别的合院玩耍。从测量水泥地的面积开始，我学会了比较。

"哈，阿灯古家连堂下都没有打上水泥！"

"哦，阿富摆家实在好，从伙房禾埕走到烟楼，脚底都是白的！"

"要是门楼前能打上水泥，这样我从家里走到学校就不必踏到泥了！"

每当从游戏中抽离出来，我就会总结刚刚的观察。我仍是会发愣，但多了内容。

从这种比较开始，我建立了关于我们家这一带地方最早的认识，这种初级的社会认识始终是被拴在蔑视或艳羡的情绪柱上。这种方法论很快就撞上了盲点：一般的农家经济很快就追过了水泥的成本，水泥面积相仿的三合院越来越多，刚建立的地方认识很快就过时了。但不用急，我速速打造了另外一样测量与比较的标准：水泥地面的细滑程度。

检验细滑程度的最佳时节在雨天：雨水洒满禾埕后，地面越细密，越能反映周遭的景物。在这种方法论的基础上，我发现了柏油，因而找到了雨后溜达的乐趣。

"啊，恁凉！恁平！"

比较水泥与柏油的劲头很快便消失了。国小毕业前两年，新奇的事物纷纷出现。首先是电视，接着是洋房、冰箱与瓷砖。显然，地面材料的质与量不能再作为比较与认识我们家及邻居家的唯一判断标准了。可是，每每看到三合院内的禾埕重新翻铺水泥，或雨后赤足踩踏在倒映着天空的柏油路面上，那股原始的乐趣仍会从我心底升起。

我十九岁那年，村里的农人全都闲了，换成十几部挖掘机、推土机下田。轰隆轰隆地，不出一年，村里的风景全被改变了。不再有蜿蜒的田界，田里多了好多垂直交会的重划路。最令我惊骇的是，消水沟——我与童年死党玩水中捉迷藏兼牵牛游泳的小河，被剃光了头，两岸连绵的灌木丛、芦苇、竹林及湿地，全都被铲除。

水泥紧接着泛滥，田埂、土坎、河岸及圳床……凡是没种上庄稼的空地几乎无一幸免。"青蛙跳得过吗？农人放水翻土时，蚯蚓有地方钻洞吗？蛇有地方躲吗？而我们还有哪里可以游泳，顺便逃离大人的眼界呢？"我开始觉得遗憾、惆怅。

农地重划后第一年，田地产量降得厉害，谣言传说是田地被动了胎气。庄稼人拼命撒农药、化肥，隔年产量不仅恢复，甚至超越重划前的水准。

农地重划像是一帖强效的镇静剂，整个村子突然都安静了，长我十岁左右的种田人纷纷不见了。此外，小我七八岁的堂侄不断问我，田里的蛙、水里的鱼都到哪儿去了？他们的蛙哨、钓术都学到家了，怎么到处下钩都没有反应？

"我也不知道！"我觉得此时再向他们吹夸儿时的豪爽情境，不仅残酷，且徒增伤感。两代人的联谊淡了，渐渐地。

我与水泥的缘分以一种反讽的方式延续着。

重划这一年，我考中了某大学土木系。新生座谈会上，学长们一再宣明，这是台湾师资、设备最好的土木系。开学后不久，在工程材料这堂课上我很快就明白，土木系也者，其实就是水泥系，这因西方人的使力而发扬光大的东西，简直改变了全世界的地景。

系里的教授每每让我联想起自夸武功的殖民者。常常，我从有关水泥制品成分与力道的教科书页上抬起头来，脑门立即就成了银幕，一景又一景地放映着被镇压的土地与生息。它们的灵魂不死，成了乡愁。

我心中一阵又一阵阴霾，厌恶感一层又一层加深。水泥否定了我的童年，现在我则否定了水泥，而且决定要为这否定的否定付出代价。二年级上学期，我便拒绝了所有有关水泥科目的考试，于是就被退学了。

多年后，每当我在环保抗争的现场望见整排防暴警察堵住高举手臂的边缘不幸者，就会想起那被长而直的混凝土块向后推挤的长草的河岸，就会想起祖父张着嘴露出豁牙的笑脸，想起胀着圆裸的肚皮，在沁凉爽平的新铺水泥地上翻滚着入睡的那个遥远的夏日午后。

点 评

　　水泥曾经是现代化的标志性产品，它通过碾压土地宣告工业文明的来临。几乎每个人心里都藏有对水泥的记忆，于大多数人而言，改变生存条件的水泥大约总是美好的事物吧——漂浮于混凝土营造的城市上空的人，恐怕很难因水泥产品蔓延而产生精神困扰。

　　台湾某乡村出身的作者，写出了一个与水泥深度纠缠的故事，令人耳目一新。一帧帧电影镜头般的画面，把水泥化过程带给人的心理变化展现得异常逼真，从期待到怀疑再到厌恶，完成了文章的主题表达：等到怀念"那被长而直的混凝土块向后推挤的长草的河岸"，一切早就木已成舟。不受约束的工业文明摧毁了土地的天然属性，破坏了人与自然的原始关系。本文以细节取胜，得力于作者真切的记忆与细致的观察。一个极易枯燥的主题，因这些丰富的细节而得到圆润的呈现。

一块地的怀念

刘静峰

一块地，永远不会闲着。你种它，它就长庄稼。你不种它，它除了庄稼什么都长。

那时这块地就是庄稼地。春夏长小麦，小麦收割前套种玉米，或者麦收后种大豆、高粱。田头地垄还有倭瓜、丝瓜、绿豆、豇豆和芝麻，秋后再播上小麦。一年四季，这块地都很忙。

冬天很静，地也很静。有风，有雪，有觅食的麻雀惊慌失措。麦子很有耐心地等待春暖。除此之外，一切都在隐藏着，蛰伏在土地的内部。

春雨滋润着田野。麦子拔节、分蘖，开始变得稠密。阳光下的麦田如碧绿的地毯，微风吹送，丝绒般的华丽。眼见得麦子抽穗，麦田由绿而黄，金黄遍野，麦浪滚滚。田野里都是沸腾的声响和成熟的味道。麦子伫立成军阵，如威武雄壮的秦俑，马踏黄土，浩荡而来。但天空是清爽的，是没有杂质的纯净。空气里洋溢着柔软的暖，浮动在周围，感染着人的脸、眼睛、呼吸及裸露的肌肤。

庄稼的色彩就是大地的色彩。麦子在轰隆的机器声里完成了生命。种子的秘密早已安插在每一颗麦粒的内核。生命暂时隐身，不会消失。这块地的庄稼也会接茬长，没有间断。玉米的小苗躲在土窝里，只露两片叶芽，张开的手掌，如祈祷的仪式。玉米此时应该是个女巫，念动的是大地咒语，立的草、睡的草能听见，爬的虫、飞的虫也能听见。这些田野里以及田野以外的事物都会听从这咒语的召唤。

玉米、大豆和高粱，极有规则地将这块地分割。玉米和大豆是泛着金属光泽的黄绿，高粱是敷着细粉的深绿。这是一片绿的原野。间有蝈蝈和蟋蟀的鸣声，激活田野的静谧。倭瓜已经开了大的黄花，绿豆、豇豆的苗棵也发蔓拖长，芝麻开花节节高，粉色、白色的花一簇簇的，很惹眼。白蝴蝶在花间穿梭，翩翩然，悠悠然。土地此时是祥和的，平静如水，又生机暗涌。

我在这片田野行走，遇到的是庄稼的事。庄稼的事情让人有成就感。比如看到麦子灌到麻袋里，玉米装进篓子里，甚至瓜秧上开了一朵花，结了一个瓜纽，人的心都抹了蜜似的甜。那是大地的成果，大地的孩子，也是庄稼人的孩子。我能呼吸到来自庄稼身上的热烈蒸腾的气息，这种炙烤的热力让我迷醉。

这样的美感，持续了几年。我从中获得了很多快乐。四季变换的色彩、收获的场景、生长的美丽，都在我的内心珍藏。我触摸着庄稼，融入它们的生长和繁衍，同时，也触动了生命的腾跃、奔跑和飞翔。这里每时每刻都是童年的境界，无邪、天真、纯洁。

人怎么能容许一块地长在城市里呢？

这块地被很多眼睛盯着。它是这个城市内部唯一一块还长庄稼的土地。庄稼没有竞争力。庄稼地被许多可以用金钱衡量的眼光瓜分成一个个的楼盘，就像一个弱女子遇到残忍的强盗马上溃不成军、支离破碎。这块庄稼地成了最后的黄金，谁都想分一杯羹。价格也因为处在城市内部而急速飙升。你争我夺，胜者为王。终于，今年的春天，麦苗没有来得及返青，这块地被插上五彩的旗帜，迎接一批钢铁战士的光临。然后，麦子惨遭蹂躏，土地的肌肤被划开……土地不再柔软、不再温和，它有了钢铁的骨骼，冷硬的身躯。许多可能存活的生命被挤压到无人知晓的去处。

于是，今年的田野不是田野，今年的田野没有庄稼。这里只有尚未建成的楼房，轰鸣的吊车，来往的运输车，飞扬的尘土，还有翻起的土丘，土丘上覆盖的野草。熟土被生土覆盖，乱石趁机浮上表面。许多不知名字的野草，在土丘上长得蓬蓬勃勃。整块土地失去了原来庄稼具有的纯净的植物气息，到处弥漫着无序和放荡的味道。玉米秸秆成为这块地最后的记忆，此后这里只有林立的高楼。一切大地拥有的丰富韵味都消失，只有单调的尘世喧嚣盈耳。没有建筑的地方，是野草的乐园。庄稼依靠人力与野草争锋，庄稼没有败过。没有了庄稼，野草开始肆意扩张。高高低低的土丘上，野草安营扎寨，野蛮地殖民。

这块地最终的归宿，就是一片巨资搭建的楼台。它将永远失去曾经的丰富性和可以觉察的活力。一块地，一旦失去了庄稼，它的本性就消泯了。农人多少年养熟的土地，现今只有僵硬的质地。即使若干年后此处复归还原，也不知需要多少年可以治愈伤痕。

我每天还是要走过这块地。我经过这块地的时候，想到的都是庄稼。想到庄稼，我才感觉到土地的生机。我的心里，都是对这块庄稼地的怀念，怀念一块长各种各样庄稼的地的消失，尽管我的怀念无人知晓，或者不一定有什么价值。

点 评

　　文章条理清晰，前半部分写的是怀念，怀念曾经充满了生机与活力的那片土地，文字充满深情。田野处处跃动的生机，四季变幻的色彩，收获季节蜜似的甘甜……这些美好的庄稼的事情，让人惊异于大地的生命力。一句"人怎么能容许一块地长在城市里呢？"引出大地的结局，曾经的美不胜收"溃不成军、支离破碎"，麦子惨遭踩躏，在钢筋混凝土的包围中，土地的生命彻底丧失了。结尾"我的怀念无人知晓，或者不一定有什么价值"，照应了题目中的"怀念"，又深化了"怀念"的内涵：难道只能用金钱来衡量土地的价值吗？

一页的翻过

张承志

　　二十多年前，有一次曾经未假思索地写道，游牧草原的循环不已的历史，"也许要翻向它的最后一页了"。

　　这么感觉的原因，是由于那时开始出现了定居，虽然只是草拌泥房子的定居，而且，一年中迁徙的次数在减少。此外迹象还有很多，比如，一直成为大草原形象的木轮子勒勒车，有被工业生产的铁筋车取代的可能。

　　而今天，这"最后的一页"已经掀得雷鸣风吼。它破坏着，替代着，唆使着，蔓延着，带着粗俗而生气勃勃的欢叫，恣情地在延续了十数个世纪的旧营盘上摧枯拉朽。

　　何止八瓣辖辘的自制木车，连轻便铁筋车也几被废置。草原的交通与驮载，正在被拖拉机和客货吉普车替换。越冬、春羔、驻夏，加上秋季追逐草籽和营养的频繁走场迁徙，已经变成了一座砖房和一座毡房的基本定居。热乎的火炕，夹墙后的啤酒，使年轻人不愿动荡地搬家。都市里时髦的话题——草原的退化和沙化，首先在一座座砖房周围开始了。

　　嘉陵、铃木，一辆辆摩托在嘟嘟穿梭。马群里的乘马发肥，赛会上难得挑出善奔的骏马了。而且三年两年不骑，驯马暴烈难御，还原成了"生个子马"。牛则几乎都是生个子；女人们缺乏驯顺的牛去拉车打水，从百步之外的水井打一缸水，居然要男人启动柴油拖拉机，一路黑烟地兴师动众。确实，女无乘车男缺坐骑的问题，牧人不愿意骑马的问题，破天荒地出现了。

　　Motar 是什么意思？ taisen 是什么意思？还有 yidang、er-dang、lieji，听不懂的都是借词。它们分别是摩托、铁丝网、一档、二档、离合器，随潮水般的汉语借词涌入草地。加上啤酒瓶子、三轮货郎、盲流小偷、运牛车装修队，如今奔向乌珠穆沁草原的一切，使人目不暇接、心慌意乱。

　　雇工，即"使人"，已非常普遍，而这个词曾被译成"剥削"。新页才掀开一角，就已经淘汰了第一批牺牲者：由于懒惰、病死、继承无人等原因，熟识的家族谱系中已经消失不止一家。当然相应的是迅速富裕起来的家庭，政府奖励了一个铜牌挂在哈纳墙上，上面刻着"小康户"；蒙文一侧读着让人忍俊不禁：这个词在六十年代译成"上中牧（农）"。

政治的社会秩序呼喇喇地坍塌了。当年被阶级划分理论打入凄惨底层的人，那些牧主和富牧子弟，今天不仅多是富裕人家，而且心思已在荣誉——比如热衷赛会的夺标。具有讽刺意味的是，当年的贫协主席又率先沦为贫困户；在吃光了最后一只羊以后，他和他的家庭都消失了。有人说他已去世，有人说他儿子正在某地当雇工。我听得目瞪口呆，不知其中的深意是什么。如今牧民养狗，盼着狗真的敢开牙咬人。草原上日益增添的喧嚣和络绎往来的小贩浪人，使牧民不知怎么过日子了。一层毡的蒙古包，不可能装防盗门，它只被一根皮条随便拴住。这扇门的文化，需要一种对传统的默契。闯入者使他们紧张。

活动半径缩小了，游牧被铁丝网圈定在自家十里方圆的草场。偏偏地球变暖，雨水稀少，羊毛跌价，草地沙化，因受益于最初的改革政策而骤然富起来的牧民，因经营和运气在后来岁月里败北的牧民，感到缺乏判断明天的经验，感到自己的无力。

于是人心向神明聚集，处处是新堆起的敖包。著名的大敖包祭会如今是年中最要紧的行事；小敖包则密不可数：在自家领地制高的山顶，在大路或辙印的当途，在逝者指引过的地点。敖包（abo），这个在蒙古学术中经久地被人讨论不已的名词和现象，或许只是在今日才闪现出一点它的本意。

诗人纳楚克道尔吉有一名篇叫作《我的家乡》（MiniNutug），这个词也被我反复学习过。它兼有营盘、家乡、草原、祖国几重含义。而今天"nutug"一词的语感多了对私有的强调，并且愈来愈频繁地指向草场承包以后，用铁丝网围住的那一小块"地盘"。

以上种种都是观察的视角，慢慢写来不忙；惟有环境的事，确实紧急：

前年回草原时，以前羊群珠散草海的风景，被挖开了疮疤似的黑窟窿。原来是承包了这片草原的一支采矿队，挖开青草，开出一个个采铜的土矿坑。采矿坑或是矩形的探槽，深数米；或是坑道，深不可测。

以前，牧民们讲述四周地名的时候，说到奥由特（oyotu），总是带着神秘的语气。"有翡翠的地方"，它既是牧民的古老家乡，也是我插队的最初营地，我自然也很喜欢这个地名。谁知古老地名是一种原罪，因为它招灾酿祸，引人入室，天生就是破坏安宁和自然的情报。

马驹在矿坑里摔断腿，掉队的羊被人盗走。前年发现，牧民兄嫂的神经已经失衡，我也目击了游荡成群的闲汉，夜间轰鸣的载重卡车。黑洞愈挖愈多，南边山坡一片疮痍。采矿队每天用大拖拉机运水，水井几近干涸，在水草丰足的乌珠穆沁，罕见的水纠纷终于出现了。争执时一片混乱，各自嚷着对方听不懂的语言。家家的狗都晕了，不知该叫该咬。草原上甚至奔着两三头猪，这使牧民的小儿们大感新鲜，舞着马竿子追逐。去年夏天再回草原，牧民兄嫂更加憔悴了，他们求救般地望着我，不知所措。

在都市里，我们习惯了不安的生存。换言之，我们习惯了日复一日在可怕的喧嚣中，让双耳渐渐失聪，让眼球终日充血，让心被扯出一根线，川流不息地抽丝失血。我们在大都市里，以憔悴换回存活，忘了安宁也是自己的权利。

而北方的大草原则不同。那里静谧得据说能听见四十里外的一只獭子咳嗽。草海的潮动能吞吸近在咫尺的声音，所以经常是当汽车一直开到鼻子下头，才被人听见。

原来养牧五畜的游牧民，就是在这样的环境里，费几千年时间渐渐凝结了自己的传统。他们享有几十里空阔的前庭，又枕靠同样几十里空阔的腹地，所以视野里任何一星人影都为他们了解，知道那是谁家的老人寻马找牛，同样，哪怕夜深时分的一声响动也能为他们判断，会意到那是某某趁月色运草。

环境的巨变，安宁的打破，不仅是对一种千年未改的古老心理的压力，也是对一种特殊能力的破坏——牧民们对自己不能判断感到慌乱。无力的感觉，是从未有过的。

总之，享有纯粹而悠久的安宁，也许是游牧民的一项奢侈。虽然愈是比较都市，愈感到它才是人的基本权利。不管怎样，安宁被打破了。

一连三年，每个夏季我都返回乌珠穆沁草原，为的是在渴望的安静里休息身心；没想到，却看够了历史翻页的实相。

第一年的富裕使我惊奇而满足。第二年门口就出现了闯入者：对来串门的采矿队，我不知说什么才好。我只能叮叮些保护草场，心里却满是烦恼。我的安宁也被毁了，千里迢迢地，来看破坏植被。第三年牧民兄嫂要求我立刻去为他们上诉官员，他们已经急得乱了方寸。

窥见了历史的翻页，究竟是一种收获呢，还是一种痛苦？

游牧社会的文化，是一个伟大的传统和文化，它曾经内容丰富无所不包。无论拉水的牛，还是比赛的马，讲起来都是一本经，套套解数娓娓动人。无论语言的体系或一个单词的色彩，分析到底都会现出真理，闪起朴素的光辉。在如此世界里，男女老幼生死悲欢，无不存在得生动感人。它深藏着一种合理的社会结构，一套人与自然的和谐关系，以及一些人的基本问题。

若是培养它的环境存在，它就存在，反之它会逐步消失。不知道，人类是否已经决定要改变这个环境。尽管世界上还有各大牧区，牧养（而不是厩养）的文化还在继续；但是，如乌珠穆沁那样的，相对纯粹的游牧文化类型，过去就曾经罕见，今后更临近终结。

随着一种强力的推动，在人对富足与舒适的追求之中，在对青草和人的侵犯之中，机械人声轰鸣嘈杂，历史在以旧换新。

点　评

　　"在对青草和人的侵犯之中，机械人声轰鸣嘈杂，历史在以旧换新。"一支沉重的笔写出了游牧民族在现代化进程中的命运，商业洪流冲击着牧民传统的生活方式，他们感到慌乱而无力。作者善于运用对比手法来表现自然与心灵秩序的坍塌，司空见惯的乱象叫人触目惊心。标题为"一页的翻过"，实则是作者为第二故乡唱出的最后的挽歌。如何将观察到的现象融入思维逻辑之中，可以本文作为借鉴。

　　推荐阅读：作者散文集《一册山河》。

我家的财富

[日本] 德富芦花

陈德文 译

一

房子不过三十三平方，庭院也只有十平方。人说，这里既褊狭，又简陋。屋陋，尚得容膝；院落小，亦能仰望碧空，信步遐思，可以想得很远，很远。

日月之神长照。一年四季，风雨霜雪，轮番光顾，兴味不浅。蝶儿来这里欢舞，蝉儿来这里鸣叫，小鸟来这里玩耍，秋蛩来这里低吟。静观宇宙之大，其财富大多包容在这座十平方的院子里。

二

院里有一棵老李，到了春四月，树上开满了青白的花朵。碰到有风的日子，李花从迷离的碧空飘舞下来，须臾之间，满院飞雪。

邻家多花树，飞花随风飘到我的院子里，红雨霏霏，白雪纷纷，眼见满院披上花的衣衫。仔细一看有桃花，有樱花，有山茶花，有棠棣花，有李花。

三

院角上长着一株栀子。五月黄昏，春阴不晴，白花盛开，清香阵阵。主人沉默寡言，妻子也很少开口。这样的花生在我家，最为相宜。

老李背后有棵梧桐，绿干亭亭，绝无斜出，似乎告诫人们："要像我一般正直。"

梧叶和水盆旁边的八角金盘，叶片宽阔，有了它，我家的雨声也多了起来。

李子熟了，每当沾满白粉的琥珀般的玉球咕噜噜滚到地面的时候，我就想，要是有个孩子，我拾起一个给他，那该多高兴啊！

四

蝉声凄切之后，世界进入冬季。山茶花开了，三尺高的红枫像燃着一团火。房东留下的一株黄菊也开了。名苑之花固然娇美，然而，秋天里优雅闲寂的情趣，却荟萃在我家的庭树上了。假若我是诗翁蜕岩，我将吟咏："独怜细菊近荆扉。"使我惭愧的是，我不能唱出"海内文章落布衣"的诗句来。

屋后有一株银杏，每逢深秋，一树金黄，朔风乍起，落叶翩翩，恰如仙女玉扇坠地。夜半梦醒，疑为雨声；早起开门一看，一夜过后，满庭灿烂。屋顶房檐，无处不是落叶，片片红枫相间其中。我把黄金翠锦都铺到院子里了。

五

树叶落尽，顿生凄凉之感。然而，日光月影渐渐增多，仰望星空，很少遮障，令人欣喜。

　　读毕竟有一种"含英咀华"之感。作者对自然的体察敏感细微，能见人之未见。文字轻灵、风趣，随意拈出一句，就是活脱脱一帧绝美的图画。寄居一隅，却能从一树一花中体会自然的心意，获得神游天地的喜悦。

花落的声音

张爱玲

　　家中养了玫瑰，没过多少天，就在夜深人静的时候，听到了花落的声音。起先是试探性的一声"啪"，像一滴雨打在桌面，紧接着，纷至沓来的"啪啪"声中，无数中弹的蝴蝶纷纷从高空跌落下来。

　　那一刻的夜真静啊，静得听自己的呼吸犹如倾听涨落的潮汐，整个人都被花落的声音吊在半空，竖着耳朵，听得心里一惊一惊的。

　　早起，满桌的落花静卧在那里，安然而恬静，让人怎么也无法相信，它曾经历了那样一个惊心动魄的夜晚。

　　玫瑰花瓣即使落了，仍是活鲜鲜的，依然有一种脂的质感，缎的光泽和温暖。我根本不相信这是花的尸体，总是不让母亲收拾干净。看着它们脱离枝头的拥挤，自由舒展地躺在那儿，似乎比簇拥在枝头，更有一种遗世独立的美丽。

　　这个世界，每天似乎都能听到花落的声音。

　　像樱、梨、桃这样轻柔飘逸的花，我从不将它们的谢落看作是一种死亡。它们只是在风的轻唤声中，觉悟到自己曾经是有翅膀的天使，它们便试着挣脱枝头，试着飞，轻轻地就飞了出去……

　　有一种花是令我害怕的。它不问青红皂白，没有任何预兆，在猝不及防间，整朵整朵任性地、鲁莽地、不负责任地、骨碌碌地就滚了下来，真让人心惊肉跳。曾经养过一瓶茶花，就是这样触目惊心的死法。我大骇，从此怕了茶花，怕它的极端与刚烈。

　　只有乡野那种小雏菊，开得不事张扬，谢得也含蓄无声。它的凋零不是风暴，说来就来，它只是依然安静温暖地依偎在花托上，一点点地消瘦，一点点地憔悴，然后不露痕迹地在冬的萧瑟里，和整个季节一起老去。

　　开篇先声夺人，联想新奇。写静夜，以动衬静，将自己的呼吸比作"涨落的潮汐"，真是天才的想象。写茶花，最是惊心动魄，用连续四个拟人化的词形容它，突出它的极端、刚烈、决绝。最后写的是雏菊：开，不事张扬；谢，含蓄无声。本篇亦是借花喻人，托物言志。看淡、放下，得自在，传达的是对生命的终极思考。

　　推荐阅读：作者散文集《张看》。

黄昏是一天里最好的时辰

余秀华

等太阳落下去的时候，最好走出院子，去田埂上走走。从后门走出去，太阳已经成夕阳了，而且还是月牙形的夕阳。这个时辰，我认为是一天里最好的时辰：该做的事情都做了，心里没有了记挂，正好轻轻松松地走一走。心情好，就走远些，我一般走到村头的水库，绕一圈再回来，那时候天就黑透了，黄昏就被走完了。心情不好的时候，就在近处看看，这个时候，黄昏就退得慢一点了。

退得更慢一点的是敷在草木上的一些夕光，它们"敷衍"在那里，已经不太牢靠了，在风里摇摇晃晃的，不经意就会落在地面上。在地面上待一会儿就没有了，没有一点痕迹。光还是比水伟大一些：水消失的时候，总会留一点湿印儿，而光是不屑于这些拖泥带水的东西的。它来得干脆，去得猛烈，几乎没有一种事物可与它相比。

黄昏一定是与这样的光纠缠在一起的，这个时候的光也是最妩媚动人的：它柔和、包容、体贴，如同一个人离世前的回光返照。"回光返照"这个词让人柔肠寸断，好像一个人在世界上是以一团光的形式存在的，他要走了，还要回过头来照一照他曾经待过的这个世界。

我喜欢田野上的这些夕光。成片的、零碎的都那么美好。当它抚摸我的头发的时候，我就有了一天里的幸福。这幸福仿佛是从我的身体里出来，又投射在我的身上。

点评

对敏感多思的女诗人来说，黄昏是一个值得凝视的时刻。三毛曾说："愿每一颗流浪的心，在一盏灯光下，得到永远的归宿。"作者善于捕捉细微之物描写黄昏的光影变换，用"敷衍"一词形容草木上的夕光，顿觉灵动鲜活起来，将光与水对比，以人喻光，用语新奇而富含哲理。心随光转，转出了美妙的意象。

推荐阅读：作者散文集《无端欢喜》。

一色一生

［日本］志村福美

米 悄 译

前些天接到一个陌生来电，是一位家住大山里的人打来的。他在电话中说："我家房前有一棵高大的老桤木，最近却因为道路扩建被砍，非常可惜。我发现，伐木时候的木屑撒在地上，将土地染得通红，像从树中淌出的鲜血，让人目不忍视。您在书中写道，煮制树皮的汁液可以做染料，所以我冒昧地向您请教，这棵桤木可以用来染什么呢？"

对方话音一落，我就有些坐不住了，马上备车出门。那里的山路被落叶掩埋，数不清的榛子落在地上，更让人举步维艰。行至坡路尽头，只见徐缓曲折的山路边立着一棵巨大的树桩，看上去是新砍的，四周的土地已被染成了茶红色。几节粗大的树干倚在一边，断面中也渗出了红色。毫无疑问，经历了数百年岁月的老栲木储存了丰沛的汁液。如今突遭砍伐，截断面暴露在空气中，红色汁液便喷涌而出。

我们赶紧用剥皮刀剥下厚厚的树皮，眼看着表皮下裸露的雪白树干渐渐转红，旋即变为赤铜色，便迅速将剥下的树皮装入袋中。众人不敢迟疑片刻，急匆匆下了山，期待着尽快一睹栲木的色彩。

用大锅熬煮树皮，锅中的液体在加热的过程中转为透明的金茶色。当看到飞溅在地面上的茶红色粉末，我就认定它可以做染料。必须染些什么才行。默默贮藏了数百年汁液的栲木正在召唤我。在滚烫的清水中，它已释放出自身的全部色彩。

用布袋将染液过滤之后，我将纯白色的丝线浸在满满一锅金茶色液体中。丝线饱吸颜色后，要经过数次拍打使空气透进去，再浸入染液，使色彩彻底渗透，最后放入木灰水中媒染。这些工序都是为了着色和定色。丝线在木灰水里，从金茶色转为赤铜色，刚好就是洒落在地上的木屑的颜色。不，有些许不同。那是栲木的精魂之色。我恍惚感到栲木复活了。

栲木在它漫长的生涯中，做过各种各样的梦，经受过风吹雨打，接纳过无数个清风送爽的五月，也倾听过栖息于身的小鸟鼓喉而歌。直到那一天，它遽然倒下，生命悄无声息地化为色彩，盈满全身。色彩不只是单纯的颜色，还是草木的精魂。色彩背后，是一条从一而终的路，有一股气韵自那里蒸腾。

某天，我像漫游仙境的爱丽丝跌进兔子洞那样，坠入了植物背后的世界，窥探到一个神奇的国度。一扇门微微开启，透过一条细窄缝隙向里张望，只见初秋的森林深邃繁茂，各种树木在明亮的天光下闪动，于无声的微风中摇曳。每一片树叶都被精心地染上颜色，其色泽的美妙非凡间所能拥有。后来，我却再也没有见过那片森林。

我想，只有在我内心纯净如水的时刻，在自己的生命与植物的生命合一的瞬间，那扇门才会向我再度开启。如果我不做准备，无论多么渴望染出植物的本色，那扇门都不会被叩开。

点　评

　　日本人信奉万物有灵，这是一篇向树魂致敬的文字。作者是日本染织大师，她细致描述用栲木树皮染出赤铜色丝线的过程，让人得以目睹精魂之色的诞生。然后，作者展开想象的翅膀，描绘了一幅森林仙境图，诗意的语言骤然复活了树的精神。结尾是全文的升华，发人深省。

　　推荐阅读：作者自传性散文集《一色一生》。

西藏·神的乐园

张子扬

天

看过地中海沿岸拉丁语区的蓝天。诗人里尔克也曾将自己比作白色的鸥在天海的蓝中穿梭。也听到过非洲毛里求斯阳光的热烈，那鼓点的急促和草裙的婆娑。这一切都使人感动，为那份浓郁的活着的气息，那呼和吸的气息。但天不是都这样。

西藏的天是浑圆无迹的一整块，宛如亘古以来未曾搅动的池水，宛若千载下风没触过的岩冰。这就是西藏的天，是千年不见人回乌斯藏的孤寂，是万里纵横风雪声的回响。

我看到它时，并没有意识到它，汽车从机场到拉萨缓缓地开着，大脑里却是空白的。夜里，我闭上眼睛，一切都还在，那强烈的蓝，那远远的闪光，只有一个词来形容——纯洁。它是清澈的，但底在哪里呢？它是那么的炽烈，但又是绝对的无情。佛就在里面，所以佛是宽容的，又是冷酷严峻的。也许这就是藏歌高亢激越的原因，否则又有什么能够用来穿越这天的寂寞呢？

拉萨是我生活的主要地方。因为阳光格外好，所以又叫日光城。这里守着阳光，就有了晒佛的节日。百米长的巨大唐卡佛图由诚信的人从寺中请出，蜿蜒通过寺山脚下的巷道，应和着喇嘛口中悠长的佛号，接引生与死的灵境。巨大的唐卡佛像缓缓展开，每个人都在光下屏住呼吸。天和穹庐遮蔽四野，而这巨大的佛正是天在人间的象征。正是为了天的光辉，寺庙遍布金顶，以那铄目的光芒来歌颂天的恩泽。

我们曾在后藏路上遇到过雨。那雨云低低地吊在我们的上方。前面几十米远的地方就是阴和晴的分界线。能看到雨水如何溅起尘土，舔湿了路面。这样的云伴我们走了几个小时，不疾不徐，从容有致。我们只能敬畏，感叹天工的奇巧。

这里还有风，能看着风从雪山上吹来。风带来万年前那场雪积下的寒意，啸声中又夹着僧徒虔诚的叹息。这风还使那神鹰高高浮在空中。

藏民尊敬鹰，因为他们相信飞翔在那珠穆朗玛峰雪线之上的大鹰能听到神的声音。雪线上那强劲的罡风是神的旨意，是神对鹰的专宠。从天葬台、神鹰、藏民将自己投入那雪的世界、神的家园。从雪山上那凝住的鹰类的影子我们看到天的存在，而这山的雄大证明了天的容纳。

插一支灵幡在那山坡上吧，让荡起的五色旗帜指着天界的方向。

地

西藏是世界的屋脊。自然界永不停止创造的力在这里隆起。我知道珠穆朗玛峰还在缓慢却坚定地升高。这块土地记录了亿万年前海涛、冰川、太阳和风的神工雕凿。

不能想象文成公主踏上这块土地时的情景了，但山川的色彩、云霞的投影还是一样地动人。天在地的下面，而地又在天中。这是雪域高原的永恒。

我带着摄影队爬过雪格拉山。看着遍野的邦锦花，我们都知道身处夏天。可随着脚步的前行，大雪来到了。我去过远东，见过西伯利亚寒流带来的大雪。那雪是干冽的、刺骨的，应叫作雪砂。但这里雪是一片片巨大的、湿润的，它们从空中飘下来，从我们身边飘下去。科学上这就叫垂直气候带分布，但我们却觉得这是山的灵异。

藏民对山是敬畏的。每一座山都是一位神佛的领地。这里的山水是藏民的祖先千年来歌颂的，因为每一寸土地都有格萨尔王征战的遗迹。为了幸福，为了永远的安宁，格萨尔的白马踏过这一切，英雄们的血洒过每座山梁、沟谷。

而山和土的颜色又是那么的热烈。人间的色彩在这里成了天上的色彩。它们永不褪色，不论是寺庙门檐上的佛画还是山野间绝壁上的岩石。

毫无疑问，这里的自然环境极其严酷。自然力不仅撕扯着大地，还撼动着人的心灵。更大的威胁来自孤独，面对无边的荒原，人没有伙伴。但这一切都给了这块土地上人们的尊严。没有人会比他们更了解什么是崇高，什么是存在的意义。

这块土地太高了，高得接近天堂。而正是这天和地的逼仄才反衬出生命的高大卓然。我是在这里学会爱生命的。因为生命在这里接受了真正的考验。

在通向色拉、哲蚌等大寺院的路口，在一座座神山的山顶，我们能看到那巨大的玛尼石堆。每一个去敬佛的人在这里会停下来，再投一块石头进去。不知道第一块石头是什么人放下的。但现在这石堆已是可注在地图上的巨大石山。这里的人以这种方式改变了自然。

在这片高原上还有湖泊。纳木错——神湖。水静静地荡着，映着远方的雪山。安静，唯一的声音就是安静。雪山连着雪山，看不到对面的湖岸。这一切让人屏息，为了怕打破这份静谧。可以这样说，这静来自亿万年前，并将延续亿万年。

这块土地满是颜色，但又不是可以说出来的颜色。唯一可以告诉你的是：这颜色是热烈奔放的敬畏之情。

人

在西藏不单只有藏民，还有来自内地的汉人，来自异域的尼泊尔人、印度人、欧洲人。他们都喜欢这里，他们都需要这里。因为在这里能找到先民在我们心底深处遗留下的对自然力的敬畏，能找到崇高和纯洁的注释。

自然是严酷的，所以一切的美好都是那么的珍贵。在阳光下，藏民到处摆满鲜花，各种颜色的邦锦花，即便寺庙中每个扎仓的窗口上也是如此。所以有了沐浴节，有了望果节，有了晒佛节，有了藏戏节……这一切都是为了歌唱，歌唱世界的美好一瞬。

我拍下了许多的照片来记录我的感受。有那年老的僧人和狗，有那年少的僧人和威严的庙墙。但有些是错过了，只能在心中咀嚼回想。那是为了参加祭礼而从远方赶来的牧民。他们穿着家里最好的节日盛装。马儿胸前垂着铜铃和红缨，鞍前摆放着迎神的树枝，上面挂满了五彩的经幡。几十个人的喜悦改变天地，所有的一切都似乎露出了笑脸。他们纵马从高高的山坡上驰下，邦锦花摇摆着迎合着马蹄的板眼。

这里是有着神秘的，在八角街曲折深邃的巷道里，诚信的人祈祷着幸福和未来。在拉萨河对岸的那片草坡上，我曾见到一个人悠然但坚定地走着，在他的前面是荒野、沟岩。看不出他是从什么地方走来的，我们也无从去猜想他要奔向何方，可那份自信的悠然使我无力思索，他就是这土地，他就构成了这里的自然。

藏民是信佛的，他们将时间、精神、钱财投入到诚信中。因为这天和地之间，人能感到仙佛的存在，因为这里本就是众神的家园。

让一切来自它的来吧，让一切走向它的去吧，在这亿万年不变的静穆里倾听自然的声音。让我们守着我们的爱吧，让我们持着我们的信吧，在这近天的土地上摇动身躯，放开喉咙。因为这里本就是众神的乐园。

点评

作者以虔敬与庄严之心行文，写出了一个令人向往的神国的风姿。西藏是信仰的国度，也是神的国度，用尽世间一切美好的词汇，似乎也形容不出它的美和神圣。但作者却以他饱满的激情、恰切的修辞，将这种难以言说的极致之美表达出来，哲理和诗意融为一体，这样的文字可谓高贵。

天，是纯洁的蓝，是接引生与死的灵境，佛就在里面。这里的风、雨、天空中飞翔的雄鹰，都让人惊叹天工的奇巧与容纳。

地，是自然的伟力所造出的世界屋脊。这里的山最高，高得接近天堂；也最灵异，每一座都是神佛的领地。这里的水最清，清得返照灵魂；也最圣洁，每一泓都是神佛的谕示。生命在这里接受真正的考验，来这里才能明白存在的意义，才能真正学会热爱生命。

人畜共居的村庄

刘亮程

有时想想，在黄沙梁做一头驴也是不错的。只要不年纪轻轻就被人宰掉，拉拉车，吃吃草，亢奋时叫两声，平常的时候就沉默，心怀驴胎，想想眼前嘴前的事儿。只要不懒，一辈子也挨不了几鞭。况且现在机器多了，驴活得比人悠闲，整日在村里村外溜达，调情撒欢。不过，闲着没事对一头驴来说是最最危险的事。好在做了驴就不想这些了，活一日乐一日，这句人话，用在驴身上才再合适不过。

做一只小虫呢，在黄沙梁的春花秋草间，无忧无虑把自己短暂快乐的一生挥霍完。虽然只看见漫长岁月悠悠人世间某一年的光景，却也无憾。许多年头都是一样的，麦子青了黄，黄了青，变化的仅仅是人的心境。

做一条狗呢？

或者做一棵树，长在村前村后都没关系，只要不开花，不是长得很直，便不会挨斧头。一年一年地活着。叶落归根，一层又一层，最后埋在自己一生的落叶里，死和活都是一番境界。

如此看来，在黄沙梁做一个人，倒是件极普通平凡的事。大不必因为你是人就趾高气扬，是狗就垂头丧气。在黄沙梁，每个人都是名人，每个人都默默无闻。每个牲口也一样，就这么小小的一个村庄，谁还不认识谁？谁和谁多少不发生点关系？人也罢，牲口也罢。

你敢说张三家的狗不认识你李四。它只叫不上你的名字——它的叫声中有一句可能就是叫你的，只是你听不懂。也从不想去弄懂一头驴子，见面更懒得抬头打招呼，可那驴却一直惦记着你，那年它在你家地头吃草，挨过你一锨。好狠毒的一锨，你硬是让这头爱面子的驴死后不能留一张完整的好皮。这么多年它一直在瞅机会给你一蹄子呢。还有路边泥塘中的那两头猪，一上午哼哼唧唧，你敢保证它们不是在议论你们家的事？猪夜夜卧在窗根，你家啥事它不清楚。

对于黄沙梁，其实你不比一只盘旋其上的鹰看得全面，也不会比一匹老马更熟悉它的路。人和牲畜相处几千年，竟没找到一种共同语言，有朝一日坐下来好好谈谈。想必牲口肯定有许多话要对人说，尤其人之间的是是非非，牲口肯定比人看得清楚。而人，除了要告诉牲口"你必须顺从"外，肯定再不愿与牲口多说半句。

人畜共居在一个小村庄里，人出生时牲口也出世，傍晚人回家牲口也归圈。弯曲的黄土路上，不是人跟着牲口走，便是牲口跟着人走。

人踩起的尘土落在牲口身上，牲口踩起的尘土落在人身上。

家和牲口棚是一样的土房，墙连墙、窗挨窗。人忙急了会不小心钻进牲口棚，牲口也会偶尔装糊涂走进人的居室。看上去你们似亲戚如邻居，却又根本不是那么回事，日子久了难免把你们认成一种动物。

比如你的腰上总有股用不完的牛劲；你走路的架势像头公牛，腿叉得很开，走路一摇三摆；你的嗓音中常出现狗叫鸡鸣；别人叫你"瘦狗"是因为你确实不像瘦马、瘦骡子；多少年来你用半匹马的力气和女人生活、爱情。你的女人，是只老鸟了还那样依人。

数年前的一个冬天，你觉得一匹马在某个黑暗角落盯你。你有点怕，它做了一辈子牲口，是不是后悔了，开始揣摩人。那时你的孤独和无助确实被一匹马看见了。周围的人，却总以为你是快乐的，像一只无忧无虑的夏虫，一头乐不知死的驴子、猪……

其实这些活物，都是从人的灵魂里跑出来的。上帝没让它们走远，永远和人待在一起，让人从这些动物身上看清自己。

而人的灵魂中，其实还有一大群惊世的巨兽被禁锢着，如藏龙、如伏虎。它们从未像狗一样咬脱锁链，跑出人的心宅肺院。偶尔跑出来，也会被人当疯狗打了，消灭了。

在人心中活着的，必是些巨蟒大禽。

在人身边活下来的，却只有这群温顺之物了。

人把它们叫牲口，不知道它们把人叫啥。

点 评

　　这是写给成人看的动物寓言。作者将人置于与动物平等的地位，以此省察人的处境。在被人漠视与役使的动物面前，人类却不免现出恓惶、卑微甚至脆弱来。正当你为人类而悲哀时，作者及时发出伊索寓言式的忠告："其实这些活物，都是从人的灵魂里跑出来的。上帝没让它们走远，永远和人待在一起，让人从这些动物身上看清自己。"人尽管有亲近动物的天性，但习惯于居高临下，忽视与人相处、为人服务的动物的灵性。作者另辟蹊径，着力摹写动物性灵，呈现一幅别样的精神图景。如此行文，并非为了嘲讽，意在唤醒人类的生命自觉。作者因为有一颗天真的心，字里行间便散发着让人忍俊不禁的幽默。第二人称的运用，有自白与对话的双重功效，营造了一种坦诚、亲切的氛围，令读者乐于接受文中娓娓道来的哲思。倘若与奥威尔的《动物庄园》对照着看，自会有更多的感触。

　　推荐阅读： 作者散文集《一个人的村庄》。

寒 林

蒋 勋

　　在北地做客，主人担心我从南方来，不耐寒冬，入夜前在壁炉里多加了柴火。火光炽热旺盛，我看了一会儿书，有些困倦，不觉睡着了。

　　醒来的时候，听见风声。枯叶被刮在地面上，簌簌作响。我觉得窗隙间什么东西很亮，拉开窗帘，月光"哗"一下子涌进室内，抬头看，枯树林间一轮又大又白的满月。

　　这是北国入冬的寒林，树叶都脱落尽了，没有遮蔽，月光才能这么清澄透明。

　　主人已入睡，壁炉还有余温。我不想惊扰他，蹑手蹑脚，穿衣戴帽，准备到外面走走。

　　拉开通向树林的门，迎面一阵寒风。我赶紧把门关上，一大片枯叶扑头扑脸罩下来。我拉低帽檐，竖起衣领，把自己用大衣紧紧包好，顶着风，走向树林间的小径。

　　我在大风里站不稳，还要小心脚下薄冰的湿滑，走得特别谨慎。

　　白天这树林里有鹿，主人放了鹿食，大小雌雄六七头鹿就从树林深处出来觅食。松鼠、浣熊更是常见，在餐厅用餐，这些小动物就趴在窗户边看着你，好像在等待一些赏赐。

　　此刻树林却如此寂静空白。圆圆的月亮，像一盏巨大的照明灯，在树林间移动逡巡，好像照得狐鼠夜枭四处窜逃，没有隐藏遁形的地方。

　　月光里只有乱飞的枯叶，像被惊动的鸟，惊慌飞扑。一时从地面陡然升起，一时向同一方向回旋追逐，一时又齐齐坠落。

　　我看到的是漫天枯叶乱飞，却想起王维的诗句："月出惊山鸟。""惊"字用得真好，原来北国寒夜，月光清明，可以如此惊天动地。

宋人画山水，有"寒林"一格，专门描绘北方入冬树叶落尽以后的荒寒萧瑟。李成是画这寒林的高手，他的真迹多已不传，但有许多后人摹本，也还可以从中窥见宋人眷爱寒林的独特美学品格。

我看过几件印象深刻的"寒林"。旧黯的纸绢上，墨色很灰，干笔枯涩，像老人不再青春的头发，灰白灰白，却也华贵安静。

唐代绘画追求华丽浓艳，喜欢用大金大红大绿。对比强烈、高明度、高彩度的颜色，像春花烂漫，使人目不暇接，使人陶醉眷恋，不能自持。

由唐入宋，好像夏末秋初，季节从繁花盛放逐渐转入寂灭。看到花谢花飞，看到花瓣一片一片在空中散去。看到即使秋天霜叶红于染，如此绚烂耀眼，一到寒风乍起，万般繁华，离枝离叶，最后剩下的只是一片枯树寒林。

宋人画寒林，是已经看尽了繁华吧！

寒林间因此有一种肃静，一种瑟缩，一种凝冻，一种生命在入于死灭前紧紧守护自己的庄严矜持。

从小径穿过树林，好像行走于月光下的水中。有时风起，水里都是波澜，心事也荡漾起来。风一停，月光特别寂静，寂静到像琴弦上最细的一个持续的高音。那高音是寒林里孤独者的啸傲，变徵、变羽，越来越高亢，就是不肯降下来作低卑的妥协。

我在南方的故乡，少有寒冬，四季如春，不容易体会寒林的孤傲顽强，也不容易体会寒林的苍凉洁净。

点评

寒林、月光、枯叶，一个萧瑟冷寂的夜晚，在作家笔下慢慢生动起来，作者赋予它们以生命，借一片萧杀景象解读文化的转换和生命的意味。绵长悠远的沉思，带给人至美的享受。其中有画家捕捉色彩和光影的敏捷，有音乐家对音符和韵律的精准把握，有作家对文字孜孜不倦的锤炼，于一篇短文里，我们领略到了文化的真正魅力。叙事、抒情、议论，在此浑然天成，它们各司其职，各逞其美。这篇气象宏大之作，值得再三品味。

推荐阅读：作者艺术教育代表作《写给大家的中国美术史》。

雨 雪
路 遥

连绵的秋雨丝丝缕缕下个不停。其实，从节令上看，这雨应该叫冬雨。

天很冷了，出山的农人已经穿起臃肿的棉衣棉裤。

透过窗玻璃，我惊讶地发现，远方高海拔的峰尖上隐约出现了一抹淡淡的白。

那无疑是雪。

心中不由得泛起一缕温热。

想起童年，想起故乡的初冬，也常常会有这样的时刻，冰冷的雨雾中蓦地发现山尖上出现了一顶白色的雪帽。绵绵细雨中，雪线在不断地向山腰扩展。狂喜使人不由得久久呆立在冷风冻雨中，惊叹大自然神奇的造化。

对雨，对雪，我永远有一种说不清、道不明的情愫。深夜，一旦外面响起雨点的敲击声，我就会从深深的睡梦中被唤醒。即便是无声无息的雪，我也能在深夜的床上感觉到它的降临。

雨天，雪天，常让人有一种莫名的幸福感。我最爱在这样的日子里工作，灵感、诗意和创造的活力能尽情喷涌。

对雨雪的崇拜和眷恋，最早也许是因为我所生活的陕北属严重的干旱地区。在那里，雨雪就意味着丰收，它们和饭碗密切相关——也就是说，它们和人的生命相关。小时候，无论下雨还是下雪，我便会看见父母及所有的农人，脸上不由自主地露出喜悦的笑容。要是长时间没有雨雪，人们就陷入愁苦，到处是一片叹息声，整个生活都变得十分灰暗。另外，一遇雨雪天，人们就不能出山，对长期劳累的庄稼人来说，就有理由躺倒在土炕上香甜地睡一觉。雨雪天犹如天赐假日，人们的情绪格外好，往往也是改善伙食的良机。

久而久之，我便对这雨雪产生了深深的恋情。童年和少年时期，每当下雨或下雪，我都激动不安，经常要在雨天雪地里漫无目的地游逛，感受被雨雪沐浴的快乐。

我永远记着那个遥远的大雪纷飞的夜晚，我有生第一次用颤抖的手握住初恋女友的手。那美好的感受令人怀念如初。我曾和我的女友穿着厚厚的冬装，在雨雪弥漫的山野手拉着手不停地走啊走，并仰起头让雨点、雪花落入我们口中，沁入我们的心脾。

现在，身处异乡这孤独的地方，又见雨雪纷纷，双眼忍不住热辣辣的，无限伤感油然而生。岁月流逝，物是人非，无数美好的过去是再也不能唤回了。只有拼命工作，只有永不休止地奋斗，只有创造新的成果，才能弥补人生的无数缺憾，才能使青春之花即便凋谢也是壮丽的凋谢。

愿窗外这雨雪构成的图画在心中永存。雨雪中，我感受到整个宇宙就是慈祥仁爱的父母，抚慰着我躁动不安的心灵，启示我走出迷津，去寻找生活和艺术从未涉足过的新境界。

点评

这是作者创作《平凡的世界》时的随想。路遥的文字朴素中带有诗意，犹如他生活的那片土地上孕育的"信天游"一样，有明亮质朴的质地，也有高远辽阔的气韵。他内心丰富的感情，是从黄土地里生长出来的。火一般的热情加上雪一般的情愫，产生了这些激情飞扬的文字。

推荐阅读：作者创作的札记《早晨从中午开始》。

人间盐

在"我"之外，无数人的生命活动构成了社会。由"我"衍生出的社会关系，构成一个人的生存环境。身处其间，我们将遭遇自己人生的所有问题，还将在学习解决问题的同时，实现自己的生命价值。

一个人的人生总是有限的，人生经验的获得大多来自他人——他们的故事向我们展示了广阔的社会生活场景、人性的幽暗和光泽，提升我们的认知，温暖我们，以人性的光辉滋养我们，并给予我们前行的勇气和力量。

我们知道，一个好的世界，是从维护一个人的尊严开始的。本辑所选文章，即描述一个个具体的人的生活，不论是卑微抑或高贵，也不论是入世还是遁世，它们都给予了深切的理解，向我们揭示了生命丰富的样貌，让我们看见了人性的质地和亮度。他们的梦想、爱恨以及遭遇，这些被排除在宏大叙事之外的东西，不见于历史，却保存在文学之中，构成人类精神史最宝贵的一部分。毋庸置疑，他们的喜怒哀乐、悲欢离合，会激起我们应有的心理反应，也注定会校正我们的生命航向。

若说鸡汤式的人生经验如糖，那么真实严酷的人生经验则可称之为盐。糖可以愉悦人的味觉，却也妨碍人的认知；盐虽让人苦涩，但能让人警醒，而且是必须的生命元素。本辑有糖亦有盐，或许可以让你窥见人生的更多面相。

人间，本是一个平常词，在不同人眼里却有不同的温度：你感受到的冷暖，是你能感受到的；但在你的感觉之外，尚有更大的存在，那里的冷暖更值得你去体会。经历了太久人生的人，心绪往往复杂难言。日本诗人小林一茶曾有这样的俳句："露水的世啊，虽然是露水的世，虽然是如此。"人生的况味尽在不言中。

拣麦穗

张　洁

当我刚刚能够歪歪咧咧地提着一个篮子跑路的时候，我就跟在大姐姐的身后拣麦穗了。

那篮子显得太大，总是磕碰着我的腿和地面，闹得我老是跌跤。我也很少有拣满一个篮子的时候，我看不见田里的麦穗，却总是看见蚂蚱和蝴蝶，而当我追赶它们的时候，拣到的麦穗，还会从篮子里重新掉回地里去。

有一天，二姨看着我那盛着稀稀拉拉几个麦穗的篮子说："看看，我家大雁也会拣麦穗了。"然后，她又戏谑地问我："大雁，告诉二姨，你拣麦穗做啥？"

我大言不惭地说："我要备嫁妆哩！"

二姨贼眉贼眼地笑了，还向围在我们周围的姑娘、婆姨们眨了眨她那双不大的眼睛："你要嫁谁嘛！"

是呀，我要嫁谁呢？我忽然想起那个卖灶糖的老汉。我说："我要嫁那个卖灶糖的老汉！"

她们全都放声大笑，像一群鸭子一样嘎嘎地叫着。笑啥嘛！我生气了。难道做我的男人，他有什么不体面的地方吗？

卖灶糖的老汉有多大年纪了？我不知道。他脸上的皱纹一道挨着一道，顺着眉毛弯向两个太阳穴，又顺着腮帮弯向嘴角。那些皱纹，给他的脸上增添了许多慈祥的笑意。当他挑着担子赶路的时候，他那剃得像半个葫芦样的后脑勺上的长长的白发，便随着颤悠悠的扁担一同忽闪着。

我的话，很快就传进了他的耳朵。

那天，他挑着担子来到我们村，见到我就乐了。说："娃呀，你要给我做媳妇吗？"

"对呀！"

他张着大嘴笑了，露出了一嘴的黄牙。他那长在半个葫芦样的头上的白发，也随着笑声一齐抖动着。

"你为啥要给我做媳妇呢？"

"我要天天吃灶糖哩！"

他把旱烟锅子朝鞋底上磕着："娃呀，你太小哩。"

"你等我长大嘛！"

他摸着我的头顶说："不等你长大，我可该进土啦。"

听了他的话，我着急了。他要是死了，那可咋办呢？我那淡淡的眉毛，在满是金黄色的茸毛的脑门上，拧成了疙瘩。我的脸也皱巴得像个核桃。

他赶紧拿块灶糖塞进了我的手里。看着那块灶糖，我又咧着嘴笑了："你别死啊，等着我长大。"

他又乐了。答应着我："我等你长大。"

"你家住哪哒呢？"

"这担子就是我的家，走到哪哒，就歇在哪哒！"

我犯愁了："等我长大，去哪哒寻你呀！"

"你莫愁，等你长大，我来接你！"

这以后，每逢经过我们这个村子，他总是带些小礼物给我。一块灶糖，一个甜瓜，一把红枣……还乐呵呵地对我说："看看我的小媳妇来呀！"

我呢，也学着大姑娘的样子——我偷偷地瞧见过——要我娘找块碎布，给我剪了个烟荷包，还让我娘在布上描了花。我缝呀，绣呀……烟荷包缝好了，我娘笑得个前仰后合，说那不是烟荷包，皱皱巴巴，倒像个猪肚子。我让我娘给我收了起来，我说了，等我出嫁的时候，我要送给我男人。

我渐渐地长大了。到了知道认真地拣麦穗的年龄了。懂得了我说过的那些个话，都是让人害臊的话。卖灶糖的老汉也不再开那玩笑——叫我是他的小媳妇了。不过他还是常带些小礼物给我。我知道，他真疼我呢。

我不明白为什么，我倒真是越来越依恋他，每逢他经过我们村子，我都会送他好远。我站在土坎坎上，看着他的背影，渐渐地消失在山坳坳里。

年复一年，我看得出来，他的背更弯了，步履也更加蹒跚了。这时，我真的担心了，担心他早晚有一天会死去。

有一年，过腊八的前一天，我估摸着卖灶糖的老汉那一天该会经过我们村。我站在村口上一棵已经落尽叶子的柿子树下，朝沟底下的那条大路上望着，等着。

那棵柿子树的顶梢梢上，还挂着一个小火柿子。小火柿子让冬日的太阳一照，更是红得透亮。那个柿子多半是因为长在太高的树梢上，才没有让人摘下来。真怪，可它也没让风刮下来，雨打下来，雪压下来。

路上来了一个挑担子的人。走近一看，担子上挑的也是灶糖，人可不是那个卖灶糖的老汉。我向他打听卖灶糖的老汉，他告诉我，卖灶糖的老汉老去了。

我仍旧站在那个那棵柿子树下，望着树梢上的那个孤零零的小火柿子。它那红得透亮的色泽，依然给人一种喜盈盈的感觉。可是我却哭了，哭得很伤心。哭那陌生的、但却疼爱我的卖灶糖的老汉。

后来，我常想，他为什么疼爱我呢？无非我是一个贪吃的，因为生得极其丑陋而又没人疼爱的小女孩吧？

等我长大以后，我总感到除了母亲以外，再也没有谁能够像他那样朴素地疼爱过我——没有任何希求，没有任何企望的。

点 评

　　一个用情至深、至纯至真的成人童话。如浑金璞玉，亦如初升之月，慰人心目。这篇温情脉脉的散文，意在张扬亲情、友情、爱情之外的人性之美，因为触碰了人们心底那个最柔软的角落，而被人们长久地怀念。谁都愿被人温柔以待，也都愿温柔待人。童话硬做不来，惟作者心地良善纯正，笔下才有天籁般的文字诞生。

　　何其优美纯净的文字，何其干净温暖的人心。

　　张洁是一位有独特个性的作家，以至情至性的小说和散文享誉文坛。其散文清丽优雅，独抒性灵。

　　推荐阅读：作者怀念母亲的长文《世界上最疼我的那个人去了》。

孩子们眼中的希望

［白俄罗斯］S.A.阿列克谢耶维奇

我想活下去

瓦夏·哈列夫斯基，当时四岁。现在是一名建筑师。

这些景象，这些战火，是我的财富。这些——简直好极了，我忍受的那些煎熬……任何人都不相信我，甚至妈妈也不相信。战争结束后，当人们开始回忆往事时，她惊讶地说："你不应该记得这些，你当时还小。这是谁告诉你的吧……"

不，我本人清楚地记得……

炸弹轰响，我把头扎到哥哥的怀里说："我想活！我想活！"我怕死，尽管我当时对死亡是什么东西还一无所知。那又怎么样呢？

我自己清楚地记得……

妈妈给我和哥哥最后两块土豆，妈妈只是看着我们。我们知道，这是最后的土豆。我想留给她吃……一小块……但是没能够。哥哥也不能……我们感到很羞愧。可怕的羞愧。

不，是我自己记得……

我看见了我们的第一个士兵，依我看，他是位坦克手，但我不能肯定……我跑向他喊叫着："爸爸！"而他用双手把我往空中高高地举起来："乖儿子！"

我记得这一切……

我记得，大人们说："他——还小，不明白。"这让我感到很惊讶："这些大人真可怕，为什么他们断定，我什么都不明白呢？我都懂。"我甚至觉得，我比大人们还要懂事，因为我不哭，他们却哭。

战争——这是我的历史课本。我的孤独……我错过了童年时代，它从我的生活中一闪而过。我是个没有童年的人，代替我童年的是战争。

因此，在以后的生活中，让我快乐的只有爱。当我恋爱的时候……我懂得了爱情……

爸爸在的时候，还没有他

拉丽萨·利索夫斯卡娅，当时六岁。现在是一名图书馆工作人员。

我想起了自己的爸爸……想起了自己的弟弟……

爸爸参加了游击队。法西斯分子逮捕了他，枪杀了他。女人们偷偷告诉了妈妈，他们是在哪里被处决的，爸爸和另外几个人。她跑到他们躺着的地方……她一辈子都记得，那一天的天气非常寒冷，水洼上结了一层薄冰。可他们只穿着袜子躺在地上……妈妈当时正怀有身孕，怀着我的弟弟。

我们要到处躲藏。游击队员的家属都遭到逮捕，连孩子一起抓……被投进有帆布篷的汽车里拉走……我们在邻居家的地窖里躲藏了很长时间。春天已经来临……我们躺在土豆上，土豆发了芽……你睡着了，土豆芽在深夜里钻出来，在你的鼻子旁边弄得痒痒的，就像有只小虫子。小甲虫们住在我的衣袋里、袜子里。我不怕它们——无论白天，还是夜晚。

我们从地窖里钻出来，妈妈生下了弟弟。等他长大了一些，学会了说话，我们一起回忆爸爸："爸爸个头儿高高的……""爸爸很有劲儿……他把我举在手上！"

这是我和妹妹在谈论爸爸，弟弟问："我在哪儿呢？""那时候还没你呢……"他哭了起来，因为爸爸在的时候，还没有他……

我是你的妈妈

塔玛拉·帕尔西莫维奇，当时七岁。现在是一名打字记录员。

整个战争期间我都在想妈妈。在战争开始的日子我就失去了妈妈……我们正在睡觉，我们的少先队员夏令营遭到了轰炸。我们从帐篷里飞快地钻出来，奔跑着，叫喊着："妈妈！妈妈！"教养员抚摸着我的肩膀，想安抚我，让我平静下来，可我还是哭喊着："妈妈！我的妈妈在哪里？"直到她把我搂在怀里，说："我——就是你的妈妈。"

在我的床头挂着一条裙子、白色的短上衣和红领巾。我穿戴好，和伙伴们徒步向着明斯克的方向出发了。沿途有许多孩子被父母接走了，可是我没有见到我的妈妈。突然听到人们说："德国人进城了……"我们赶紧往回跑。有个人对我说，他看见了我的妈妈——她被打死了。

当时我立刻失去了记忆……

我们是怎么到达奔萨的——我不记得，我是怎么被送到保育院的——我不记得。记忆中这一切都是一片空白……我只记得，有许多孩子，只能两个人挤到一张床上睡觉。如果一个哭，另一个也跟着哭："妈妈！我的妈妈在哪里？"我还很小，一位保育员阿姨想认我做干女儿。可是，我只想要自己的妈妈……我从食堂里走出来，所有的孩子们都冲着我喊："你的妈妈来了！"我的耳朵里充满了这种声音："你的妈妈……你的妈妈……"每天晚上我都梦见妈妈，我真正的妈妈。突然——她真的出现在了面前，可是我觉得，这是在做梦。我看着——妈妈！但不相信这是真的。有好几天人们都劝慰我，我还是害怕走到妈妈身边。万一这是梦呢？是我在做梦呢？妈妈哭着，而我喊叫："别过来！我的妈妈死了。"我害怕……我害怕相信自己能拥有幸福……

点　评

孩子眼里的战争，是留在他们心里的永远的创伤。作者通过当事人的自述，还原了战争血腥、残酷的现场，读来令人心碎。如何让对象讲述真实的记忆，这是一个问题，也体现了作者挖掘事件真相的能力。这是非虚构创作的范本。

推荐阅读：作者非虚构代表作《切尔诺贝利的祭祷》《二手时间》。

窃读记

林海音

转过街角，看见三阳春的冲天招牌，闻见炒菜的香味，听见锅勺敲打的声音，我松了一口气，放慢了脚步。下课从学校急急赶到这里，身上已经汗涔涔的，总算到达目的地——目的地可不是三阳春，而是紧邻它的一家书店。

我趁着漫步给脑子一个思索的机会："昨天读到什么地方了？那女孩不知最后嫁给谁？那本书放在哪里？左角第三排，不错……"走到三阳春的门口，便可以看见书店里仍像往日一样挤满了顾客，我可以安心了。但是我又担忧那本书会不会卖光了？因为一连几天都看见有人买，昨天好像只剩下一两本了。

我跨进书店门，暗喜没人注意，我踮起脚尖，使矮小的身体挨蹭过别的顾客和书柜的夹缝，从大人的腋下钻过去。哟，把短发弄乱了，没关系，我到底挤到里边来了。在一片花绿封面的排列队里，我的眼睛过于急忙地寻找，反而看不到那本书的所在。从头来，再数一遍，啊！它在这里，原来不是在昨天那位置了。

我庆幸它居然没有被卖出去，仍四平八稳地躺在书架上，专候我的光临。我多么高兴，又多么渴望地伸手去拿，但和我的手同时抵达的，还有一只巨掌，五个手指大大地分开来，压住了那本书的整个：

"你到底买不买？"

声音不算小，惊动了其他顾客，全部回过头来，面向着我。我像一个被捉到的小偷，羞惭而尴尬，涨红了脸。我抬起头，难堪地望着他——那书店的老板，他威风凛凛地俯视着我。店是他的，他有全部的理由用这种声气对待我。我用几乎要哭出来的声音，悲愤地反抗了一句：

"看看都不行吗？"其实我的声音是多么软弱无力！

在众目睽睽之下，我几乎是狼狈地跨出了店门，脚跟后面紧跟着是老板的冷笑："不是一回了！"不是一回了？那口气对我还算是宽容的，仿佛我是一个不可以再原谅的惯贼。但我是偷窃了什么吗？我不过是一个无力购买而又渴望读到那本书的穷学生！

曾经有一天，我偶然走过书店的窗前，窗里刚好摆了几本慕名很久而无缘一读的名著，欲望推动着我，不由得走进书店，想打听一下它的价钱。也许是我太矮小了，不引人注意，竟没有人过来招呼，我就随便翻开一本摆在长桌上的书，慢慢读下去。读了一会儿仍没有人理会，而书中的故事已使我全神贯注，舍不得放下了。直到好大工夫，才过来一位店员，我赶忙合起书来递给他看，煞有介事地问他价钱，我明知道，任何便宜价钱对于我都是枉然的，我绝没有多余的钱去买。

但是自此以后，我得了一条不费一文读书的门径，下课后急忙赶到这条"文化街"，这里书店林立，使我有更多的机会。

一页，两页，我如饥饿的瘦狼，贪婪地吞读下去，我很快乐，也很惧怕，这种窃读的滋味！有时一本书我要分别到几家书店去读完，比如当我觉得当时的环境已不适宜我再在这家书店站下去的话，我便要知趣地放下书，若无其事地走出去，然后再走入另一家。

　　我希望到顾客正多着的书店，就是因为那样可以把矮小的我挤进去，而不致被人注意。偶然进来看看闲书的人虽然很多，但是像我这样常常光顾而从不买一本的，实在没有。因此我要把自己隐藏起来，真是像个小偷似的。有时我贴在一个大人的身边，仿佛我是与他同来的小妹妹或者女儿。

　　最令人开心的还是下雨天，感谢雨水的灌溉，越是倾盆大雨我越高兴，因为那时我便有充足的理由在书店待下去。好像躲雨人偶然避雨到人家的屋檐下，你总不好意思赶走吧？我有时还要装着皱起眉头不时望着街心，好像说："这雨，害得我回不去了。"其实，我的心里是怎样高兴地喊着："再大些！再大些！"

　　但我也不是个读书能够废寝忘食的人，当三阳春正上座，飘来一阵阵炒菜香时，我也饿得饥肠辘辘。那时我也不免要做个白日梦：如果袋中有钱该多么好！到三阳春吃碗热热的排骨大面，回来这里已经有人给摆上一张弹簧沙发，坐上去舒舒服服地接着看。我的腿真够酸了，交替着用一条腿支持另一条，有时忘形地撅着屁股依赖在书柜旁，以求暂时的休息。明明知道回家还有一段路程好走，可是求知的欲望这么迫切，使我舍不得放弃任何可捉住的窃读机会。

　　为了解决肚子的饥饿，我又想出一个好办法，临来时买上两个铜板（两个铜板或许有）的花生米放在制服口袋里。当智慧之田丰收，而胃袋求救的时候，我便从口袋里掏出花生米来救急。要注意的是花生皮必须留在口袋里，回到家把口袋翻过来，细碎的花生皮便像雪花样地飞落下来。

　　但在这次屈辱之后，我的小心灵确受了创伤，我的因贫苦而引起的自卑感再次地犯发，而且产生了对人类的仇恨。有一次刚好读到一首真像为我写照的小诗时，更增加了我的悲愤。那小诗是一个外国女诗人的手笔，我曾抄录下来，贴在床前，伤心地一遍遍读着。小诗说：

我看见一个眼睛充满热烈希望的小孩，
在书摊上翻开一本书来，
读时好似想一口气念完。
开书摊的人看见这样，
我看见他很快地向小孩招呼：
"你从来没有买过书，
所以请你不要在这里看书。"
小孩慢慢地踱着叹口气，
他真希望自己从来没有认过字母，
他就不会看这老东西的书了。
穷人有好多苦痛，
富人永远没有尝过。
我不久又看见一个小孩，
他脸上老是有菜色，
那天最少是没有吃过东西——

他对着酒店的冻肉用眼睛去享受。

我想着这个小孩的情形必定更苦，

这么饿着，想着，这样一个便士也没有。

对着烹得精美的好肉空望，

他免不了希望他生来没有学会吃东西。

我不再去书店，许多次我经过文化街都狠心咬牙地走过去。但一次，两次，我下意识地走向那熟悉的街，终于有一天，求知的欲望迫使我再度停下来，我仍愿一试，因为一本新书的出版广告，我从报上知道好多天了。

我再施惯技，又把自己藏在书店的一角。当我翻开第一页时，心中不禁轻轻呼道："啊！终于和你相见！"这是一本畅销的书，那么厚厚的一册，拿在手里，看在眼里，都够分量！受了前次的教训，我更小心地不敢贪懒，多串几家书店更妥当些，免得再遭遇到前次的难堪。

每次从书店出来，我都像喝醉了酒似的，脑子被书中的人物所扰，踉踉跄跄，走路失去控制的能力。"明天早些来，可以全部看完了。"我告诉自己。想到明天仍可以占有书店的一角时，被快乐激动得忘形之躯，便险些撞到树干上去。

可是第二天走过几家书店都看不见那本书时，像在手中正看得起劲的书被人抢去一样，我暗暗焦急，并且诅咒地想：皆因没有钱，我不能占有读书的全部快乐，世上有钱的人这样多，他们把书买光了。

我惨淡无神地提着书包，抱着绝望的心情走进最末一家书店，昨天在这里看书时，已经剩了最后的一册，可不是，看见书架上那本书的位置换了另外的书，心整个沉下了。

正在这时，一个耳朵上架着铅笔的店员走过来了，看那样子是来招呼我的（我多么怕受人招待）。我慌忙把眼睛送上了书架，装作没看见。但是一本书触着我的胳膊，轻轻地送到我的面前：

"请看吧，我多留了一天没有卖。"

啊，我接过书害羞得不知应当如何对他表示我的感激，他却若无其事地走开了。冲动的情感，使我的眼光久久不能集中在书本的黑字上。

当书店里的日光灯忽地亮了起来，我才觉出站在这里读了两个钟点了。我合上最后一页——咽了一口唾沫，好像所有的智慧都被我吞食下去了。然后抬头找寻那耳朵上架着铅笔的人，好交还他这本书。在远远的柜台旁，他向我轻轻地点点头，表示他已经知道我看完了。我默默地把书放回书架上。

我低着头走出去，黑色多皱的布裙被风吹开来，像一把支不开的破伞，可是我浑身都松快了。摸摸口袋里是一包忘记吃的花生米，我拿一粒花生送进嘴里，忽然想起有一次国文先生鼓励我们用功的话：

"记住，你是吃饭长大，也是读书长大的！"

但是今天我发现这句话还不够用，它应当这么说：

"记住，你是吃饭长大，读书长大，也是在爱里长大的！"

点评

　　林海音很会讲故事，叙述功底极深厚。刻画人物简洁精到，一句话就活画出了两种人：一个是"你到底买不买？"，一个是"请看吧，我多留了一天没有卖"。一冷一暖，一恶一善，对比鲜明，人物品性跃然纸上。心理描写入木三分，窃读时的担心、执着诸种情绪交织，写出了一个爱读书又买不起书的小女孩的真实心理。结构设置匠心独运，开头设置悬念，结尾画龙点睛。开头由"街角、招牌、菜香"引出书店，连续的折转和悬念，让读者于"柳暗"处又见"花明"；结尾处一句："记住，你是吃饭长大，读书长大，也是在爱里长大的！"升华了主题，可谓振聋发聩。

一条找不到家的土著狗

阎连科

　　有一次和家人一块儿去八达岭，回来到沙河那儿，看到一只狗在封闭的高速公路上逆行着疯跑和寻找。我们担心它最终会和某辆车撞在一块儿，几经周折，我们用食品和水换取了狗的信任，并把它带回了家。

　　它是一只黑白相间的花公狗，土著，有四十厘米高。从它的体态、胖瘦和对人的信任来看，可以肯定它不是一条流浪狗。流浪狗的目光都是警觉而又乞求的，而它在吃了蛋糕喝了水后，那目光中的警觉很快就消失了，只剩下一些焦虑和不安。由此可以判断，它是一只有家、有亲人的狗。

　　把它放在我家院落里，它除了身处陌生环境的不安外，没有了在高速路上对汽车与死亡的焦虑和紧张，看到我们一家人时总是摇着尾巴，舔我们的手。看到有同类被人牵着在院子里溜达时，它会发出示好和相邀的叫声。

　　狗对家是有超强记忆能力的。几年前，报纸上曾登过一则消息说，有一个人用汽车把一只狗从北京拉到几百公里外的唐山，结果那狗过了二十多天，又从唐山跑回了北京家里。由此我推测，土著花狗眼神中的不安和陌生，其实是对主人的思念和怀想。

　　果然，在我的观察中，这只土花狗每天半夜都在喝完半盆水后离开我家，走出院子，不知去了哪里。天亮前，它又精疲力竭地回来，卧在我家院里，一脸的失落。

　　就这样，半月后的一天早上，我起床出门，发现它没有如往日那样疲惫地卧在食盆边上，直到中午、晚上它都没有回来。

　　从那以后，每天早上，一家人无论谁先起床，都要首先开门看一看，院里的那棵椿树下是否卧着一只土生土长的大花狗……随着时间的昼走夜来，我们对于花狗的记忆渐渐淡薄了。

　　事情的戏剧性变化是在一个多月后，秋天到来时。有一天下午，我正在院里摘豆角，忽然听到栅栏外有"汪汪"的狗叫声。抬起头，看见那只花狗站起来把它的前爪搭在门上，目光中的热切像寒夜中的两把火。在那狗的身后，是它的主人，一个六十多岁、秃了顶的大兴农民，怀里抱着两个巨大的西瓜，累得满脸是汗。

"喂——是你收留过我们家的花花吧？"老人大声地问着我，把那两个西瓜放在低矮的栅栏外。

老人把这只狗从小养到大，两个月前，狗出门去追一只发情的野狗，追着追着就跑丢了。半个月后，有天早上一起床，门一开，它却又突然回去了。

老人今天到世界公园这边卖西瓜。卖着卖着就见花狗不停地要往这个院子跑，跑到院子门口，重又回到他的瓜车旁，回到瓜车旁又心神不宁地朝这院子跑，有几次还咬着他的裤腿朝院子门口这边拉，弄得他生意都没法畅畅快快地做，最后他忽然想起它失踪半月的事，估摸这院里有人曾在那半个月里收留过它，就跟着花狗到了我家。

花狗和它的主人离开我家时，夕阳西下，院子里一片彤红温暖的光。

点评

这篇文章初看平淡无奇：一条走失的狗被"我"收留，但它忠诚于原主人，随后寻机离开了家。倘若到此结束，那这就只是一篇平常的文章。巧妙之处在于：一个多月后，狗竟然回来了，而且带着自己的原主人，老人抱来两只大西瓜作谢忱。这个欧·亨利式的结尾，满足了读者的期待：好心人终得酬报，这里的"酬报"更多的是指精神层面的被认可。狗在文中仅仅是个道具，它不忘本、懂感恩，但作者最为看重、着力要表现的东西是人性。有善良懂感恩的主人，狗的忠诚的天性才能得以保全。

推荐阅读：作者散文集《北京，最后的纪念》。

异乡的雨伞

苏龙美惠

到加拿大的第二个春天，我准备去一个叫兰多里的小镇应聘。

兰多里距离我所居住的城市有八百多公里，却没有直接开往那里的火车，我必须到一个叫德唯斯的小镇转车。

一大早我就出发了，下了火车，我站在德唯斯小镇的站台上。一位瘦削矮小的老太太正挥动着右手，目光一直追随着那辆渐行渐远的列车。当列车完全消失于她的视线中时，她才将挥动的手放下，转过身，准备走出站台。

"请问，去兰多里的车几点发呢？"

老太太回过头，看见我拎着一个很大的行李箱，她微笑着回答："晚上九点！"随即，她看了看手腕上的表，"哦，现在才中午，时间还早。"

我对她说了声"谢谢"，拉着行李箱，穿过站台的地下走廊。我想去快餐店吃午饭，然后随便到德唯斯小镇逛逛。

晚上八点半，我准时赶到了车站，买票的时候才发现，去兰多里的车是两天发一次，而今天恰好没有！我感到沮丧，而老天似乎也不给我一丝快乐的理由——突然下起了大雨！

我被困在车站的候车厅里，呆呆地望着旋转门外来来往往的行人。车站的嘈杂衬托出我身处异乡的孤独，尤其在这样一个下着大雨的陌生小镇，我显得无精打采，落寞惆怅。

这时，大厅的旋转门被推开了，那位瘦削而矮小的老太太走了进来。她右手拿着一把滴着水的红色雨伞，雨水顺着伞边滑落到她的脚上，她脚上的胶鞋和裤管几乎都被雨水淋湿，贴在了她细细的腿上；左手里是一把折叠好的雨伞。她似乎在焦急地寻找着什么人。

看见我，她的嘴角浮起一丝微笑，她向我走来："请问，今天中午是你向我打听去兰多里的发车时间吗？"

"哦，是的，是我。"我说。

"实在对不起，小姐，我记错了，去兰多里是两天发一趟车，今天刚好没有，我估计你会在这里等，突发的大雨会使你一时无法离开车站。"她将那把没有撑开的雨伞递给了我，"是我的过失，导致你一天安排的失误，所以，我恳请你去我家住一个晚上，明天我送你上火车，好吗？我家就在车站附近，走路顶多十五分钟。"

我不知道是否该接受老太太的邀请。我想，这也许是因为我来自另一个国度，这个国度和加拿大有着截然不同的文化背景。

我只好委婉地说："雨太大，我们还是等雨停了再说吧。"

她显然很赞同，一点没有觉察出我内心的那丝犹豫，然后坐了下来，和我聊起了天。

她告诉我，她今天送走了她的儿子，她的儿子一直很喜欢东方文化，所以准备去中国留学和工作。她谈起了她去世的丈夫和年轻时他们去过的国家。从她的谈话中，我能感受到她似乎也担心她的儿子遇到和我同样的问题，我更能猜测出，在她的意识里，即便是陌生人之间，也应该拥有做人的责任与诚信。

雨渐渐小了，我撑着老太太送来的雨伞，搀扶着她，去了她的家。

第二天，她将我送上了去兰多里的火车，和送别她儿子一样，她向我挥动着右手，很久很久。

国外打工的日子颠沛流离，我的生存状态一直是在途中。可每次走过站台，我总情不自禁地想起那位瘦削矮小的老人，她做人的诚信与责任，总会使我漂泊的心温暖起来。

点 评

伏笔、铺垫、照应，是这篇文章在情节设计上的精巧之处。开篇看似无意的写道：站台上，"一位瘦削矮小的老太太正挥动着右手……"。在结尾处找到照应"她告诉我，她今天送走了她的儿子……"。除此之外，还有老太太的微笑、突然下起的雨、雨伞等意象的反复出现，使文章有情有景有境。

特别是对老太太再次出现时的描写，繁简有度，画面感强，让"我""独在异乡为异客"的孤独落寞得到了慰藉。结尾精当的议论成为文章的点睛之笔，老太太这种超越了国界，超越了不同文化背景，推己及人的诚信与责任，成为人性最美的闪光，温暖了多少颠沛流离的途中人。

人间情分

张曼娟

下着梅雨的季节，令人心浮动，生活烦躁起来。尤其是上下课时，捧抱着大叠教材讲义，站立在潮湿的街头，看着呼啸如流水奔涌的大小车辆，却拦不住一辆计程车，那份狼狈，无由地令人沮丧。

也是在这样绵绵密密、雨势不绝的午后，匆忙地赶赴学校。搭车之前，先寻觅一家书店，复印若干讲义给学生，因为时间的紧迫，我几乎是跑进去的，迅速将原稿递交从未谋面的年轻女店员。

那女孩有一双细白的手掌，铺好原稿，开动机器，她先复印了两张尺寸较小的，而后将两张复印稿并排成一大张。抬起头，她微笑地说：

"这样不必印八十张，只要四十张就够了。好不好？"

我诧异地看着她继续工作，在复印机一阵又一阵的光亮闪动里，也诧异地看着她的美丽。

原本，她的五官平凡无奇，然而，此刻当我的心灵完全沉浸在这样宁谧的气氛中，她不再是个平凡女孩。

我看着她仔细地把每一张纸整齐裁开、叠好，装进袋子，连同原稿还给我。付出双倍劳力，却只换来一半的酬劳，她主动做了，还显得格外光彩。

离开的时候，我的脚步缓慢了些。焦躁的感觉，全消散在一位陌生人善意的温柔中。并且发现，即使行走在雨里，也可以是一种自在心情。

第二次去澎湖，不再有亢奋的热烈情绪，反而能在阳光、海洋以外，见到更多更好的东西。望安岛上任意放牧的牛群；刚从海中捞起的白色珊瑚，用指甲轻划，会发出"铮"的声响。夏日渡海，从望安到了将军屿，一个距离现代文明更远的地方。有些废弃的房舍，仍保留着传统建筑，只是屋瓦和窗棂都绿草盈眼了。岛上看不见什么人，可以清晰听见鞋底与水泥地的摩擦声，这是一个隔绝的世界呢！

转过一丛丛怒放的天人菊，在某个不起眼的墙角，我被一样事物惊住了——一部蓝色的公用电话。

不过是一部公用电话，市区里多得几乎感觉不到；然而，当我想到当初设置的计划，渡海前来装置、架接海底电缆……那么复杂庞大的工程，只为了让一个人传递他的平安或者思念，忍不住要为这样妥帖的心意而动容了。

一个月的大陆探亲之旅，到了后期已如残兵败将，恨不能丢盔弃甲。大城市的火车站规模不小，从下车的月台到出口，往往得上上下下攀爬许多阶梯，那些大小箱子早超过我们的负荷能力了。

那一次，在南方的城市，车站阶梯上，我们一步也挣不动，只好停下来喘息。一个年轻男子从我们身边走过，像其他旅客一样，而不同的是他注视着我们，并且也停下来。

"我来吧！"

他温和地说着，用卷起衣袖的手臂提起大箱子，一直送到顶端。我们感激地向他道谢，他只笑一笑，很快地隐遁在人群中。

着白色衬衫的背影，笑容像学生般纯净，是我在那次旅行中，最美的印象了。

现代人因为寂寞的缘故，特别热衷于"谈"情"说"爱；然而又因为吝啬的缘故，情与爱都构筑在薄弱的基础上。

有时候，承受陌生人的好意，也会忍不住自问，我曾经替不相干的旁人做过什么事？

人与世界的诸多联系，其实常常是与陌生人的交接，而对于这些人，无欲无求，反而能够表现出真正的善意。

每一次照面，如芰荷映水，都是最珍贵而美丽的人间情分。

> **点评**
>
> 　　本文以情为线索，用彩线串珠的构思，把看似毫无关联的人、事、情、景、境串联起来，用来表现这个世界无所不在、令人感动的温暖和善意，以此呈现"人间情分"这一主题。结尾处对人物的赞美，诗意的语言，情真意切又耐人寻味，言已尽而意未了，实属画龙点睛之笔。
>
> 　　**推荐阅读：**作者散文集《青春》。

转 身

李汉荣

　　一转身，那个动人的身影就不见了。在人海里，想再次与她相遇，哪怕匆匆一瞬，都是不可能了。

　　在都市、在广场、在车站、在机场、在大街、在超市、在乡野、在人流聚散的地方，我经常有这种感受：转身，就是永别。

　　那一次我在北京火车站等车。在拥挤的人流里，我不小心踩了右边一个年轻人。我正准备道歉或接受责备，却看见转过来一张文雅谦和的脸，他说："对不起，我挡着你了。"我竟然被感动了，只顾欣赏这张善良的、有教养的脸，只顾欣赏这江南的表情，却忘了对他说声谢谢，把最诚挚的心情告诉他。当我忽然记起，正要张口表达，人潮猛然涌了过来，一转身，我已找不到他，只看见攒动的人头，闪动的各色衣服……

　　还记得那年春天，我一人在秦岭深处行走，山路两旁开满野花：灯芯花、野草莓花、苜蓿花、蒲公英花……路下面的小河，清澈如镜，温柔如绸，淙淙的水声像母亲轻唤谁的乳名。四周的群山，一律被松树、柏树、桦树和茂密的灌木覆盖。闻着花香，听着水声，看着山色，我恍然已走进古代，入了那"拈花微笑"的仙境。正在此时，迎面走来一位小女孩，她头上插了几朵野花，手里拿着一束菖蒲，好看的脸上满是羞涩，浑身洋溢着纯真的自然气息。但我不便过分地注意她，我怕她受到惊吓。于是我停下来，给她让路，然后静静地看她远去，欣赏着她的背影，却记不清她的眼睛和脸究竟是什么样子，匆匆一瞥里只得到"好看"的朦胧感觉。也许，或者是一定的，我这一生只有这一次和她相遇了，只有这一次，在她还是小女孩的时候。我突然感到十分失落和惆怅。怎么办呢？我想多看她一眼，看仔细些。我想在记忆里逼真地收藏一个像野花一样纯真的秦岭女孩。这也许是她一生里最生动的瞬间，我记起了泰戈尔的诗句，"你不知道你是多么美丽，你像花一样盲目。"我情不自禁地转过身来，沿着小女孩走去的方向走着，走到山路转弯的地方，出现了一个三岔路口。我已经无法知道小女孩走进了哪一条路径，她肯定知道我注意到了她，那么，在岔路口，在她转身的时候，她是否知道，不远处，有一位陌生的叔叔，他眺望的眼睛？就那么一转身，她消失在命运的路径，也许就是我此生永远都不能踏上的路径……

冬天，已经很冷了，西伯利亚寒流远道而来，遭遇袭击的当然是穷人，最可怜的是乞丐。乞丐不多，但不多的乞丐也常常有力地触动和唤醒我们冬眠的良心。在南大街路口，我看见一位衣服褴褛的中年乞丐。我急忙赶回家，拿上我去年穿过的那件防寒服找他。可是来到南大街，已看不见他，于是我在东大街找他，又在北大街找他，都没有找到。最后我来到丁字路口，还是没有找到他，却遇到了一个老年乞丐，一转身，苦难交换了方向，交换了背影，但苦难的身份没有改变，都是苦难。于是我把防寒服披在这位贫苦老人的身上，希望他下降的体温能稍稍回升，希望降温的人性能稍稍回升。我由此想到，亚洲的穷人，非洲的穷人，全世界的穷人，想到徘徊在文明大街上的那些孤苦身影，一转身，他们到哪里去了？而文明，你能否追上去，轻轻拉起那褴褛的衣襟，或者握着那空空的手，仔细看看他们的眼睛？他们到哪里去了，一转身？

一转身，车窗外的河流已经不知去向；一转身，门前的那只鸟已不见踪影；一转身，天上的那座虹桥已经悄然消失；一转身，水里的鱼已经没入深渊；一转身，父亲已经走远，新垒的坟上，墓草青青……

旭日一转身变成落日，青丝一转身变成白发，爱情一转身变成婚姻，诗一转身变成散文，羊群一转身变成毛衣……等一等，等一等，能否再转回来？

点评

以抒情的调性叙事，是此篇最为特殊的地方。文章以"转身，就是永别"为着力点，所写三件事均平淡无奇，然结尾处由此绵延出的未尽之意才是本文的精髓，言近而旨远。对相遇瞬间的描写生动抓人，由此展开的思绪绵长深沉，语词背后涌动着刚健饱满、明亮慈悲的情感。作者能以慈悲之眼、惠爱之心观照世间，使文章结尾升华出高远的意境。白居易《简简吟》里有言："大都好物不坚牢，彩云易散琉璃脆。"生命短暂，美好的人和事总是转身就不见，那么，且等一等，去欣赏那些转身的瞬间。

推荐阅读： 作者散文集《万物有情》。

斯皮尔伯格回信

安　顿

外甥想给斯皮尔伯格写信，他问我："如果我告诉他我爱死了他的电影，你说，他会给我回信吗？"我当时立即想起了一个故事：斯皮尔伯格小时候迷恋一位大导演，到片场门外去等这位大师，大师没时间见他，因此他下定决心要拍电影、见大师。有这样的童年经历，他一定不会怠慢一个来自中国的小影迷。我想，外甥也就是问问。

外甥离开了半个多小时后，跑回来："我买了一种最好看的信纸和信封，咱们手写，这样显得郑重。"

这件事情不好办。我不知道斯皮尔伯格的地址，外甥觉得没什么，上网一定能找到。还真给他找到了梦工厂的地址，"咱们可以写给梦工厂，转斯皮尔伯格收。麦太给奥委会主席写信申请让麦兜抢包山的时候，就是这么做的，还说谢谢合作呢！"

于是我们写了一封信。

亲爱的斯皮尔伯格先生：

　　您好！

　　我叫旦旦，来自中国北京，我很喜欢您拍的电影。因为《大白鲨》，我至今不敢下海游泳，因为《E.T.》，我常常会觉得小自行车能飞，飞过树梢，飞到月亮边上，只要在车筐里放上一个 E.T. 就行。我有 E.T.，但不是真的，是一个模型，所以，我知道，我的小自行车暂时飞不起来。我小姨在中国当记者，她也喜欢你的电影，我喜欢的她都喜欢，另外，她还喜欢《紫色》和《辛德勒名单》，我还没看，但我相信我肯定喜欢。

　　我给你写信没事儿，就是想告诉你，我很喜欢你，希望你拍出更好的电影。等我去了美国，就去看你、请你。

旦旦

外甥满脸真诚地让我翻译成英文，这封信就这样发出了。从这一天起，他一见我就问："斯皮尔伯格回信了吗？"

我说："没有。"

每天，这样的问话都在重复，而且越来越简单。

"小姨，斯皮尔伯格回信了吗？"

"小姨，回信了吗？"

"小姨？"

最后，发展到他一看我，我就说："没有。"

然后，就是今天，他用眼神问我，我用眼神说："没有。"

我们都不说话了，已然心照不宣。

晚上，外甥在看不知第多少遍的《E.T.》，我忽然觉得心里有点儿过意不去，走过去摸摸他的头，竟然说："斯皮尔伯格的回信明天就会来。"他看看我，没说什么。

想起原来看过的一部荒诞戏剧《等待戈多》，两个闹自杀的人，今天不自杀，就是因为戈多说了明天就会来。他们俩一直没死成，因为总有明天，戈多明天一定会来，于是他们一直活着，等待戈多。

外甥忽然问我："小姨，你怎么知道明天就会来？"

我说我其实不知道，我只是觉得，明天该来了。

他是快乐的孩子，开始安慰我："其实我写信的时候就知道，可能这个回信永远不会来，斯皮尔伯格太忙了，再说，我们写到梦工厂，万一梦工厂没转给他呢？就算转了，他没收到呢？就算收到了，没看呢？就算看了，没时间回呢？就算回了，没时间寄呢？就算寄了，半路上丢了呢？所以，还是收不到。其实没关系，我写了，心里就特别高兴。我还是喜欢他，不会因为他不给我回信就怪他的。"

小男孩睡着了，脸上洋溢着幸福和满足，每天他都是这样的。因为不管发生什么事儿，他的心里都没有不平。

有时候，孩子是我们的老师，他们的这种逻辑，也能让我们的内心平和起来。

点 评

　　用儿童的视角去写文章，儿童天性的纯真烂漫以及思维方式的不理性，会给读者带来独特的阅读体验，使文章的表达别有韵味，这是很多名家常用的手法。这篇文章也是这样，用孩子的眼睛去观察人和事，用孩子的心思去对待这个世界——一切都是平和的、单纯的、美好的。世界本就这样，是我们大人把它弄复杂了。

小 事

[法国] 吉尔贝·塞斯布隆

　　在巴黎法兰西学院的一个院子里，正对着窗户，从葡萄藤中间露出一段管子，正好有一握粗。谁也不知道管子通到哪儿、用来干什么，平时也没人会注意它。可是，每年有一只小鸟会来这儿，它待在里面刚刚合适，就像一粒子弹装在枪膛里似的。它感到很安全、很清静，所以从早到晚都放开嗓子唱歌。附近一间办公室里有个年老的办事员，总开着窗户。每天上午，他做的第一件事就是开窗，而下班前，他最后一句话就是对着鸟儿说声"再见"。

　　可是，有一天，工人来修理房顶的排水檐沟。"您爬上去以后，把那段管子拔下来，它什么用也没有！"于是，鸟儿飞到别的地方藏身去了。在窗子边办公的老头儿觉得很不舒服，工作起来没精打采。过了好几天，他探身到窗外，用手拨弄葡萄藤，才明白为什么自己这么难受，这么阴郁……"见鬼！见鬼！"

他擦了擦脑门。"见鬼！见鬼！"他在这里工作四十年了。四十个春秋，一切都按部就班，有条不紊：每天要写同样多的文字，每天有同样多的记录要归档，有同样多的文件要研究……四十年啦！而今天……他摘下眼镜、小圆帽和套袖，没有对他的同事们解释（他怕一提起来就发火），径自下了楼，打算去找人诉苦。可是走到半路，他觉得自己心中的委屈似乎有些孩子气，而且这么做也不会使他再听到小鸟的歌声，便又从原路返回办公室。他一整天都压着一股火，还早退了二十分钟——四十年来，这还是第一次。他用这个时间通过艺术桥（注：塞纳河上通向罗浮宫的桥），沿着梅依斯里滨河大街一直走到一家卖鸟的铺子，把那里每只鸟儿的叫声都听过一遍，然后选了一只。这只鸟啁啾的叫声最像他那离去的同伴了。他把鸟装在一个柳条笼子里，发黄、干瘦的手指头从柳条缝隙伸进去："突噜……突噜……"

前一天下班走得早，第二天他比谁都先到。他把鸟笼挂在窗户旁边，添上水和小米，还放了一块墨鱼骨头，然后开始等待。那只鸟在他离开之后，把这小小的王国巡视一番，用嘴玩弄一下葡萄藤，在孤独之中试了试嗓子，就不断线地唱了起来。老头笑了笑，瞥了一眼周围的同事，终于重新感到了愉快，能专心工作了。

有一天，一个当官的从院子里走过，发现那只鸟笼把整个布局都破坏了："法兰西学院可不是门房，也不是穷公务员的阁楼间！"人家是领导，谁也别想对他解释。于是鸟笼不见了。

过了不久，老公务员再也忍受不了这漫长、无聊的日子，便要求退休。不巧的是，只有他认识同办公室的那位女同事的笔迹。在发生了几次差错以后，那位女职员也不得不辞职。

可是，二十年来，她对面那位耳聋的职员习惯了她说话的语速和动作，只要看看她的嘴唇怎么动，就知道她在说什么。现在聋子失去了唯一的翻译，不能继续工作了，只得接着告退。

然而，只有他一个人知道这里档案的分类法。他走后，档案出现了混乱，接手的人因此被解雇——当然并不是没有争吵，而是在这古老的屋顶下发生了一起最为激烈的口角——该办事员工作效率很高，可是性情暴躁。他哥哥为了维护自己的尊严，也一起离职了，因为他们是科西嘉人。

那位老兄十分高傲，说走就走，完全没有把工作交代一下。他本来是负责检查学院房屋维修情况的。这幢房子年久失修，已经破旧不堪了。10月份下雨的时候（这里，那位老职员又高兴地听到了他那小同伴的歌声），房顶的排水檐沟坏了，雨水从天花板渗了进来，地板塌了，墙壁裂了缝。

房屋损坏的情况被发现时，已经来不及弥补。于是，人们搭起一个大型支架，靠在不太结实的墙上，把快塌的墙撑住。

经过几个世纪的冷遇，官方的建筑师忽然发现楼里有许多阁楼间、贮藏室和密室——按他们的说法，有许多"浪费了的地方"。文化部认为自己的房子太挤，扬言要把这座大楼拨归他们使用，法兰西学院当然不答应。一大群法学家和典籍学家纷纷研究大楼的所有权，撰写回忆录。另一方面，人们又画了许多平面图，就这一争执交换了各种颜色封面的公文。也就在这个时候，维修工作中断，连支架也开始摇晃起来。

官司一直打到内阁。内阁声称若干年之后才会宣判。

有时候，夜里有几块隔板掉了下来，几段不结实的墙坍塌。

也有时候，一位很老的老先生——看门的仿佛还能认出他——走进院子里，一面摇着头，一面长时间地察看这座破败的大楼。

还有时候，一只非常小的鸟儿，唱着歌从这堆废墟上飞过。

点评

以荒诞手法表达一种隐喻和悲剧意识，是这篇讽刺小品的特质。

故事设计得非常巧妙，一只藏在管子里的小鸟，像一粒藏在枪膛里的子弹——这个新奇的比喻，预示了随之而来的紧张进程。由管子引出唱歌的鸟儿以及爱鸟人，然而一道粗暴的指令，致使管子被毁，小鸟离巢，爱鸟人持守的生活理念坍塌，于是离职。由于他的离职，最终导致所有人离开，大楼废弃，官司无休。这好似往湖心投了一块石头，激起的涟漪一圈圈漾开，引发了"多米诺"效应，最后全盘皆废。世事纷繁交错，往往牵一发而动全身。很多小人物、微事件导致了历史的大转折，所以，为小恶可招致大灾难，寓意深远。文中善用陷喻，那个当官的隐喻权力，倒塌的楼则隐喻着某种社会结构。

结尾极妙，美的守护者（老人）和美的创造者（鸟）意味深长地"俯瞰"这座废墟，引人遐想。

手 帕

［德国］赫塔·米勒

张 高译

我的祖母有个儿子叫迈茨。二十世纪三十年代他被送到蒂米什瓦拉去读商科，以便接手家族的谷物贸易和杂货店。学校里有不少来自第三帝国的教师，都是货真价实的纳粹。他本来应该被训练成一名商人，实际却基本上被教成了一名纳粹——按计划洗脑的成果。等毕了业，迈茨已经成了一个狂热的纳粹，整个人都变了。他整日呼喊着反犹的口号，像白痴一样令人嫌弃。我的祖父训斥过他好几次：他的全部身家都仰仗于在犹太商业伙伴那里积攒下来的商业信用。当这些话无济于事时，他还打了迈茨几个耳光。但年轻人的理性早就被抹得一干二净了。他俨然成了村子里的大思想家，欺侮那些逃避上前线的人。迈茨本在罗马尼亚军中做文案工作，然而他内心强烈地想把理论付诸实践，于是他志愿加入党卫军并要求被派到最前线。几个月后他回乡结婚。也许在前线耳闻目睹的无数暴行让他清醒了些，他借着一条从古至今都有效的神奇规定从战场上逃离了几天。这条神奇规定就是婚假。

我的祖母在一只抽屉里保留着她儿子迈茨的两张照片：一张是结婚照，一张是遗照。结婚照里，新娘全身洁白，比他要高一拳，显得瘦削而庄重——如同一尊石膏圣母像。

她头上顶着一圈蜡质的花环，就像是积雪的树叶。迈茨穿着他的纳粹制服紧挨着她，不像丈夫，而像士兵；不像新郎，而像侍卫。他回到前线没多久，遗照就寄了过来。这个可怜的士兵被一颗地雷撕成了碎片。遗照有巴掌大小，一片黑色的田野中间是由人的残骸聚起来的灰色的一小堆，看起来都放置在一块白布上。与黑色的田野相对，那块白布看起来就像儿童手帕那样小，如同一个中间印着奇怪图案的白色小方块。对我的祖母来说，这张照片也是一个混合体：白手帕上那个死掉的纳粹，在她记忆中还是那个活着的儿子。终其一生，我的祖母都把这幅有双重含义的照片夹在祈祷书里。她每天都祈祷，祈祷文也几乎肯定有着双重的含义。自从认识到亲爱的儿子突然蜕变为狂热的纳粹后，这些祈祷文大约是在向上帝祈求，让她在爱儿子和宽恕纳粹的不同行动里做出平衡。

我的祖父在一战时当过兵。他常常痛心地谈论有关儿子迈茨的事情，他说：哎呀，当旗子开始飘动的时候，人们的理智都不知不觉地滑到喇叭里面去了。这一警告，在接下来的极权统治中仍然应验，我对此深有体会。每一天你都能看见，那些投机者们，不论大小，他们的理智都不知不觉地滑到喇叭里面去了。这喇叭，我才不会去吹它。

点评

如果你看过德国电影《浪潮》，你就会对本文有更深的理解。本文作者是德国小说家、诗人、散文家，2009年诺贝尔文学奖得主，被称作"德国文学的鲁迅"。这是一篇高密度的叙事文，似是散文，又像是小说，既有散文清冽、真实的质地，又具备小说精妙的结构性力量。开篇短短四句话，交代了深广的社会背景，时间跨度达数年，完整写出一个人成"魔"的过程，叙述看似平淡却让人惊悚，语言凝练到无闲笔，不动声色地把一个令人心碎的悲剧摆在读者面前。

标题"手帕"隐含深意，把那块堆满尸体残骸的白布比作一方手帕，与广阔黑色的田野形成强烈的视觉差。累累的尸骸原本都是一个个鲜活的生命，只因洗脑失去了理性，便成为战争这架绞肉机里的肉泥，戕害人亦被人消灭。为法西斯侵略战争卖命的人，死得毫无价值可言。

推荐阅读： 作者长篇小说散文集《呼吸秋千》。

微　笑

［法国］哈诺·麦卡锡

尉颖颖　译

西班牙内战时，我参加了国际纵队，到西班牙参战。在一次激烈的战斗中，我不幸被俘，被投进了单间监牢。

对方那轻蔑的眼神和恶劣的态度，使我感到自己像是一只将被宰杀的羔羊。我从狱卒口中得知，明天我将被处死。我的精神立刻垮了下来，恐惧占据了我全部身心。我双手不住地颤抖着伸向上衣口袋，想摸出一支香烟来。这个衣袋被搜查过，竟然还留下了一支皱巴巴的香烟。因为手抖不止，我试了几次才把它送到几乎没有知觉的嘴上。接着，我又去摸火柴，但是没有，都被搜走了。

透过牢房的铁窗，借着昏暗的光线，我看见了一个士兵。他没有看见我，当然，他用不着看我，我不过是一件无足轻重的破东西，而且马上就会成为一具让人恶心的尸体。但我已顾不得他会怎么想我了，我用尽量平静的、沙哑的嗓音一字一顿地对他说："对不起，有火柴吗？"

他慢慢扭过头来，用冷冰冰的、不屑一顾的眼神扫了我一眼，接着又闭了一下眼，深吸了一口气，慢慢吞吞地踱了过来。他脸上毫无表情，但还是掏出火柴划着火送到我嘴边。

那一刻，在黑暗的牢房中，在那微小又明亮的火柴光下，他的目光和我的目光撞到了一起，我不由自主地咧开嘴，对他微笑了一下。我也不知道我为什么会对他笑，也许是因为两个人离得太近了，一般在这样面对面的情况下，人不大可能不微笑。不管怎么说，我是对他笑了。我知道他一定不会有什么反应，他一定不会对一个敌人微笑。但是，如同在两个冰冷的心间，在两个人的灵魂间撞出了火花，我的微笑对他产生了影响，在愣了几秒钟后，他的嘴角开始不大自然地往上翘。点着烟后，他并没走开，他直直地看着我的眼睛，露出了微笑。

我一直保持着微笑，此时我意识到他不是一个士兵、一个敌人，而是一个人！这时，他也好像完全变成了另一个人，从另一个角度来审视我。他的眼中流露出人性的光彩，探过头来轻声问："你有孩子吗？"

"有，有，在这儿呢！"我用颤抖的双手从衣袋里掏出皮夹，拿出我与妻子和孩子的合影给他看。他也赶紧掏出他和家人的照片给我看，并告诉我："出来当兵一年多了，想孩子想得要命，要再熬几个月，才能回一趟家。"

我的眼泪止不住地往外涌，我对他说："你的命可真好，愿上帝保佑你平安回家。可我再也不能见到我的家人，再也不能亲吻我的孩子了……"我边说边用脏兮兮的衣袖擦眼泪、鼻涕。他的眼中充满了同情的泪水。

突然，他的眼睛亮了起来，把食指贴在嘴唇上，示意我不要出声。他机警地、轻轻地在过道巡视了一圈，又踮着脚尖小跑过来。他掏出钥匙打开了我的牢门。我的心情万分紧张，紧紧地跟着他贴着墙走，他带我走出监狱的后门，一直走出了城。之后，他一句话也没说，转身往回走了。

我的生命就这样被一个微笑挽救了……

点 评

　　微笑，这从心灵深处绽放的最美的人性之花！这个故事里的"我"，就是因为一个微笑挽救了生命。本文细节描写颇见功力：得知被判死刑时因恐惧而近乎崩溃，想要用抽烟来缓解，用尽量平静、沙哑的嗓音一字一顿说话，把绝望写得真切可感。文章的高潮部分，对"我"的微笑和士兵的微笑多角度的描写，用特写镜头来放大彼此的表情，极有层次地展现了他们内心的变化，紧紧抓住了读者的心，直到"我的生命就这样被一个微笑挽救了"戛然而止，我们依然被那个微笑牵着，无法释怀。

熬 鹰

王 族

依布拉音从村口的白杨树上折下三根树枝，去杈除叶，弄成了三根木棍。我不知道他要干什么，便向他询问缘由，他不告诉我，说三四天以后就知道了。我有的是时间，等三四天不成问题，所以便不再问他。

我们俩在院子里聊天，聊不出有意思的事，他便专心准备三根木棍。过了一会儿，村子里两个四十开外的男人来了，一进门便神情严肃地和依布拉音商量起了什么。我在一旁无聊，便侧耳听他们交谈，刚开始他们在讲柯尔克孜语，我听不懂，但后来他们讲起了汉语，我才知道他们在商量驯鹰的事。原来，依布拉音准备的三根木棍是用来驯鹰的。依布拉音对他们两个人说："你们不能在半中间把事情弄不好，不能鹰没倒下人却先倒下了。"

那两个人说："你放心吧，我们去年就吃了你的羊肉，今年才给你帮忙，咋能不把事情弄好呢？"

依布拉音放心了，对他们说："那就回去好好睡觉，白天把家里的事情办好，晚上把老婆子的事情办好，三天后我去叫你们。"

他们走后，依布拉音把蒙在三只鹰头上的布取掉，像指挥士兵作战的长官一样，背着双手在它们旁边走来走去，显然他也很满意它们，他的唇角甚至还有一丝不易察觉的微笑。但很快，他唇角的微笑就不见了，代之而来的是一股冷峻的神情。我估摸着他将微笑转为冷峻，恐怕是又要开始实施新的驯服计划了。来这个村子这么多天了，我觉得我对这位专业驯鹰人已有所了解，从他的神情或举动中往往可以判断出他下一步要干什么。果然，他冷峻的神情越来越强烈，似乎有一个很重要的问题萦绕在他脑子里，他需要马上解决掉。我在一旁不动声色地注视着他，看他到底要干什么。

第三天，依布拉音转了转后，去村里叫来了那两个人，他们三人将几块厚布缠在各自的胳膊上，然后把三只鹰在三人胳膊上各放一只，手拿一根木棍盯着它们。鹰经历了前面的驯服，害怕再掉下去，便牢牢地站在他们的胳膊上，而他们也耐心十足，安安静静地坐在那儿不动。鹰已经适应了摇晃的棍子，可以站在上面纹丝不动，现在则又要让它们站在人的胳膊上接受驯服。

我不便上前打扰他们，便向依布拉音的妻子打听他们这是在驯鹰的什么。他的妻子说："他们驯鹰的不睡觉。"细问之下才知道，她所说的"不睡觉"是指驯鹰人五天五夜陪着鹰，让鹰在五天五夜（有的七天七夜）中连续在人胳膊上站立，不能睡一次觉。这样做的目的是消磨鹰凶狂的本性，同时也消磨掉它们的野性。在五天五夜里，驯鹰人一旦发现鹰犯困，就会用早已备好的木棍敲击它们的头部，让它们始终保持清醒。这样做的另一个好处是，因为人与鹰近距离相处五天五夜，还可以让鹰和人产生亲近感。有了亲近感，鹰就可以一点一点适应驯鹰人，并对驯鹰人逐渐产生依赖感。这是驯鹰的又一个步骤。

我远远地看着他们和站立在他们胳膊上的三只鹰。人和鹰在此时都保持着一致的姿势，人不动，鹰亦不动。看着看着，我眼前出现了幻觉，觉得人也就是鹰，鹰也就是人。想想人和鹰要这样坚持五天五夜，我便觉得这是一场持久的毅力考验，依布拉音等三人虽然在驯鹰，但他们也要熬五天五夜。看来，驯鹰人这个行当不是那么好干的。好在我是一个外人，加之又身处驯鹰行列之外，所以便可以不出声地看这场驯鹰了。

第一天出现了这样的情景：被依布拉音请来的两人中的一位因胳膊酸麻，想活动一下，结果使鹰摇晃了几下，差一点掉了下去。依布拉音对他呵斥了一声："鹰还没动，你动什么？"他赶紧又恢复了原来的姿势。

第二天一切正常。鹰似乎知道人在与它们比耐力，所以便鼓足了劲要跟人比一比。我突然觉得这件事很有意思，三只鹰在与人较劲的过程中，身体内部的力量被一点一点地激发了出来，这样一来不但它们自己得到成长，而且还成全了驯鹰人。

第三天，三只鹰均出现了昏昏欲睡、要从他们胳膊上掉下的现象。他们毫不客气地用木棍敲向它们的头，使它们清醒了许多。

第四天，有两只鹰因困顿过度，从他们的胳膊上掉了下去，他们将它们提起来放在胳膊上，用木棍狠狠敲打它们的头。两只鹰经过跌落和被敲击，变得清醒了。

第五天，有两只鹰又昏昏欲睡，差一点从他们胳膊上掉下去。他们仍用木棍敲击它们头部的老办法，把它们从昏睡的悬崖边上拉回到了清醒的世界。

我发现，没有昏睡的那只鹰对昏睡的两只鹰似乎表现出了不屑，神情中有一种蔑视它们的意思。而经过五天四夜的煎熬，三个驯鹰人也已经面色乌青，一副无力支撑的样子。

但他们仍又坚持了一夜，和鹰一起把驯鹰的五天五夜日程圆满完成了。

早晨，他们终于把鹰从胳膊上放了下来。为了奖励鹰，依布拉音第一次给鹰吃了肉。鹰在那儿大快朵颐，而屋内的三个男人已鼾声如雷。

（有删改）

点 评

此篇告诉我们引人入胜的叙事散文该如何描写。

开篇先设置悬念，在作者笔下，这是一件神秘而庄重的事情，通过描写主事者的一连串的行为和情绪起伏，给予人强烈的阅读期待：他们将如何熬鹰？再介绍熬鹰的过程和要点，一个"熬"字透出个中要害。然后大戏开启，浓墨重彩地描述了五天四夜所发生的事情。一天一种样貌，只突出重点。饶有趣味的是，作者还从最有耐力的鹰眼里看到了它对同伴的蔑视。三只鹰不只是作为群体存在，还是性格殊异的个体，这貌似的闲笔，正是文章的精妙之处。阅读时仔细品味便可有所领会。

一次告别

韩 寒

也许很多人不知道，我在小学的时候曾当过数学课代表，后来因为粗心和偏爱写作，数学成绩就稍差一些。再后来，我就遇上了我的初恋女朋友——全校学习成绩前三名的 Z。Z 是那种数学考卷上最后一道几何题都能用几种算法做出正确答案的姑娘，而我是恨不得省去推算过程，直接拿量角器去量的人。

以 Z 的成绩，她是必然会进市重点高中的，她心气很高，不会为任何事情而影响学业。我如果发挥正常，最多就是区重点。我俩若要在同一个高中念书，我必然不能要求她考差些迁就我，只能自己努力。永远不要相信那些号称在感情世界里距离不是问题的人。没错，这很像《三重门》的故事情节，只是在《三重门》里，我意淫了一下，把这感情写成了女主人公最后为了爱情故意考砸去了区重点，而男主人公阴差阳错却进了市重点的琼瑶桥段。这也是小说作者唯一能滥用的职权了。

在那会儿，爱情的力量绝对是超越父母老师的训话的，我开始每天认真听讲，预习复习，奋斗了一阵子后，我的一次数学考试居然得了满分。

是的，满分。要知道我所在的班级是特色班，也就是所谓的好班或者提高班。那次考试我依稀记得一共就三四个数学满分的。当老师报出我满分后，全班震惊。我望向窗外，感觉当天的树叶特别绿，连鸟都变大了。我干的第一件事就是借了一张信纸，打算一会儿给 Z 写一封小情书，放学塞给她。信纸上印着"勿忘我""一切随缘"之类土鳖的话我也顾不上了。我甚至在那一个瞬间对数学的感情超过了语文。

之后就发生了一件事情，它的阴影笼罩了我整个少年生涯。记得似乎是发完试卷后，老师说了一句，韩寒这次发挥得超常啊，不符合常理，该不会是作弊了吧。

同学中立即有小声议论，我甚至听见了一些赞同声。

我立即申辩道，老师，另外两个考满分的人都坐得离我很远，我不可能偷看他们的。

老师说，你未必是看他们的，你周围同学平时的数学成绩都比你好，你可能看的是周围的。

我反驳道，这怎么可能，他们分数还没我的高。

老师道，有可能他们做错的题目你正好没看，而你恰恰做对了。

我说，老师，你可以问我旁边的同学，我偷看了他们的试卷没有。

老师道，是你偷看别人的，又不是别人偷看你的，被偷看的人怎么知道自己的试卷被人看了。

我说，那你把我关到办公室，我再做一遍就是了。

老师说，题目和答案你都知道了，再做个满分也不代表什么，不过可以试试。

以上的对话只是个大概，因为已经过去了十六七年。在众目睽睽之下，我就去老师的办公室做那张试卷了。

因为这试卷做过一次，所以一切都进行得特别顺利。但我唯独在一个地方卡住了——当年的试卷印刷工艺非常粗糙，常有印糊了的数字。很自然，我没多想，问了老师，这究竟是个什么数字。

数学老师当时就一激灵，瞬间收走了试卷，说，你作弊，否则你不可能不记得这个数字是什么，已经做过一次的卷子，你还不记得吗？你这道题肯定是抄的。老师还抽出了我同桌的试卷，指着那个地方说，看，他做的是对的，而在你作弊的那张卷子里，这道题也是对的，这是证据。

我当时就急了，说，老师，我只知道解题的方法，我不会去记题目的。说着顺手抄起卷子，用手指按住了几个数字，说，你是出题的，你告诉我，我按住的那几个数字是什么。

老师自然也答不上来，语塞了半天，只说了一句"你这是狡辩"之类的，然后就给我父亲的单位打了电话。

我父亲很快就骑车赶到，问老师出什么事情了。老师说，你儿子考试作弊，我已经查实了。接着就是对我父亲的教育。我在旁边插嘴道，爸，其实我……然后我就被我父亲一脚踹出去数米远。父亲痛恨这类事情，加之单位里工作正忙，被突然叫来学校，当着全办公室老师的面被训斥，自然怒不可遏。父亲骂了我一会儿后，给老师赔了不是，说等放学到家后再好好教育我。我在旁边一句都没申辩。

老师在班级里宣布了我作弊。除了几个了解我的好朋友，同学们自然愿意接受这个结果，大家也没什么异议。没有经历过的人恐怕很难了解我当时的心情。我想，蒙受冤屈的人很容易产生反社会心理。在回去的路上，十五岁的我想过很多报复老师的方法，有些甚至很极端。最后我都没有做这些，并慢慢放下了，只是因为一个原因，Z相信了我。

回家后，我对父母好好说了一次事情的来龙去脉。父亲还向我道了歉。我的父母没有任何权势，也不敢得罪老师，况且这种事情又说不清楚，就选择了忍受。父母说，你只要再多考几次满分，证明给他们看就够了。

但事实证明，这类反向激励没什么用，从此我一看到数学课和数学题就有生理厌恶感。只要打开数学课本，就完全无法集中注意力，下课以后，我也变得不喜欢待在教室里。当然，也不觉得叶子那么绿了，连窗外飞过的鸟都变小了。

之后我的数学再也没得过满分。之所以数学成绩没有一泻千里，是因为我还要和Z去同一个高中，且当时新的教学内容已经不多。而对Z的承诺、语文老师因为我作文写得好对我的偏爱，以及发表过几篇文章和长跑破了校记录拿了区里第一名都是我信心的来源。好在很快我们就中考了。那一次我的数学成绩居然是……对不起，不是满分，辜负了想看励志故事的朋友。好在中考我的数学考得还不算差，也算是那段苦读时光没有白费。

一到高中，我的数学连同理科全线崩溃了。并不是我推卸责任，也许，在我数学考了满分以后，这个故事完全可以走向一个不同的结果，依我的性格，说不定有些你们常去的网站，我都参与了编程；也许，有一个理工科很好的叫韩寒的微博红人，常写出一些不错的段子，还把自己的车改装成赛车模样，又颠又吵，令丈母娘很不满意。

在那个我展开信纸打算给Z报喜的瞬间，我对理科的兴趣和自信是无以复加的。但这居然只持续了一分钟。一切都没有假设。经历此事，我更强大了吗？是的，我能不顾更多人的眼光，做我认为对的事情。我有更强的心理承受能力。但我忍下了吗？未必，我下意识地把对一个老师的偏见带进了我早期的那些作品里，对几乎所有教师进行批判甚至侮辱，其中很多观点和段落都是不客观与狭隘的。那些怨恨埋进了我的潜意识，我用自己的那一点话语权，对整个教师行业进行了报复。在我的小说中，很少有老师是以正面形象出现的。所有这些复仇，这些错，我在落笔的时候甚至都没有察觉到。而我的数学老师是个坏人吗？也不是，她非常认真和朴实，严厉且无私，后来我才知道，那段时间，她的婚姻生活发生了变故。她当时可能只是无心说了一句，但为了保持在同学之中的威信，不得不推进下去。而对于我，虽然蒙受冤屈，它却改变了我的人生轨迹，我把所有的精力都花在了那些我更值得也更擅长的地方。我现在的职业都是我的挚爱，且我做得很开心。至于那些同学们，十几年后的同学会上，绝大部分人都忘了这件事。人们其实都不太会把他人的清白或委屈放在心上。

十几年后，我也成了老师。作为赛车执照培训的教官，在我班上的那些学员必须得到我的签字才能拿到参赛资质。坐在学员们开的车里，再看窗外，树叶还是它原来的颜色，飞鸟还是它该有的大小。有一次，一个开得不错的学员因为太紧张冲出赛道，我们陷入缓冲区，面面相觑。学员擦着汗说，教官，这个速度过弯我能控制的，昨天单人练习的时候我每次都能做到。我告诉他，是的，我昨天在楼上看到了，的确是这样。

（有删改）

点评

作者想要告别什么？当是那曾经所受的冤屈和事隔经年后的难以释怀。当他后来也成了老师，不愿再让别人遭受如自己一般的伤害时，他才真正告别了那份伤痛，彻底释怀了。被冤枉的滋味不好受，但很多时候，正是所遭受的那些不公和委屈成就了我们的格局。剥离掉世俗眼光的壳，才会露出真实内心的瓤，让我们能看清自己，"能不顾更多人的眼光，做认为对的事情，有更强的心理承受能力"。

心理变化过程写得非常充分，令人信服。环境描写亦值得借鉴，文章三次写到了窗外的树叶和鸟，每一次出现都折射出人物心情的变化。

一个人，在路上

当年明月

徐弘祖出生的时候，是万历十五年（1587年）。

在这个特定的时间出生，真是缘分，但外面的世界，跟徐弘祖并没有多大关系。他的老家在江阴，山清水秀。

当然，清净归清净，在那个年头，要想出人头地、青史留名，只有一条路——考试。徐弘祖不想考试，不想出人头地，也不想青史留名，他只想玩。

按史籍说的，他从小就好玩，且玩得比较狠，比较特别。他不扔沙包，不滚铁环，只是四处瞎转悠，遇到山就爬，遇到河就下。人小，胆子却大。

刚开始，他旅游的范围主要是江浙一带，比如紫金山、太湖、普陀山等，后来愈发勇猛，又去了雁荡山、九华山、黄山、武夷山、庐山等。

但是这里存在一个问题——钱。

旅行家是要花钱的，大致包括以下费用：交通费、住宿费、导游费、餐饮费、门票费，如果地方不地道，还有个挨宰费。

徐家是有钱的，只是有点儿钱，没有很多钱，大约也就是个中产阶级。按今天的标准，一年去旅游一次，也就够了，但徐弘祖的旅行日程是：一年休息一次。

从俗世的角度来看，徐弘祖是个怪人，这人不考功名，不求做官，不成家立业，按很多人的说法，前程是毁了。

我知道，很多人还会说，这种生活荒谬，不符合常规，不正常，这种人脑筋缺根弦，精神有问题。

我认为，说这些话的人，是吃饱了撑的。人只活一辈子，如何生活是自己的事，自己这辈子浑浑噩噩的，没活好，还厚着脸皮来指责别人。

徐弘祖旅行的唯一阻力是他的母亲。他的父亲去世较早，剩下他的母亲无人照料。圣人曾经教导我们：父母在，不远游。所以在出发前，徐弘祖总是很犹豫。然而他的母亲找到他，对他说了这样一番话："男儿志在四方，当往天地间一展胸怀！"

就这样，徐弘祖开始了他的伟大旅程。

他二十岁离家，穿着布衣，没有政府支持，没有朋友帮助，独自一人游历天下二十余年。他去过的地方，包括湖广、四川、辽东、西北，简单地说，全国两京十三省，全部走遍。

他爬过的山，包括泰山、华山、衡山、嵩山、终南山、峨眉山。简单地说，你听过的他都去过，你没听过的他也去过。

此外，黄河、长江、洞庭湖、鄱阳湖、金沙江、汉江，几乎所有的江河湖泊，他全部游历过。

在游历的过程中，他曾三次遭遇强盗，被劫去财物，身负刀伤；还由于走进大山，无法找到出路，数次断粮，几乎饿死。最悬的一次，是在西南。

当时，他前往云贵一带，结果走到半路，突然发现交通中断，住处被土著围住。过了几天，外面又来了明军，双方开战。徐弘祖好歹是见过世面的，跑得快，总算顺利脱身。

在旅行的过程中，他开始记笔记。每天的经历，他都详细记录下来。鉴于他本人除姓名外，还有个号，叫作霞客，所以后来他的这本笔记，就被称为《徐霞客游记》。

崇祯九年（1636年），近五十岁的徐弘祖决定再次出游。这也是他最后一次出游。

正当他考虑出游方向的时候，一个和尚找到了他。

这个和尚的法号叫作静闻，家住南京。他十分虔诚，非常崇敬鸡足山迦叶殿的菩萨，还曾刺破手指，用血写过一本《法华经》。

鸡足山在云南。当时云南的鸡足山，算是蛮荒之地，啥也不通，要去，只能走着去。

很明显，静闻是个明白人，他知道自己要是一个人去，估计到半路就歇了，所以必须找一个同伴。

徐弘祖的名气在当时已经很大了，所以静闻专门找上门来，要跟他一起走。对徐弘祖而言，去哪里倒是无所谓的事，就答应了他，于是两个人一起出发了。

他们的路线是这样的：先从南直隶出发，过湖广，到广西，进入四川，最后到达云贵。

还没到达云贵，在湖广就出事了。

走到湖广湘江（今湖南），没法走了，两人坐船准备渡江。

渡到一半，遇上了强盗。

对徐弘祖而言，从事这种职业的人，他已经遇到好几次了，但静闻大师应该是第一次。这次遭遇的具体细节不太清楚，反正徐弘祖赶跑了强盗，静闻却在这次遭遇中受了伤，加上他的体质较弱，刚撑到广西，就圆寂了。

徐弘祖停了下来，料理静闻的后事。

由于路遇强盗，此时徐弘祖的路费已经不足了，如果继续往前走，后果难以预料。

所以当地人劝他，让他放弃前进的念头，回家。

徐弘祖跟静闻素不相识，说到底，也就是个伴儿，各有各的想法。静闻没打算写游记，徐弘祖也没打算去礼佛，实在没有什么交情。而且我还查过，他此前去过鸡足山，这次旅行对他而言，并没有太大的意义。

然而他决定继续前进，去鸡足山。

当地人问他："为什么要去？"

徐弘祖答："我答应了他，要带他去鸡足山。"

"可是，他已经去世了。"

"我带着他的骨灰去。答应他的事情，我要帮他做到。"

徐弘祖出发了，为了一个逝者的愿望，为了实现自己的承诺，虽然这个逝者，他并不熟悉。旅程很艰苦，没有路费的徐弘祖背着静闻的骨灰，没有任何资助，只能住在荒野，靠野菜干粮充饥。为了能够继续前行，他还当掉了自己所能当掉的东西，只是为了一个承诺。就这样，他按照原定路线，带着静闻的骨灰，翻越了广西十万大山，然后进入四川，越过峨眉山，沿着岷江，到达甘孜松潘；又渡过金沙江、澜沧江，经过丽江、西双版纳，到达鸡足山。

在迦叶殿里，他解开了背上的包裹，拿出了静闻的骨灰。

到了，我们到了。

他郑重地把骨灰埋在了迦叶殿里。在这里，他兑现了承诺。

然后，他应该回家了。

但他没有。

从某个角度讲，这是上天对他的恩赐，因为这将是他的最后一次旅途，能走多远，就走多远吧。

他离开鸡足山，又继续前行，行进半年，翻越了昆仑山；又行进半年，进入藏区，在那里游历几个月后，踏上归途。回去没多久，就病了，估计是长年劳累所致。

他终究病倒了，没能再次出行。崇祯十四年（1641 年），徐弘祖病重逝世，享年五十四岁。

他所留下的笔记，据说总共有两百多万字，可惜没有全部保留下来，留存的大约有几十万字，被后人编成《徐霞客游记》。

在这本书里，他记载了祖国山川的详细情况，涉及地理、水利、地貌等，被誉为十七世纪最伟大的地理学著作，被翻译成几十种语言，流传世界。

其实讲述这人的故事，我只想探讨一个问题：他为何要这样做？没有资助，不被承认（至少生前没有），没有利益，没有前途，放弃一切，用一生的时间，难道只是为了游历？

究竟为了什么？我很疑惑，很不解，于是我想起一个采访。新西兰登山家希拉里，在登上珠穆朗玛峰后，经常被记者问到一个问题：你为什么要登山？他总不回答，于是记者总问，终于有一次，他给出了一个让所有人都无法再问的答案：因为它（指珠峰）在那里！

其实这个世上有很多事本不需要理由。

我想说的是：按照自己的方式去度过人生。

（有删改）

点 评

作者慢慢悠悠一句一句讲着徐弘祖的故事，就像在讲着一个邻家大哥的过往，就在这看似不动声色的叙述中，徐弘祖完成了自己"大丈夫当朝碧海而暮苍梧"的壮志。结尾部分是全文的收束，也是思考的开始，特别是突然插入新西兰登山家希拉里的采访，引发了读者对生活方式、生命意义的思考和探求，点亮了文章的题目"一个人，在路上"，如金钟奏鸣，余响悠然不绝。

推荐阅读：作者历史小说系列《明朝那些事儿》。

青龙偃月刀

韩少功

何爹剃头几十年，是个远近闻名的剃匠师傅。无奈村里的脑袋越来越少——好多脑袋打工去了，好多脑袋移居山外了，好多脑袋入土了。算一下，生计越来越难以维持——他说起码要九百个脑袋，才够保证他基本的收入。

这还没有算那些一头红发或一头绿发的脑袋。何爹不愿趋时，说年轻人要染头发，五颜六色地染下来，狗不像狗，猫不像猫，还算是个人？他不是不会染，是不愿意染。

师傅没教给他的，他绝对不做。结果，好些年轻人来店里看一眼，发现这里不能焗油和染发，更不能做负离子和爆炸式，就打道去了镇上。

何爹的生意一天天更见冷清。我去找他剪头的时候，在几间房里寻了个遍，才发现他在竹床上睡觉。

"今天是初八，估算着你该来了。"他高兴地打开炉门，乐滋滋地倒一盆热水，大张旗鼓进入第一道程序——洗脸清头。

"我这个头是要带到国外去的，你留心一点剃。"我提醒他。

"放心，放心！建伢子要到阿联酋去煮饭，不也是要出国？他也是我剃的。"

洗完脸，发现停了电。不过不要紧，他的老式推剪和剃刀都不用电——这又勾起了他对新式美发的不满和不屑："你说，他们到底是人剃头呢，还是电剃头呢？只晓得操一把电剪、一个吹筒，两个月就出了师，就开得店。那也算剃头？更好笑的是，眼下婆娘们也当剃匠，把男人的脑壳盘来拨去，耍球不是耍球，和面不是和面，成何体统？男人的头，女子的腰，只能看，不能挠。这句老话都不记得了吗？"

我劝他不必过于固守男女之防。

"好吧好吧，就算男人的脑壳不金贵了，可以由婆娘们随便来挠，但理发不用剃刀，像什么话呢？"他振振有词地说，"剃匠剃匠，关键是剃，是一把刀。剃匠们以前为什么都敬奉关帝爷？就因为关大将军的功夫也是在一把刀上——过五关，斩六将，杀颜良，诛文丑，于万军之阵取上将头颅如探囊取物。要是剃匠手里没有这把刀，起码一条，光头就是刨不出来的，三十六种刀法也派不上用场。"

我领教过他的微型青龙偃月。其一是"关公拖刀"：刀背在顾客后颈处长长地一刮，刮出顾客麻酥酥的一阵惊悚，让人十分享受。其二是"张飞打鼓"：刀口在顾客后颈上弹出一串花，同样让顾客特别舒服。"双龙出水"也是刀法之一，意味着刀片在顾客鼻梁两边轻捷地铲削。"月中偷桃"当然是另一刀法，意味着刀片在顾客眼皮上轻巧地刨刮。至于"哪吒探海"，更是不可错过的一绝：刀尖在顾客耳朵窝子里细剔，似有似无，若即若离，不仅净毛除垢，而且让人痒中透爽，整个耳朵顿时清新而舒坦，整个面部和身体为之牵动，招来嗖嗖嗖八面来风。气脉贯通和精血踊跃之际，待剃匠从容收刀，受用者一个喷嚏天昏地暗，尽吐五脏六腑之浊气。

何师傅操一把青龙偃月，阅人间头颅无数。开刀、合刀、清刀、弹刀，均由手腕与两三指头相配合，玩出了一朵令人眼花缭乱的花。一把刀可以旋出任何一个角度，可以对付任何复杂的部位，上下左右无敌不克，横竖内外无坚不摧，有时甚至可以闭着眼睛上阵，无须眼角余光的照看。

一套古典绝活玩下来，他只收三块钱。

尽管廉价，尽管古典，他的顾客还是越来越少。有时候，他成天只能睡觉，一天下来也等不到一个脑袋，只好招手把叫花子那流浪崽叫进门，同他说说话，或者在他头上活活手，提供免费服务。但他还是决不焗油和染发，宁可败走麦城，也决不背汉降魏。

大概是白天睡多了，他晚上反而睡不着，常常带着叫花子去邻居家看看电视，或者去老朋友那里串门坐人家。从李白的"床前明月光"，到白居易的"此恨绵绵无绝期"，他诗兴大发时，能背出很多古人诗作。

三明爹一辈子只有一个"发型"，就是刨光头，每次都被何师傅刨得灰里透白，白里透青，滑溜溜的，毫光四射，因此多年来是何爹刀下最熟悉、最亲切、最忠实的脑袋。虽然不识几个字，三明爹也是何爹背诗的最好听众。有段时间，三明爹好久没送脑袋来了，何爹算着算着日子，不免起了疑心。他翻过两道岭去看望老朋友，发现对方久病在床，已经脱了形，奄奄一息。

他含着泪回家，取来了行头，再给对方的脑袋上刨一次，使完了他全部的绝活。三明爹半躺着，舒服得长长吁出一口气："贼娘养的好过呀！兄弟，我这一辈子抓泥捧土，脚吃了亏，手吃了亏，肚子也吃了亏啊。搭伴你，就是脑壳没有吃亏。我这个脑壳，来世……还是你的。"

何爹含着泪说："你放心，放心。"

光头脸上带着笑，慢慢合上了眼皮，像睡过去了。

何爹再一次"张飞打鼓"：刀口在光亮亮的头皮上一弹，弹出了一串花，由强渐弱，余音袅袅，算是完成最后一道工序。他看见三明爹眼皮轻轻跳了一下。

那一定是人生最后的极乐。

（有删改）

点评

文章把一个执着于古法的剃头匠写活了："开刀、合刀、清刀、弹刀，均由手腕与两三指头相配合，玩出了一朵令人眼花缭乱的花。一把刀可以旋出任何一个角度，可以对付任何复杂的部位，上下左右无敌不克，横竖内外无坚不摧，有时甚至可以闭着眼睛上阵，无须眼角余光的照看。"剃刀是他的本钱，安身立命，英雄用武，几乎是他人生的根本。"送脑袋"一词用得新鲜，他对每一个送上门的脑袋都珍惜，使出绝技让其舒坦。

文章的结构布局，开始是介绍人物面貌特征及性格特征，属于全景描写；主体部分介绍微型青龙偃月刀功，算是近景；最后可谓是华彩乐章，摹写为忠实顾客送终的情景，可谓特写，完成了全套的人物塑造。作者熟稔写作对象，行文调度自如，对话、场景无不真切传神。若说写人有什么秘诀，无他，惟熟悉与理解。

闹市闲民

汪曾祺

我每天在西四倒 101 路公共汽车回甘家口，直对 101 站牌有一户人家，一间屋，一个老人。天天见面，很熟了。有时车老不来，老人就搬出一个马扎儿来："车还得等会子，坐会儿。"

屋里陈设非常简单（除了大冬天，他的门总是开着），一张小方桌、一个方杌凳、三个马扎儿、一张床，一目了然。

老人七十八岁了，看起来顶多七十岁，气色很好。他经常戴一副老式圆镜片的浅茶晶的养目镜——这副眼镜大概是他身上唯一值钱的东西。他眼睛很大，没有一点混浊，眼角有深深的鱼尾纹，跟人说话时总带着一点笑意，眼神如一个天真的孩子。上唇留了一撮疏疏的胡子，花白了。他的人中很长，唇髭不短，但是遮不住他微厚而柔软的下唇——相书上说人中长者多长寿，信然。他的头发也花白了，向后梳得很整齐。他常年穿一套很宽大的蓝制服，天凉时套一件黑色粗毛线的很长的背心；圆口布鞋，草绿色线袜。

从攀谈中我大概知道了他的身世。他原来在一个中学当工友，早就退休了。他有家，有老伴。儿子在石景山钢铁厂当车间主任，孙子已经上初中了，老伴跟儿子住。他不愿跟他们一起过，说是"乱"，他愿意一个人。他的女儿出嫁了，外孙也大了。儿子有时进城办事，来看看他，给他带两包点心，说会子话。儿媳妇、女儿隔几个月给他拆洗拆洗被褥。平常，他和亲属很少来往。

他的生活非常简单。早起扫扫地，扫他那间小屋，扫门前的人行道。一天三顿饭，早点是干馒头就咸菜喝白开水，中午、晚上吃面。一年三百六十五天，天天如此。他不上粮店买切面，自己做。抻条，或是拨鱼儿。他的拨鱼儿真是一绝。小锅里坐上水，用一根削细了的筷子把稀面顺着碗口"赶"进锅里。他拨的鱼儿不断，一碗拨鱼儿是一根，而且粗细如一。我为看他拨鱼儿，宁可误一趟车。我跟他说："你这拨鱼儿真是个手艺！"他说："没什么，早一点把面和上，多搅搅。"我学着他的法子回家拨鱼儿，结果成了一锅面糊糊疙瘩汤。他吃的面总是一个味儿！浇炸酱、黄酱，很少一点肉末。黄瓜丝、小萝卜，一概不要，白菜下来时，切几丝白菜，这就是"菜码儿"。他饭量不小，一顿半斤面。吃完面，喝一碗面汤（他不大喝水），刷刷碗，坐在门前的马扎儿上，抱着膝盖看街。

我有时买点新鲜菜蔬，青蛤、海蛎子、鳝鱼、冬笋、木耳菜，他总要过来看看："这是什么？"我告诉他是什么，他摇摇头："没吃过，南方人会吃。"他是不会想到吃这样的东西的。

他不种花，不养鸟，也很少遛弯儿。他的活动范围很小，除了上粮店买面，上副食店买酱，很少出门。

他一生经历了很多大事。敌伪时期，解放军进城，开国大典，三年自然灾害，"文化大革命"，四人帮垮台……

然而这些都与他无关，没有在他身上留下多少痕迹。他每天还是吃炸酱面——只要粮店还有白面卖，且粮价长期稳定——坐在门口马扎儿上看街。

他平平静静，没有大喜大忧，没有烦恼，无欲望亦无追求，天然恬淡，每天只是吃抻条面、拨鱼儿，抱膝闲看，带着笑意，用孩子一样天真的眼睛。

这是一个活庄子。

点评

苏子瞻的《记承天寺夜游》写"闲人"，清澈空明又落寞，而汪曾祺的这篇，也写"闲人"，却取一"闹"，再取一"闲"，把一个闹市的闲民写到了家。他真是"把白话白到了家"，他全从细小处写起，外貌、衣着、身世、每天不变的生活，但他又笔锋一拐，写到"他一生经历了很多大事……然而这些都与他无关"，把这样一个简简单单、无欲无求的老人，放在这些大环境大背景中，再写他"每天只是吃抻条面、拨鱼儿，抱膝闲看"的日子，才真让我们感受到了作者顺天应命、通透达观的禅意，也感受到了：这是一个"活庄子"在写另一个"活庄子"。

一辈子就是玩

王开岭

　　文化史上有两类名士、两种心灵，皆人间大爱，但气质迥异：一类属药，让你舌下含苦、两腋起风，精神陡然冷肃、峭拔起来；一类属糖，让你爱意涌体、蓄乐生津，抛却世间险要和烦忧。前者如鲁迅、胡适、郁达夫，那一代文人多属此列，即便"闲适"如林语堂者也不例外。后者则是极单纯、极通透和快活的玻璃人，此类人稀少，除王世襄，甚至难觅同辈搭档（汪曾祺、黄永玉有点儿像，但玩兴略欠，泼劲不足，感觉没玩透），似乎只能往史上找了，如陆羽、李渔、张岱、文震亨等。若说前者乃地上的爱，现实且苦涩，有镣铐之沉和铿锵声，那后者则是云上的爱，步履轻盈，溺于鸡毛蒜皮、物机天趣，有独立超然之仙风。

　　前者贡献的是体巨，是磐重，乃经世要义；后者呈现的是精微，是点滴，乃俗生大美。一则为黄山之松、泰山之碑；一则为"芥子纳须弥"。虽不同语，却是世间最精彩的两幅卦象。

　　我越来越深觉两者的重要，尤其后者，它甚至直接成为"热爱生活"的依据，没有它，人生即有釜底抽薪的虚脱感。但在价值观上，特别于中国这样一个苦难型母体，前者的地位往往首要；稍不留神，后者即被讥为颓废，以商女靡音、纨绔骚风嘘之。

　　在很长的时光里，我就是这么以为的，几乎不正眼看之。

　　当我读完世襄的《锦灰堆》，当我偶识这位以养虫、育鸽、饲鹰、精馔、藏物、识器立身的大玩家，当我见识了老北京那些平凡琐碎的"玩意儿"——那些即使在最动荡和苦难的日子里仍随身携带不肯牺牲的兴致与生趣，那些与骄奢无关、问汲于自然、求助于草虫的最低成本的快活……我开始惊叹，多么健康而美好的人！

　　世襄八十寿辰，荃猷女士亲手刻了一幅红彤彤的剪纸：《大树图》。树上有 15 枚果子，对应老伴的 15 类钟爱——

　　"家具"，世襄酷爱明式家具，著有《明式家具珍赏》《明式家具研究》；"漆器"，是世襄最得意的学术强项，著有《髹饰录解说》；"竹刻"，世襄曾致力于传统竹刻技法的恢复，著有《竹刻艺术》《竹刻鉴赏》；"套模子的葫芦"，世襄钟情葫芦种植技术和造型；"火绘葫芦器"，世襄擅长火绘葫芦……

　　爱天空、爱市井、爱草木、爱鸟虫、爱古今、爱神灵、爱路人……一辈子聚精会神、专注毫发，只知道爱，只埋头玩。有何不好？尘界的缤纷、热闹、蓬蓬勃勃，人世的动力、活性、快乐源泉，生命的元素、本义、真相谜根，难道不都涌向了这儿吗？他不过屏神静气、心无旁骛地为同胞集中演示了一遍。假如鲁迅能活两百年，很久以后，当时代不再为之埋伏那么多对手和险恶，也许他会成为另一个王世襄。

　　我曾给好多人推荐读世襄的书。读之，可明目醒耳，励足健体；可凝神细微，铸品养性；可知物辨机，享受妙趣；可贪生求饴，绝厌世之念。有人替他总结了很多成就：古鉴成就、收藏成就、学术成就、人格成就、爱情成就、美食成就……在我看来，他最大的成就即生活，即玩。一辈子的玩，有业无业、有名堂无名堂的玩，玩醉了，玩透了。"芥子纳须弥"的成就，非玩之初衷，而是无意之酿，犹如岁月寿盒。

世襄至交、翻译家杨宪益先生曾赠诗云："名士风流天下闻，方言苍泳寄情深。少年燕市称顽主，老大京华辑逸文。"在一个不会玩、不敢玩、忘了玩、没得玩、玩不转的年代，这堪称一份伟大业绩。

2009 年 11 月，"京城第一玩家"王世襄，因病医治无效，在北京协和医院去世，享年 95 岁。依本人意愿，不作遗体告别，不设灵堂。

有人说，杨宪益、王世襄等朋辈携手西去，似乎约好了似的，似乎宣告了这样的事实：一个时代结束了。次晚，我所在的央视深夜节目《24 小时》播出了一条新闻——那个最会玩的人去了。

片子的尾声，我写了一段话：

读王世襄的书，你会对人生恍然大悟：快乐如此简单，趣味如此无穷，童年竟然可携带一生。你会情不自禁地说："活着真好！"如今，那个最会玩的人，不能再和我们一起玩了。但他的天真、他的玩具、他的活法……将留下来，陪我们。

（有删改）

点评

以如此态度对待生命、对待生活的人，历数古今，又有几人？有幸，我们能跟王世襄先生同时代，我们能从作者笔下了解这个"健康而美好的人"。思想的深度决定了文字的深度，文中是在写王世襄，也是在表达作者自己对"如何活着"这个问题的思考。王开岭的文字机变中灵光频闪，他用纵横自如、酣畅淋漓的文笔描绘了一个爱玩、会玩、玩出境界、玩成大家的王世襄，同时也诠释了"玩，是艺术的最高境界，也是生活的最高境界"的主旨，既有机锋，又有雅趣。他用文字昭示了一个纯美的理想境界，让我们在诗性的文字和明亮的精神世界里流连。

推荐阅读：作者散文集《跟随勇敢的心》。

林奶奶

杨　绛

林奶奶小我三岁。"文化大革命"的第二年，她忽然到我家打门，问我用不用人。我说："不请人了，家务事自己都能干。"她叹气说："您自己都能，可我们吃什么饭呀？"她介绍自己是"给家家儿洗衣服的"。我就请她每星期来洗一次衣服。我后来知道，她的"家家儿"包括很多人家。当时大家对保姆有戒心。有人只为保姆的一张大字报就给揪出来扫街的，林奶奶大大咧咧地不理红卫兵的茬儿。她不肯胡说东家的坏话，大嚷："那哪儿成？我不能瞎说呀！"许多人家不敢找保姆，就请林奶奶去做零工。

我问林奶奶："干吗帮那么多人家？集中两三家，活儿不轻省些吗？"她说做零工"活着些"。这就是说：自由些，或主动些；干活儿瞧她高兴，不合意可以不干。比如说吧，某太太特难伺候，林奶奶白卖力气不讨好，反招了一顿没趣，气得她当场左右开弓，打了自己两个嘴巴子。这倒像旧式妇女不能打妯娌的孩子的屁股，就打自己孩子的屁股。不过林奶奶却是认真责怪自己。据说，那位太太曾在林奶奶干活儿的时候把钟拨慢"十好几分钟"（林奶奶是论时计工资的），和这种太太打什么交道呢！不过，林奶奶既然干了这一行，受委屈是家常便饭，她一般是吃在肚里就罢了，并不随便告诉人。她有原则：不搬嘴弄舌。

她倒是不怕没有主顾，因为她干活儿认真，衣服洗得干净；如果经手买什么东西，分文也不肯占人家的便宜。也许她称得上"清介""耿直"等美名，不过这种词儿一般不用在渺小的人物身上。人家只说她"人靠得住，脾气可倔"。

她天天哈着腰坐在小矮凳上洗衣，一年来，一年去，背渐渐地弯得直不起来，不到六十已经驼背；身上虽瘦，肚皮却大，其实那是徒有其表。只要掀开她的大襟，就知道衣下鼓鼓囊囊一大嘟噜是倒垂的裤腰。一重重的衣服都有小襟，小襟上都钉着口袋，一个、两个或三个：上一个，下一个，反面再一个，大小不等，颜色各异。衣袋深处装着她的家当：布票，粮票，油票，一角二角或一元二元或五元十元的钱。她分别放开，当然都有计较。我若给她些什么，得在她的袋口别上一两只大别针，或三只小的，才保住东西不往外掉。

我曾问起她家的情况。她只嫁过一个丈夫，早死了，她是青年守寡的。她伺候婆婆好多年，听她口气，对婆婆很有情意。她有一子一女，都已成家。她把儿子栽培到高中毕业。女儿呢，据说是"他嫂子的，四岁没了妈，吃我的奶"。死了的嫂子大概是她的妯娌。她另外还有嫂子，她曾托那嫂子给我做过一双棉鞋。

林奶奶得意扬扬抱了那双棉鞋来送我，一再强调鞋是按着我的脚寸特制的。我恍惚记起她曾哄我让她量过脚寸，可是那双棉鞋显然是男鞋的尺码。我谢了她，领下礼物，等她走了，就让给默存穿。想不到非但他穿不下，连阿圆都穿不下。我自己一试，恰恰一脚穿上，正是按着我的脚寸特制的呢！那位嫂子准也按着林奶奶的嘱咐，把棉花絮得厚厚的，比平常的棉鞋厚三五倍不止。簇新的白布包底，用麻线纳得密密麻麻，比牛皮底还硬。我双脚穿上新鞋，就像猩猩穿上木屐，行动不得；稳重地站着，两脚和大象的脚一样肥硕。

林奶奶老家在郊区，她在城里做零工，活儿重些，工钱也多。她多年省吃俭用，攒下钱在城里置了一所房子，花了一二千块钱呢。恰逢"文化大革命"，林奶奶赶紧把房"献"了。她深悔置房子"千不该、万不该"，却倒眉倒眼地笑着用中间三个指头点着胸口说："我成了地主资本家！我！我！"我说："放心，房子早晚会还给你，至少折了价还。"我问她："你想'吃瓦片儿'（依靠出租房屋生活）吗？"她不搭理，只说"您不懂"，她自有她的道理。

我从干校回来，房管处已经把她置的那所房子拆掉，另赔了一间房给她——新盖的，很小，我去看过，里面还有个自来水水龙头，只是没有下水道。林奶奶指着窗外的院子和旁边两间房说："他住那边。""他"指拆房子又盖房子的人，好像是个管房子的，林奶奶称为"街坊"。她指着"街坊"门前大堆木材说："那是我的，都给他偷了。"她和"街坊"为那堆木材成了冤家。所以林奶奶不走前院，却从自己房间直通街道的小门出入。

她曾邀一个亲戚同住，彼此照顾。这就是林奶奶的长远打算。她和我讲："死倒不怕。"——吃苦受累当然也不怕，她一辈子不就是吃苦受累吗——"我就怕老来病了，半死不活，给撂在炕上，叫人没人理，叫天天不应。我眼看着两代亲人受这个罪了……人说'长病没有孝子'……孝子都不行呢……"她不说自己没有孝子，只叹气说"还是女儿好"。不过在她心目中，女儿当然也不能充孝子。

她和那个亲戚相处得不错，只是房间太小，两人住太挤。她屋里堆着许多破破烂烂的东西，还摆着一大排花盆——林奶奶爱养花，破瓷盆、破瓦盆里都种着鲜花。那个亲戚住了些时候走了，我怀疑她不过是图方便，难道她真打算老来和林奶奶做伴儿？

那年冬天，林奶奶穿着个破皮背心到我家来，要把皮背心寄放在我家。我说："这天气，正是穿皮背心的时候，藏起来干吗？"她说："怕被人偷了。"我知道她指谁，忍不住说道："别神经了，谁要你这件破背心呀！"她气呼呼地忍了一会，咕哝说："别人我还不放心呢。"我听了忽然聪明起来。我说："哦，林奶奶，里面藏着宝吧？"她有气，可也笑了，还带几分被人识破的不好意思。我说："难怪你这件背心鼓鼓囊囊的。把你的宝贝掏出来给我，背心你穿上，不好吗？"她大为高兴，立即要了一把剪刀，拆开背心，从皮板子上揭下一张张存款单。我把存单的账号、款项、存期等一一登记，封成一包，藏在她认为最妥当的地方。林奶奶切切叮嘱我别告诉人，她穿上背心，放心满意而去。

我的旧保姆回北京后，林奶奶已不在我家洗衣，不过常来我家做客。也许觉得孤身住在城里不是个了局。她换了调子，说自己的儿子"好了"。连着几年，她为儿子买砖、买瓦、买木材，为他盖新屋。是她儿子因为要盖新屋，所以"好了"，还是因为他"好了"，所以林奶奶要为他盖新屋？外人很难分辨，反正是同一回事吧？我只说："林奶奶，你还要盖房子啊？"她向我解释："老来总得有个窝儿呀。"她有心眼儿，早和儿子讲明：新房子的套间——预定她住的一间，得另开一门。这样呢，她单独有个出入的门，将来病倒在炕上，村里的亲戚朋友能经常去看看她，她的钱反正存在妥当的地方呢，她不至于落在儿子、儿媳的手里。

林奶奶的背越来越驼，干活儿也没有多少力气了。幸亏街道上照顾她的不止一家。她又旧调重弹"还是女儿好"。她也许怕女儿以为她的钱都花在儿子身上了，所以告诉了女儿自己还有多少存款。从此以后，林奶奶多年没有动用的存款，不久就陆续花得只剩了一点点。原来她又在为女儿盖新屋。我最后一次见她，她的背已经弯成九十度。翻开她的大襟，小襟上一只只口袋差不多都是空的，上面却别着大大小小的别针。不久林奶奶就病倒了，不知什么病，吐黑水——变黑的血水。街道上把她送进医院，儿子得信立即赶来，女儿却不肯来。医院的大夫说，病人已经没有指望，还是拉到乡下去吧。儿子回乡找车，林奶奶没等到车来，当晚就死了。我相信这是林奶奶生平最幸运的事，显然她一辈子的防备都是多余了。

（有删改）

点 评

　　写人用"工笔"手法，不到三千字的文章，竟写出了一个女人的命运：如蚂蚁般辛劳、卑微的人生。年轻时守寡的她，为人有信，攒钱，买房，花钱亲近儿女，为孤独的老年做准备，最终却一无所有，病死在医院里。

　　作者观察细致，刻画逼真，悲悯情怀藏在字里行间，令人为主人公掬泪。写她的衰老，"她天天哈着腰坐在小矮凳上洗衣，一年来，一年去，背渐渐地弯得直不起来，不到六十已经驼背""林奶奶的背越来越驼，干活儿也没有多少力气了"。藏钱，是揭示人物性格的核心情节，最初是大肚子下的秘密，她把值钱的东西分门别类带在身上；中间，穿着个破皮背心要寄存雇主家；最后，"她的背已经弯成九十度。翻开她的大襟，小襟上一只只口袋差不多都是空的，上面却别着大大小小的别针"。这是有良心的文字，看透了凡俗生命悲哀的底色，仍给予小人物以深切的同情。

　　推荐阅读：作者散文集《将饮茶》。

一片晚霞的消失

阿　舍

　　我必须小心对待我生活里的诗意。比如，眼前的这片晚霞，面对它的时候，我不应该轻易地抒情。但是我还是描述一下它吧，我力求对它的描述接近于宁静，而非抒情。

　　这是八月山区的傍晚，远处的山峦形成一个辽远的背景，地势由高而低，开阔舒缓。一条河流同时从这里经过，它并不汹涌，也不浑浊，它的河岸以及河滩都是光滑白净的鹅卵石，它浅浅细流，是这片开阔的背景上一处柔软的记忆。晚霞给这个场景带来了绚丽，山区的云层向来诡异，天使可以迅速狰狞，雄伟可以顿时委顿，只是晚霞，自始至终的圣美，红润，深阴，金黄，河流为它幻化成一条悠长的七彩碎片。

　　此时河岸上有一个懦弱的男子，他是一个喜欢抒情的男子。河岸上的草地开满细碎的野花儿，那片晚霞的红润鼓动着他的胸膛，每当这样的时候，他就会情不自禁，扯开嗓子"漫"起花儿。他唱得真好，十里八乡都知道他的名气，他从一个年轻的后生唱到脊背已经弯曲的老汉，他的花儿越唱越悲凉。可是今天，他拒绝歌唱，他倔强地不开口。我看见他的嘴唇在抖动，他不敢抬头多看一眼那片晚霞，他羞愧地低下头，扛起硕大的一捆青草，朝着晚霞的反向走去。我知道他已经很久不唱了。他的脊背不是被青草压弯，更像是来自声声的责骂和抱怨。除了唱花儿，他一无所长。他娶了媳妇，养了孩子，但家境贫穷。他不是一个好劳力，他的力气都用在了"漫"花儿上，母亲、妻子和孩子都因此而鄙视他，怨恨他。他娶了媳妇，还在山上"漫"花儿，那些挑逗的花儿，唱得村子里的姑娘也红了脸，姑娘们爱听，但他遭受痛斥。他真的一无所长，臂膀的肌肉始终比不过乡邻的汉子，他不会做地里的活儿，整日"漫"在花儿的妄想里。后来他去了镇上，他来到镇文化站，告诉站里的干部，他会唱花儿，他的花儿是最好的，他可以代表镇上唱，代表市里唱，代表他的民族唱，他的条件是每月一百元的生活费。他说他有了这笔生活费，他的家人就可以放过他，不再责骂他，他可以整天地唱了。文化站的干部说没有钱给他，让他回去了。后来他又跑到了旅游景点，但是很快被辞退，大家说，他的花儿总是悲戚感伤，总是让客人心绪不佳。事实上真是如此，那些欢快的唱得姑娘们脸红的花儿，他已经没有心境再唱出口了。他回到了家乡，从此失声。

山区八月的晚霞红火诱人，生活里我时常想记住这样一些美景，朴素的，纯净的，那一刻，虽然我再三劝说自己，但还是固执地认为消失在这样一片晚霞里是一件十分值得怀念的事情。于是我面对它，闭上眼睛，虔敬地镌刻它，它无限展开，直到山那边传来了花儿声："尕妹妹是牡丹花院子里长，哥哥是空中的凤凰，旋来旋去没妄想，吊死在牡丹的树上……"我在镌刻它的时候，其实心里已经充满感伤，因为我如此固执地想到镌刻，一定是知道了我将要面对的消失。歌声的消失，或者晚霞的消失。

（有删改）

点评

读完文章，除了感伤和叹息之外，你是否觉得还有一点沉重的东西充塞在胸口？文章结构设计精巧，写景、叙事、抒情融为一体，叙事穿插于写景中，拓宽了意境，表达出一种阔大繁复的思想。晚霞很美，但很快会消失；晚霞亦象征着这个男子，他热爱歌唱，但不得志，"从一个年轻的后生唱到脊背已经弯曲的老汉，越唱越悲凉"，最终"失声"。压垮他的是贫困的现实和来自世俗的偏见。他也曾寻求过别的出路，可惜，山村没有他的用武之地，他最终不得不向命运低头。美在高处，如果一个人有创造美的能力，但又不能挣脱生活的束缚与限制，这美必将幻灭。

大凡好作品总是复杂多义，让你低回不已又无法完全说出它的妙处。

扫土记

鲍尔吉·原野

克孜勒是俄联邦图瓦共和国的首都，人口只有几万人。市中心是广场，周围有列宁像、总统府和歌剧院。中央立着一座亭子，赭红描金，置一个大转经筒，高过人，两米宽。克孜勒的市民清早过来转转经筒，这是个全民信奉喇嘛教的国家。

人们说，转经筒里装着粮食，有谷子、高粱、麦子、玉米和黑豆。

我到时，转经的人走了，该上班了。一个老汉坐在亭子的台阶上，手拿马鬃小刷子和一个蓝布袋。他拂扫经筒周围地上的浮土，归成小堆，捧进袋里。

我看亭子地面已经很干净。过了一会儿，老汉又去扫土。他可能在这里保洁。不过，这个刷子太小了，只有两个牙刷那么大，但手柄好，象牙做的。

待我要走时，老汉先走了。他把蓝布袋和小刷子揣怀里，背着手，步态蹒跚。袋里的土也就二两多。

我上前，请教老汉在做什么。

老汉的目光转过来，清澈，说像婴儿的眼睛也可以，只是眼窝的皱纹证明他老了。

我们勉强对话，用蒙古语。他懂一点蒙古语，会藏语。我主要使用肢体语言。一番交流得知，他不是在这里搞卫生，而是把土收藏回家。

为什么收藏转经人鞋上的土呢？

他比画：家不远，明天在这里见面，邀我去他家。

他家里有什么？

有花。他比画高高矮矮的花儿，花朵有鸡蛋那么大、香瓜那么大。

噢，他用这些土栽花儿，用来自四方的人脚下的土栽出不平凡的花儿。

次日，我等老汉，没等到，欲归。一个小孩从广场西边飞跑过来，拽我衣裳。怎么回事？他手指我左胸的成吉思汗像。这件 T 恤是蒙古汗国诞生八百年的纪念。我明白了，小孩是老汉派来的，成吉思汗像是我的标识。

我随小孩来到一处平房。老汉在门口迎接，他在家为我做酸奶。院子里，我看到忍冬细长的红花、鸡矢藤、蓝色的桔梗花，还有层层叠叠的虞美人。

可是，这不会是用扫来的土栽的花吧？我的意思是说，这么大一个院子里的土，不会是扫来的。扫来的土应该在盆里。

我比画——盆。

老汉——没有盆，只有土地。

我——花，长在盆里。

老汉——你喝酸奶。

我喝酸奶，不加蔗糖的酸奶开胃生津。我忍不住起身模仿他扫土的样子，比画转经筒和布袋子。

老汉恍然，领我进入一个小屋。墙上挂着布达拉宫图案的绒织壁画。老汉小心地揭开壁橱的布幔，出现一排小佛像。

它们是用扫来的土烧成的。

老汉用手语表示，这些佛像将被放到各地的寺院里。他送我一尊，嘱我放在中国的寺院。栽花的土和转经筒边的土，原是两回事。

回国后，我心中有一点点不解，以脚下的土制佛像，有些不尊敬吧？一天，逢机缘在寺院请教一位大德。

他说："好。佛向八方去，人自四面来。土最卑下，脚下的土更卑微。人的心念就在脚下，土带着各种人的心念，如今烧成佛像，土和心都安静了。甘于卑下，正是佛教的真义。"

这尊佛宁静微笑，如沉浸无上欢喜之中，并无卑下，只有浑朴。我把佛像留在了这个寺院。

（有删改）

点 评

　　叙事内敛沉稳，文字干净有力。文章如一缕清新自然的风，轻轻拂去人内心的尘埃。作者巧妙地设计了几处悬念和伏笔，最后水落石出，让人有惊喜：老人收藏转经人鞋上的浮土，然后用这些土烧制成了一排小佛像。文章结尾处"我把佛像留在了这个寺院"恰似佛指轻点，灵光乍现，一切的机缘都是为了印证顿悟后的宁静与欢喜，无上的欢喜留驻心中。

　　推荐阅读：作者散文集《星星上的盐》。

冬阳·童年·骆驼队

林海音

　　骆驼队来了，停在我家门前。

　　它们排列成一长串，沉默地站着，等候人们的安排。天气又干又冷，拉骆驼的摘下了他的毡帽，头上冒着热气，是一股白色的烟，融入干冷的空气中。

　　爸爸在和他讲价钱。双峰的驼背上，每匹都驮着两麻袋煤。我在想，麻袋里面是"南山高末"呢？还是"乌金墨玉"呢？我常常看见顺城街煤栈的白墙上，写着这样几个大黑字。但是拉骆驼的说，他们从门头沟来，他们和骆驼，是一步一步走来的。

　　另外一个拉骆驼的，在招呼骆驼吃草料。它们把前脚一屈，屁股一撅，就跪了下来。

　　爸爸和他讲好价钱了。人在卸煤，骆驼在吃草。我站在骆驼的面前，看它们咀嚼的样子：那样丑的脸，那样长的牙，那样安静的态度。它们咀嚼的时候，上牙和下牙交错地磨来磨去，大鼻孔里冒着热气，白沫子沾在胡须上。我看呆了，自己的牙齿也动起来。

　　老师教给我，要学骆驼，沉得住气。看它从不着急，慢慢地走，总会到的；慢慢地嚼，总会吃饱的。骆驼队伍过来时，你会知道，打头儿的那一匹，长脖子底下总会系着一个铃铛，走起来，"铛、铛、铛"地响。

　　"为什么要系一个铃铛？"我不懂的事就要问一问。

　　爸爸告诉我，骆驼很怕狼，戴上了铃铛，狼听见铃铛的声音，就不敢侵犯了。

　　我的幼稚心灵中却充满了和大人不同的想法，我对爸爸说："不是的，爸！它们软软的脚掌走在软软的沙漠上，没有一点点声音，您不是说，它们走上三天三夜都不喝一口水，只是不声不响地咀嚼着从胃里倒出来的食物吗？一定是拉骆驼的人，耐不住那长途寂寞的旅程，才给骆驼戴上了铃铛，增加一些行路的情趣。"

　　爸爸想了想，笑笑说："也许，你的想法更美些。"

　　冬天快过完了，春天就要来了，太阳特别暖和，暖得让人想把棉袄脱下来。可不是吗？骆驼也脱掉它的旧驼绒袍子啦！它的毛皮一大块一大块地从身上掉下来，垂在肚皮底下。我真想拿剪刀替它们剪一剪，因为太不整齐了。拉骆驼的人也一样，他们身上那件反穿的大羊皮，也都脱下来了，搭在骆驼背的小峰上，麻袋空了，"乌金墨玉"都卖了，铃铛在轻松的步伐里响得更清脆。

夏天来了，再不见骆驼的影子，我又问妈妈："夏天它们到哪里去？"

"谁？"

"骆驼呀！"

妈妈回答不上来了，她说："总是问，总是问，你这孩子！"

夏天过去，秋天过去，冬天又来了，骆驼队又来了，童年却一去不还了。冬阳底下学骆驼咀嚼的傻事，我也不会再做了。可是，我是多么想念童年住在北京城南的那些景色和人物啊！我对自己说，把它们写下来吧。就这样，我写了一本《城南旧事》。

我默默地想，慢慢地写，又看见冬阳下的骆驼队走过来，又听见缓慢悦耳的驼铃声。童年重临于我的心头。

（有删改）

点评

《城南旧事》已成为儿童读物的经典之作，作者温情清朗的文字滋润着一茬又一茬童稚的心灵。

作者对白描手法的运用令人赞叹，寻常文字就能营造出一种耐人寻味的意境。"一屈、一撅"的动作，"丑脸、长牙"的外形，"安静的态度"，哪一句都平实，哪一句又都传神。童心童趣。"我看呆了，自己的牙齿也动起来"，形神兼备，画面多可爱！"老师教给我，要学骆驼，沉得住气。看它从不着急，慢慢地走，总会到的；慢慢地嚼，总会吃饱的。"人生至理于漫不经心中道出，这便是化境。结尾处"默默地想，慢慢地写"，余味甚厚。情感中正，意境深远，此八字或可当之。

••• 内心的意象 •••

阅读导言

对自我的探究是写作最重要的动力。当一个人拿起笔，他面对的即是内在的"我"，那个一直与"我"佯装一体的家伙，现在你终于要对自己敞开心扉了。在所有文体中，自白是最能吸引人的方式，人们往往把那个"我"当成作者本人的灵魂代言人，本能地倾向于相信那些发自内心的东西。因而，自白体具有先天的传播优势。一般而言，当你采用这种文体的时候，就表明你准备来真的了。

自白不仅仅是话语流，它还可能是意象流。上品的文章常常水乳交融，话语与意象齐飞，哲理共情境一炉。本辑中王鼎钧的《想你》、茨威格的《向书致谢》与罗曼·罗兰的《音乐》即是范例。

有观察所得到的现实世界，也有由心理活动再造的梦境——情感与记忆酿造的美酒。法国作家普鲁斯特曾言，一件艺术作品是恢复失去的时光的唯一手段。这似乎也定义了文学的价值，即借助文字创造一个不可再生的精神图景。对现实的摹写，考验一个人的观察分析能力；而对往昔的记忆，则验证作者的情感记忆以及心理再造现实的能力。黄永玉《乡梦不曾休》结尾那个梦境，亦幻亦真，创造出一个美妙难言的境界；冯骥才《花巷》里的花香和女子，也是梦境中才有的事物；还有余秀华《我恰恰喜欢这样》所描绘的迷人的心理图景……这些都是令人陶醉的佳酿。

写一篇吸引人的随笔似乎不难，如果你预备了一颗天真、热情的心的话。

忠于每一天

罗　翔

最近，我常回忆起自己的学生时代。

记得一次外语课，我们围坐在草地上。老师让我们讲一讲自己想变成何种动物。我说，我想变成一只蚂蚁。老师很诧异，问我为什么想变成蚂蚁。我说，在蚂蚁眼中，极小的一块地方都是广袤的存在，充满未知与神秘。一如我们现在坐的草地，对我们而言，只需几分钟就可以走到头，但是对蚂蚁而言，可能一辈子都爬不出去。

一直以来，我都觉得自己不过像一粒渺小的尘埃，是风把我带到自己从未向往过的高处。相信有一天，它也会把我轻放在神秘莫测的他处。

人总是害怕失去自己不配拥有的一切，这也是一种极大的贪婪与背叛。无论如何，对我们而言，最重要的是做一个忠于职责的人。

柯勒律治说："到处是水，却没有一滴水可以喝。"在虚拟世界中，我们朋友遍天下，但也许我们并没有多少真正交心的朋友。海水是苦涩的，海量的信息只能带给人饥渴感，海量的朋友带给人的可能也只是孤独感。愿每个人都能走进真实的世界，关注真实具体的人，拥有真实的友谊。

威廉·詹姆斯在一部书中讲了这样一个故事：一名贵妇人在剧院里为剧中人物的悲惨命运伤感不已，而她的马夫在戏院外面冻得快要死去。抽象的人永远无法代替具体的人，愿我们能够走出这种习以为常的伪善，在每个岗位上勤勉度日，不负所托。

英文中的"现在（present）"意味着"礼物"，中文中的"今"加一点就是"命令"的"令"。我把"当下"既看成礼物，又当作命令，把每一个"今天"都一点一点地过好。

前方的道路不可预知，有着各种可能，生命神秘莫测，希望大家都能不悲伤、不犹豫、不彷徨。

点 评

随笔是体现作者内心真诚度的文体，一个睿智、自由而清澈见底的心灵，总能令人油然而生信赖之情，并迸发出奋进的热情。一个寻常主题，经由作者情思飞扬的演绎，终成一篇养分充足的美文。思想与激情水乳交融，吐出的金句才可能说服人。

推荐阅读： 作者随笔集《法治的细节》。

人　生

[日本] 芥川龙之介

如果命令没有学过游泳的人去游泳，不论谁都会认为是没有道理的吧。但是，我们从生下来的时候开始，就不啻是接受了这种愚蠢的命令。

我们在娘胎里时，大概就在学处世之道吧？也许是过早离开了娘胎，踏进了大竞技场般的人生。当然，没有学过游泳的人，要自由自在地游泳是完全不可能的。同样，没有学过赛跑的人，大抵比赛时会落在别人后边。因此，我们是不可能不负伤地走出人生竞技场的。

诚然，世人也许会说："以前人之足迹，为君之鉴。"然而，一个人哪怕就是看过成百名游泳选手或上千名赛跑运动员，他既不会很快地学会游泳，也不会很快地学会赛跑。不仅如此，所有的游泳者都喝过水，所有赛跑的人也无一例外都曾在竞技场把自己弄得浑身是泥。你看，就连许多世界知名选手不是也在得意微笑的背后，隐藏着愁眉苦脸吗？

人生和奥林匹克运动会相似。我们必须一边和人生搏斗，一边学习怎样搏斗。对这种无聊的比赛忍不住愤怒情绪的人，那就赶快到栏杆外边去好了。想要在人生竞技场留下的人，只有不怕受伤地去搏斗。

人生好像一盒火柴，严禁使用是愚蠢的，乱用是危险的。

人生好像缺页很多的书。很难把它说成是一部书，然而它又确实是一部书。

> **点评**
>
> 犀利，深刻。洞察人生奥秘的人所讲的道理，总是能够触动你的心。因畏惧而不敢迈开脚步的少年，或因此而鼓起搏击的勇气。
>
> **推荐阅读：**作者代表作《罗生门》。

宁静之境

[英国] 斯蒂芬·柯勒律治

杨向荣 译

亲爱的安东尼：

年轻人积极向上、不断换工作是件很自然的事情。他心怀对生活强烈的喜悦之情，这种感觉始终激荡着他，理想雄心引导着他前进。太阳永远会再次升起，辉煌漫长的日子在等待着他，可以让他去主导这个世界，去播种崇高的辛劳，收获丰美的成果，载着庄稼凯旋。

我记得当初我也"怀着欢乐的二十三岁舞动的心"，那时倒霉的日子似乎还很遥远，我都怀疑自己是否会变老，更不相信有朝一日会死亡！可是，安东尼，在那些激动人心的青春岁月里，有时，在暂时遇到巨大的生活波折的时候，我还会感觉到那种悄悄向我弥漫来的放松的甜蜜之梦，以及最终的伟大报酬：心灵的平静。

当你的激情随着中年生活的克制和平静而发生变化，那时也许某些难以企及的希望和朝气蓬勃的少年时期的不可一世的雄心，逐渐被追求不怎么高远和更容易得手的目标所取代，你也许会想念这所安静的屋子，这是你老祖父在他人生最后的岁月住过的地方。在这里，每个角落似乎都让人想到"平静就在家"这句话表达的幸福。

芸芸众生都把目光瞄准如何获取财富，却很少有人努力去获得心灵的宁静。但是，安东尼，心灵的宁静绝对更值得追求，而且也更容易求得。

有人辛苦多年为追求财富而战斗，也许却永远得不到，摆在他面前的只有顺应失败。

有人只渴望满足感所带来的安逸的欢乐以及幸福的宁静之道，希望带着吉利的微风走完人生的航程，把他那美好的航船开进渴望已久的安全的港湾。

懂得平静的生活几乎唾手可得是一件幸福的事情，尽管很少有人渴望它。

安东尼，要养成坚持读书的习惯，我在以前的信中向你指出过，在精挑细选的图书室寂静的书架上，有着无尽的供人享受的园地。

如果你很早就养成这一幸福的习惯，等于给自己以后的岁月准备了一笔财富。因为你心里会逐渐累积起一份长长的书单，当你到成年有闲暇时，会知道阅读这些著作能让你有种陶醉的感觉。

安东尼，我此刻坐在自己心爱的书房里给你写信，自豪地坐在这把椅子里，这是卡莱尔（苏格兰散文家和历史学家）在切尼罗（位于英国切尔西，卡莱尔曾在这里的一座安妮女王时期的别墅住过）生活时用过多年的椅子，旁边放着约翰逊编的那部伟大词典的第一版。在我旁边可以旋转的书架上，所有那些一流的大师陪伴在我周围。他们虽然已经死了，但仍然可以讲话。

在那个暗淡的角落，那只高大的老钟在"滴答滴答"地敲击着分分秒秒，把它们从无限的未来拉过来，又添加到无限的过去。当我独自一人时，房间里一片寂静，像一个老朋友静悄悄地、温柔地、亲切地警示我时间在飞逝。

我透过窗户，可以看到外面简朴的花园、草坪、池塘，苏格兰雷鸟迈着大脚四处奔走，傲慢的鸽子踮着脚趾在徘徊。我还会不时地看到一只翠鸟蹲在小闸门上——水就是从那里注入池塘的，发出安静的"咕咕"声。整个白天什么也听不见，可是一到晚上，万籁俱寂时分，流水的声音却偷偷地从我卧室的窗户钻进来。

当太阳升起时，我总是踏上从书房的花园门伸出来的小石板路，坐在向南的靠背长椅上，看着小鸟开心地鸣叫一整天。如果我一动不动地坐在那里，有时一只知更鸟会渐渐向我靠拢过来，最后带着令人赏心悦目的勇气飞过来，蹲在我的膝盖上，抬起黑亮的眼睛打量着我，像我佣人的大儿子那样充满自信。

在英格兰，我们可以享受到四季的变化，这里很少有热带地区的那种单调，即使在隆冬季节，园子里那些冬眠的树木似乎也在传递着一种奇妙的信息，让人觉得春天正从南方赶来。"冬天在旷野中休眠，它的笑脸上带着一种春天的梦幻。"观察气候的变化，记录下温度的变化，放好盆子接从屋檐上流下的雨水，饲养六箱蜜蜂，这些园中琐事占去短暂冬天的全部日子。这不禁让我好同情伦敦的居民，他们除了头顶的烟囱和脚下的人行道这些枯燥的风景外，没有其他东西可以观赏。而且，他们的白天根本不能叫白天，那不过是几个时辰污浊的黄昏而已。

再来看看室内，除了那几千册书我可以浏览、徜徉其中，星期天还能听到钟声齐鸣；有时，用发动机从井里抽水时，不是发动不起来就是井水干枯，管子里注满空气，这会平添一种淡淡的兴奋感；有时，我们的电灯突然熄灭，花园里那间设备房马上就能发电，电灯会明亮如故。

所以，即便在隆冬季节，住在乡间，在遇到意外时我们同样可以自得其乐、自力更生，无需受公共水电供应系统的影响。

一年四季，安享怡然自得的园子里的村舍的安静生活，可以给一个容易满足的人带来无尽的快乐。因此，安东尼，我希望你牢记，没有比这更好的命运了：让你尽早步入一个远离倾轧和纷争的世界，让你在乡村寓舍变幻不尽的美丽中找到安宁。

不幸中的幸运是，我不知道还能有多少次，可以看着春天光临，注视着在大雪逝去之前初雪被扬弃。但是，我却满心感谢每一场雪，仿佛那就是我看到的最后一场雪。当然，如果那样的话，我就永远不能给你写信了。听我的，安东尼，作为人生的最后归宿，如果你能享受到周围环境的安静和内心的安宁，没有什么比这个更幸福的了。莎士比亚曾在一段对话中告诉我们："良知的安稳"会带给我们"一种高于一切世俗荣耀的宁静"。我知道，你不会做出任何动摇"良知安稳"的事情。因此，我想在这封信结束时叮咛你，亲爱的安东尼，请祈祷，此生你会获得"高于一切世俗荣耀的宁静"。这样，当人生最后的大限来临，在习以为常的地方，你对一切都失去了任何新奇感，当你进入万物寂灭的绝对宁静之境时，就不会感到恐惧。

你敬爱的老祖父

点 评

这是作者写给其孙子的三部系列书信之一。书中说明其目的是"围绕青年的成长谈点忠告"，作者力图奉上其"漫长一生获得和总结出来的经验"。这不是威严的长者对晚辈的教导，而是一个和蔼的老人俯下身和孙子面对面的交谈，是一个心灵对另一个心灵的唤醒。通篇充溢着睿智的思考，作者总结的诸多人生至道值得铭记。全文最生动的地方，是作者浓墨重彩描绘的一幅幅宁静的田园画卷，充分阐释了享受"环境的安静和内心的安宁"的道理。说理与叙事并重，具有很强的感染力。

推荐阅读：《幸福16书》《傅雷家书》。

活着，是为了爱

［捷克］米兰·昆德拉

不久前，我和儿子去庞普维尔打猎。当时已是严冬时节，是一年中最冷的日子。我们本可以同其他打猎的人一起住在有取暖设备的活动住房内，我儿子却说："不，爸爸，咱们就住在帐篷里艰苦一下吧！"

起初我们让火燃着，后来火慢慢熄灭了，我们进了帐篷睡觉。半夜儿子醒了，他的睡袋湿了，哈出的气在脸旁结了冰。他索性起床，拉开帐篷走了出去。他喊道："爸爸，快起来，你看，多美啊，我能看得见所有的星星！"他的喊声中充满惊奇。

我把头伸出睡袋。天上的星星极其明亮，看上去好像降低了，离我们更近了。地上的余烬还在闪烁，火堆四周围了一圈石灰石。这一切构成了一幅美丽的画面，真是美妙无比。

在我看来，这就是生活。那一夜所感受到的快乐就是生活的真谛。虽然身处逆境，但因为有美在生命里，有温暖和亲情的陪伴，一切都显得那么明快，不带一丝一毫的灰暗。

野生动物学家西尔维斯特·索罗拉认为，生活中每件事的发生都为人们提供了一个选择爱、克服畏惧的机会。生活中一切美好的事情都是由于选择了爱的结果，爱即是我们与生俱来的欢乐、希望和对精神上的追求持认可态度。或许你觉得自己不够好，自己的功劳不够大，因为社会告诉你，成功来自获得物质的东西。但是在内心深处，你认识到，生活的意义不止于此，而这种渴望就是对爱的渴望。

活着，是为了爱，面对困境甚至死亡，我从中学会爱，并懂得如何珍惜爱。于是，当我们有所经历时，更多的人会抱着一颗恻隐之心来看待自己生活着的世界，更多的人会出于爱的原因而能设身处地为他人着想。

（有删改）

新年的快乐

丰子恺

从无始到无终，时间浩荡地移行着，本无所谓快慢。但在人的感觉上，时间划分了段落，似觉过得快些，同时感到爽快；混沌地移行，似觉过得慢些，同时感到沉闷。这好比音乐，许多音漫无分别地连续奏下去，冗长而令听者感觉厌倦；若分了乐章、乐段、乐句，划了小节，便有变化，而令人感觉快适了。

自然的时间划分，是寒暑与昼夜，一寒一暑为一年，一昼一夜为一日。但由寒到暑，由暑到寒，微微地逐渐推移，浑无痕迹。人类嫌它冗长散漫，便加以人工的划分，把一年划分为四季，十二个月，以求变化。阴历的月虽以月亮的一圆一缺为标准，但月亮的圆缺在实际上毕竟没有怎样重大的影响，初一的白昼与十五的白昼并无分别。阳历的月就不管月亮的圆缺了。故十二个月只能说是人工的划分。一个月有三十次昼夜，人类又嫌其冗长散漫，再加以更细的划分，以七天为一星期。这样一来，日子过起来爽快得多。转瞬又是星期日，来了四个星期日便是一个月。假使没有星期的划分，一个月中同样的昼夜，反复三十次，岂不厌倦？所以家居的人时常感到沉闷，度学校生活的人便觉星期飞也似的过去。在地理书上看到一年中有数个月的长昼与长夜的两极地方的情形，谁也同情于他们的生活的沉闷。

但在昼夜一日一来复的温带上的生活中，一昼夜之间没有划分，仍嫌其冗长。便把它平分为十二时，或二十四小时。又把一小时分作六十分，一分分作六十秒。本来浑成一气的时间，现在就被切得粉碎，而部署为许多节段。这样一来，人的度日就有了变化而不觉其长。像学校的生活，一个上午划分作四个时间，一个时间内又划出五十分钟授课，十分钟休息。上课复休息，休息复上课，不知不觉之间，一上午过去，午膳的钟声已经响出了。小学校近来改用一刻钟或半小时为一课，划分尤为琐碎。儿童生活兴味旺盛，不能忍耐长时间的连续。给他们把时间这样细碎地划分了，他们便觉变化繁多而不嫌其长，因而读书也有兴味了。古昔生活悠闲的诗人春昼无事，静观默坐，便谓"日长如小年"。患失眠症的人觉得长夜漫漫。坐牢监的人度日如年。但生活繁忙的人只觉"光阴如箭""日月如梭"。这虽是叹惜时间度送太快的话，但当其度送之时，翻着日历写信，看着手表吃饭，抱着闹钟睡觉，只觉时间的经过变化百出，应接不暇，因而发生兴味，不觉沉闷之苦。这好比听赏节奏复杂而拍子急速的音乐，因其变化丰富，听者就不嫌乐曲之长。

可知时间划分愈细，感觉上过去愈快，生活上兴味愈多。故"快"就是"乐"，合起来就是"快乐"，生活的快乐称为"快活"。人生一方面求寿命之长，一方面又求生活过去之快，两者看似矛盾，而其实无妨。因为这是在实际上求寿命之长，而在感觉上求生活过去之快。人工的时间划分，便是在感觉上求生活过去之快的一法。

新年，也是在混沌的寒暑推移中用人工划分出来的时间的段落。虽然根据地球绕日的周期而定，然并不完全正确，阴历尤多参差；且在日子表面看来，大晦日与元旦并无什么差别，所以也只能说是人工的划分。有了这划分，年的界限便判然，人的生活便觉爽快。有了这划分，人就可在元旦这一天的早上兴致勃然地叫道："新年开始了！""恭贺新禧！""发财，发财！"好像从这一日起，天上换了一个新的太阳。

新年应是一年中最快乐的期间，应该说些快乐的话。但想来想去，也只是由时间划分而来的这一点，此外没有别的快乐可说，在这风声鹤唳的时候！

> **点　评**
>
> 　　丰子恺的文章，就像他的漫画一样，简淡疏朗，清幽玄妙；又像一个白胡须老爷爷讲故事，娓娓道来，令人沉醉。题为"新年的快乐"，但大段篇幅在说时间的划分，时间本"浑成一气"，被分为许多节段后就"有了变化而不觉其长"，作者由此得到一个精辟的结论："可知时间划分愈细，感觉上过去愈快，生活上兴味愈多。故'快'就是'乐'，合起来就是'快乐'。"那么，所谓"新年的快乐"亦不过是作为时间节点的一种标识罢了，实际并无趣味。卒章显志，令人莞尔一乐。
>
> 　　**推荐阅读：**作者代表作《护生画集》。

想象的力量

［英国］J. K. 罗琳

在这个庆祝你们毕业的欢乐日子里，我想谈谈失败所能带来的益处；同时鉴于你们正站在"真实人生"的入口，我想赞美一下想象力的重要性。

我在前半生一直徘徊在自己的追求和别人对我的期望间，难以平衡。我确信自己唯一想做的事是写小说。但我的父母都来自贫穷的家庭，没有上过大学，他们认为我异常活跃的想象力只是怪癖，不能用来付抵押贷款或是赚取退休金。他们希望我取得专业文凭，我则想研究英国文学。最后达成了一个双方都不甚满意的妥协：我改学现代语言。但父母刚刚离开，我就报名学习古典文学了。

但我并不因此而责备他们。总有一天你不能再抱怨父母让你走错了方向。当你成为大人，就需要自己做决定，承担责任。我也不能批评父母希望我摆脱贫穷，我赞同贫穷并不是令人自豪的事的观点。贫穷会带来恐惧、压力，有时还有沮丧，这意味着很多的卑微和艰苦。通过自己的努力摆脱贫穷值得自豪，只有傻瓜才将贫穷浪漫化。

为什么我还要说失败的益处呢？因为失败剥离无关紧要的东西。失败后我不再伪装，只做自己，将所有精力都投入唯一对我重要的工作上。若我在其他事情上成功过，我可能就不会将全部决心投入我自信会取得成功的领域。我自由了，因为我最恐惧的事情已经发生，而我还活着，还有一个我深爱的女儿、一台陈旧的打字机和大想法。因此，生命中的低谷成为我重铸生活的坚实基础。

你们可能不会经历像我那么大的失败，但永远不失败是不可能的。只有遇到逆境，你才会真正了解自己和身边的人。这是用痛苦换来的真正财富，它比任何证书都有用。

如果有时间机器，我会告诉二十一岁的自己，个人幸福不是成就清单。生活复杂而艰辛，任何人都不可能完全控制它，谦逊地认识到这些才能在生命沉浮中幸存下来。

你们也许认为我选择想象力做主题是因为它在重铸我的人生中的作用，但这不是全部原因。虽然我会不遗余力地捍卫床边故事的价值，但我已学会从更广泛的意义来评价想象力的价值。想象力不仅是人类幻想不存在事物的特殊能力，我们也能通过它体会一些并没有亲身经历过的事情。

我最伟大的生活经历之一发生在写《哈利·波特》之前，后来我在书中写的很多东西与此有关。我最早是在国际特赦组织总部的研究部门工作。被援助者的痛苦经历曾让我在无数个深夜清晰地在梦魇中听到撕心裂肺的尖叫，体会到被囚禁的绝望。但这段经历也让我体会到人类的善良。我们不曾也不想亲历那些痛苦，但我们可以借用想象力的翅膀来感受他们的生活。人类的同理心能引导集体行动，这种能量足以拯救生命，使囚徒获得自由。我在这个过程中贡献的微薄力量是我生命中最谦卑、最令人振奋的经历之一。

人类不同于这个星球上的其他生物，我们能在没有亲身经历的情况下理解并了解，设身处地地感受他人的境遇。许多人拒绝运用他们的想象力，宁愿在自己的经验范围内维持舒适的状态，对任何与自身无关的苦难关上思想与心灵的大门。选择不去体会和同情他人的人更可能激活真正的恶魔，虽然没有亲手犯下罪恶，但可能以冷漠与邪恶串谋。

在座的各位有多少人会去感知他人的生活？你们的一切给了你们独特的优势，也给了你们独特的责任。如果你们为被忽略的人们说话，在认同强势群体的同时也认同弱势群体，运用想象力进入条件不如你们的人的生活，那么庆祝你们存在的将不仅是你们的亲人，还有千万因为你们的帮助而获得更好生活的人们。不需要魔法来改变世界，我们自身就拥有这种能力：想象更好世界的能力。

本文是作者在二〇〇八年哈佛大学毕业典礼上的演讲。——编者注

点评

喜欢《哈利·波特》的同学，想必不会对作者感到陌生吧？作者因同名系列魔法小说而功成名就，成了妥妥的人生赢家。

这是一段富于启示的人生感言。自白式的文章若想征服读者，在诚恳的态度之外，就看作者有无独特的思考能力。毋庸置疑，作者有足够成熟的思考力，而且达成了深邃的结论。想象力是人类具有的特殊能力，爱因斯坦说过："想象力远比知识更重要，因为知识是有限的，而想象力概括着世界上的一切并推动着进步。想象才是知识进化的源泉。"作者的表述更具号召力："不需要魔法来改变世界，我们自身就拥有这种能力：想象更好世界的能力。"

年轻人若想从她那里获得人生教益，下面一段话或许值得一听："如果有时间机器，我会告诉二十一岁的自己，个人幸福不是成就清单。生活复杂而艰辛，任何人都不可能完全控制它，谦逊地认识到这些才能在生命沉浮中幸存下来。"

推荐阅读：作者短篇故事集《诗翁彼豆故事集》。

光　阴

陆　蠡

我曾经想过，如若人们开始爱惜光阴，那么他的生命的积储是有一部分耗蚀的了。年轻人往往不知珍惜光阴，犹如拥资巨万的富家子，他可以任意挥霍他的钱财，等到黄金垂尽便吝啬起来，而懊悔从前的浪费了。

我平素不大喜爱表和钟这一类东西。它金属的利齿塞塞窣窣地将光阴啮食，而金属的手表滴滴答答地将时间一分一秒地数给我。当我还有丰裕的生命留在后面，在时光的账页上我还有可观的储存，我会像一个守财奴，斤斤计较寸金和寸阴的市价吗？偶然我抬头看到壁上的日历，那些红字和黑字相间的纸页把光阴划分成今天和明天。谁说动物中人是最聪明的？他们把连续的时间分成均匀的章节，费许多精力去较量它们的短长。最初他们用粗拙的工具在树皮上刻画记号代表昼夜，现在的人们则将日子印在没有重量的纸条上，每逢揭下一张来，便不禁想："啊！又过了一天！"

怎么我会起了这些古怪的念头呢？是最近的一个秋日的傍晚，我在近郊散步，我迎着苍黄的落日走过去，复背着它的光辉走回来，踩着自己的影子。"我是牵着我的思想在散步。"我对自己说，"我是踪蹑着我的影子，看我赶不赶得过它？"我一面走一面自语。"我在看我自己影子的生长，看它愈长愈快，愈快愈长。"我独语。总之，我是在散步罢了。我携着我的思想一同散步。它羞怯得畏见阳光，老躲在我的影子里，使得我和它谈话时，不得不偏过头去，伛偻着身子，正如一个高大的男子低头和身边的女子说话，是那么轻声地，絮絮地。

我们走着走着，不知从哪里来的一枚树叶，飘坠在我们的脚前。那样轻，怕跌碎的样子。要不是四周那么静寂，我准不会注意。但我注意到了，我捡了起来，我试想分辨它是什么树叶，梧桐的，枫槭的，还是樗栎的？但我恍若看到这不是一片树叶，分明是一张日历，一张被不可见的手扯下来的日历。这上面写着的是一个无形的字："秋。"

"秋！"我微喟一声。

"秋，秋。"我的思想躲在我的影子里回答我。

我感到有点迟暮了。好像这个字代表一段逝去的光阴。

"逝去的光阴。"我的思想如刁钻的精灵，摸着了我的心思。

"光……阴。"这两个平声的没有起伏的字眼，在我的耳边震响。

光阴要逝去吗？却借落叶通知我。我岂不曾拥有过大量的光阴，这年轻人唯一的财产，一如富贾之子拥有巨资。我曾是光阴的富有者。同时我也想起了两个惜光阴的人。

正是这样秋暖的日子，在很早很早以前，家门前的禾场上排列着一行行的晒簟，在阳光下曝晒着田里新收割来的谷粒。芙蓉花盛开着。我坐在它的荫下，坐在一只竹箩里面——我的身子还装不满一竹箩——我玩着谷堆里捉来的蚱蜢、螳螂和甲虫，我玩着玩着，无意识地玩去我的光阴。祖父是爱惜光阴的。他匆匆出去，匆匆回来，复匆匆出去，不肯有一刻休息。但是他珍惜也没有用，他仅有不多的光阴。等到他在一个悄然的夜晚，撇下我们而去时，我还不懂他为什么要离开我们，原来他把光阴用尽了。

还是在不多年以前，父亲写信给我说："你现在长大了，应该知道光阴的可贵。听说你在学校里专爱玩，功课也不用功……"父亲也珍惜起光阴来了。大概他开始忧光阴之穷匮，遂于无意之中把忧心吐露给我。在当时我是不能领会的。我仍是嫌光阴过得太慢。"今天是星期一呢！"便要发愁。"什么时候是圣诞节呢？"虽则我并不喜欢这异邦的节日。"怎么还不放假呢？"我在打算怎样过那些佳美的日子。光阴是推移得太慢了，像跛脚的鸭子。于是我用欢笑去噪逐它，把它赶得快些。正如执箠的孩子驱着鸭群，唿哨起快活的声音促紧不善于行的水禽的脚步，我曾用欢笑驱赶我的光阴。

"你曾用欢笑驱赶你的光阴。"我的思想像"回声"的化身，复述我的话。

但是很久不那么做了。竟有一次我坐在房里整半天不出去。我伏在案前，注视着阳光从桌面的一端移到另一端。我用一把尺，一只表，来计算阳光的足在我的桌面移动的速度，我观察计算了好久。蓦然有一种感触浮起在我的脑际，我为什么干这玩意儿呢？我看见了多少次阳光从我的桌面爬过，我又多少次看见阳光从我的窗口探入，复悄悄地退出。我惯用双手交握成各种样式，遮断它的光线，把影子投在粉壁上，做出种种动物的形状，如一头羊，一只螃蟹，一只兔；或喝一口水，朝阳光喷去，令微细的水滴把光线散成彩虹的颜色。何时我的心情变得沉重，像吝啬的老人计数他的金钱，我也在计算光阴的速度呢？我曾讥笑惜光阴人之不智，终也让别人来讥笑自身吗？

"你也在计算光阴的速度了。"我的思想幸灾乐祸似的，揶揄我。

真的，我在计算光阴的速度了。我想到光阴速度的相对性，得到这样的结论：感觉上的光阴的速度是年龄的函数。我试在一张白纸上列出如下的方程式："光阴的速度等于年龄的正切的微分。"当年龄从零岁开始，进入无知的童年，感觉上的光阴速度是极缓慢的。等到年龄的角度随岁月转过了半个象限（我暂将不满百的人生比作一个象限，半个象限是四十五岁了），正切线的变化便非常迅速。光阴流逝的感觉便有似白驹，似飞矢，瞬息千里了。我想了又想，渐渐陷入了一个不能自拔的思索的陷阱里。我自己在人生的象限上转过了几度呢？犹如作茧自缚，我自己衍出方程式而又把自己嵌在这式子里面，我悲哀了。

"你自己衍出方程式而又把自己嵌在里面。"思想已无尖酸的口吻。

但是我无法改正这方程式，这差不多是正确的。在我的知识范围内不能发现它的错误。啊，悲哀的来源，我想把这公式从我的脑中擦去，已是不可能。正如我刚才捡起来的树叶，无法把它装回原来的枝上。我重新谛视这片叶，上面仍依稀显现着无形的字："秋。"

另一天，从另一枝柯上，会有不可见的手扯下另一片树叶——是一张日历——那上面写的应该是另一个字："冬！"

"冬。"我的思想似乎失去了回答的气力。

"秋……冬。"又是两个没有起伏的平声的字眼，像一滴凉水滴进我的心胸，使我有点寒意。我不能再散步了，我携着我的思想走回家，正如那西洋妇人携着她的狗，施施归去。此后我就想起：如若人们开始爱惜光阴，那么他的生命的积储是有一部分耗蚀的了。

点评

生命正值盛夏的作者，从眼前的落叶领悟到四季更迭的消息，"秋"，然后将是"冬"，——两个平声字，轻叩人的心扉。他早就明白人间的定律——用尽光阴，一个生命就死了。作者发现了一个悖论：自感时间不多的人，才会忧虑光阴的减少；有时间可挥霍的人，并不需要那么珍惜光阴。"你曾用欢笑驱赶你的光阴。"这句哲思当作痛悟格言铭记。

一篇絮絮叨叨的内心独白，竟如此清新可读！除了针脚细密的手上功夫，还与作者善于具象化表达的特质分不开：比如"我"和影子、双手遮光生成的动物形状，以及计算时间流逝速度的生命方程式，光阴从一个抽象的事物化为可感可把握的东西。光阴，这不可再生的消耗品，谁也守它不住。在他面前，心的若有若无的一声咯噔，即是对流逝的、永不复来的生命的浩叹。繁复的情绪，低回盘桓，让你也感受到了那点寒意。对，就是这一丝寒意，才是人最真切的感受。

推荐阅读：《陆蠡散文选集》。

挽留时间

王鼎钧

罗马不是一天造成的，也不是一天可以拆毁的。

小时候，在作文簿上写"光阴似箭、日月如梭"，以及"无情的时间像流水逝去"。现在想想，也许并非如此。

时间看似无情，但是仍然可以挽留。如果你爱惜它，它也留恋你。如果用功读书，时间就留在你的成绩里；如果锻炼身体，时间就留在你的健康里；如果你开朗热忱，时间就留在你的人缘里。……

"日月如梭"，梭留在织成的锦缎里。

"光阴像流水"，水留在工厂的电力、水田的禾苗、游船的行程里。

"杀死时间"的意思是使用时间，"以无益之事，遣有涯之生"是打发时间，两者并不相同。中国人常说"消遣"，"遣"也是打发的意思，好像唯恐时间不走。错了！时间是一个匆忙的过客——只有它抛弃你，不是你驱逐它；只有它忽视你，用不着你敷衍它。你必须有"杀死"它那样的果决和敏捷才能使它为你所有。时间如鱼，怠惰的渔夫、漫不经心的渔夫、自暴自弃的渔夫，总是徒有一张空网。

哲人说："时间留，我们走。"这句话可以代替所有的励志格言，也可以做一部文明史的总标题。

点 评

开篇还在用形象的比喻温和地劝说，但面对对时间的"消遣"和浪费，王先生疾言厉色地说："你必须有'杀死'它的果决和敏捷！"紧接着用了一个形象生动的比喻，时间如"鱼"——滑，难以捕捉；又用一连串排比，在"徒有"前加"总是"，增强了语言的力量感，分明是对荒废时间的人的当头棒喝。结尾一句"时间留，我们走"这句话"可以做一部文明史的总标题"，将主旨上升到另一高度。

推荐阅读：作者散文集《一方阳光》。

旧时的离别

张悦然

从北京南站到济南西站，每半个小时就会有一列火车出发，全程只需要一小时三十七分钟，但我已经一年没有回过家了。每次都是妈妈来看我，也不要我去车站接，下了火车换地铁，半个小时以后就站在我家门口了。她总是很高兴地说，好近。是啊，好近，我点点头。是不是太近的缘故，近到破坏了回家这件事应有的形式感？火车一再提速，我却离家越来越远。

我关于火车的最初记忆，与济南那座老火车站有关。那座德国人留下的日耳曼风格建筑，若不是再看到照片，我已经想不起它是什么样子。只记得有一个绿色圆顶、四面都有钟表的塔楼。小时候在去往火车站的路上，远远地看到它，就开始兴奋了。它耸立在灰蒙蒙的楼群之中，有一种神秘的异国情调。而那种异国情调，好像与正要前往的那个地方有关，头脑中衍生出各种想象。拎着箱子走进圆拱形大门，有一种出远门的郑重感。它的繁复、典雅、美轮美奂，令旅行充满仪式感。

那时候去北京，要坐一整夜的火车。清晨我被妈妈摇醒，拉起胳膊塞进外套的袖管里，跌跌撞撞地跟在大人身后下了车，抬头就望见"北京"两个大字。我嗅着陌生的空气，思忖着各种奇怪的问题：这里的人是怎样生活的？他们去哪里买菜？看什么报纸？有没有像趵突泉那样一个元宵节可以看花灯的地方？说到底，就是无法想象在别处，故乡以外的地方，人们的生活是怎样的吧。身后忽然传来长鸣的汽笛声，撼动心肝。火车缓缓地朝远处驶去，送行的人木然地挥着手，站在大风里，好萧索。月台上总是刮着好大的风，无论什么时节，非要吹得人头发蓬乱、衣角翻飞不可。那种狂烈带有某种戏剧性。大风好像是一件道具，为了在离别和重逢时，给旅人添上一点儿风尘仆仆的气息。

长大以后，不知道为什么，月台上的风不再像从前那么大了。那些风都去了哪里呢？真是个谜。没了风，旅人也没了风尘仆仆的气息，剩下的只是倦怠。月台越建越大，却越发让人感到局促，再也没有从前那种空旷的感觉了。要是看到哪个送行的人在火车还未驶远之前掉头走掉，我就会莫名地恼火，觉得他对这场离别不够郑重。的确不需要多么郑重。就算有些离愁别绪，也完全不必一个人傻傻地站在原地悲伤，而是可以一边朝车站里面走，一边给刚离开的人发微信，将自己的感受告诉对方。

旧时的离别具有一种美感，想来是与悲伤的质感有关。离开之后，两个人各自待在自己的悲伤里，那是一种隔绝的悲伤，它完全是自己一个人的事，关在身体里冲来荡去，无法让对方知道。

总之，火车已经不再像从前一样，是一种沉重的、让人感到难过的事物。这个词的属性已经改变了，变得平淡而日常。这样想一想，在"火车"这个词失去了它所负载的情感重量的时候，那座老火车站适时地死去，变成记忆中的文物，或许也是一种合理的命数。

点评

文章结构精巧，作者选取关于"火车"记忆的三个片段，今昔对比，于结尾处点明主旨，表达时代交替之下淡淡的失落与哀伤之情。古典时代的离愁死了。正如木心先生的《从前慢》所言，慢是一种朴素的精致，一种生命的哲学。"旧时月色""旧时离别"是多么美好的字眼，它能触摸到我们心底最柔软的地方，唤醒沉睡已久的诗情。"月台上的风不再像从前那么大了。那些风都去了哪里呢？"这或许只是记忆制造的错觉？

乡梦不曾休

黄永玉

我为曾在那里念过书的凤凰县文昌阁小学写过一首歌词，用外国古老的民歌曲子配在一起，于是孩子们就唱起来了。昨天听侄儿说，我家坡下的一个八九岁的女孩抱着弟弟唱催眠曲的时候，也哼着这支歌呢！

歌词有两句是：

无论走到哪里，都把你想望。

这当然是我几十年来在外面生活对于故乡的心情。也希望孩子们长大到外头工作的时候，不要忘记养育过我们的深情的土地。

我有时不免奇怪，一个人怎么会把故乡忘记呢？凭什么把她忘了呢？不怀念那些河流？那些山冈上的森林？那些长满羊齿植物遮盖着的井水？那些透过嫩绿树叶的雾中的阳光？你小时的游伴？唱过的歌？嫁到乡下的妹妹？……未免太狠心了。

故乡是祖国在观念和情感上最具体的表现。你是放飞在天上的风筝，线的另一端就是牵系着心灵的故乡的一切影子。唯愿是因为风而不是你自己把这根线割断了啊！……

家乡的长辈和老师们大多不在了，小学的同学也已剩下不几个，我生活在陌生的河流里，河流的语言和温度却都是熟悉的。

我走在五十年前（半个世纪，天哪！）上学的路上，石板铺就的路。我沿途嗅闻着曾经怀念过的气息，听一些温暖的声音。我来到文昌阁小学，我走进二年级的课堂，坐在自己的座位上：

"黄永玉，六乘六等于几？"

我慢慢站了起来。

课堂里空无一人。

点 评

一篇隽永小品。抒写自由随性，结尾将情感推向高潮——这个梦境般的镜头，表达作者的心理意向，并非真实发生的事情，却更真实可信。对逝去时光和故园的眷念，令人心有戚戚焉。文不在长，有真情则有生命。

推荐阅读：作者散文集《沿着塞纳河到翡冷翠》。

天堂就在你身边

[韩国] 张英姬

一天的功课结束了，进入梦乡之前我微微闭上眼睛，回顾当天做过的所有事情，疲惫的心喜忧参半。喜是因为顺利度过了一天，没有出现什么大的失误；忧是因为无可奈何而又毫无作为地浪费了一天。

这些飞速流逝的日子不仅使我感到虚无，甚至还有种犯罪的感觉。内心深处有一个声音不断地追问自己：张英姬为什么出生在这个世界上？张英姬来到这个世界都干了些什么？你接受宝贵的生命度过此生，临终之际你又能为这个世界留下哪怕如指甲大小的美好痕迹吗？

回想自己度过的很多日子，我吃惊地发现：我每天都是到了时间便起床，像机器似的来到学校，像机器似的教书授课，又像机器似的参加会议，从早到晚与人讨论工作，夜晚来临便疲惫地睡去。

然而具有讽刺意味的是，如此千篇一律的生活为什么还会让人感到疲惫呢？总是被时间追逐，总是睡眠不足，总是急匆匆地备课，总是不知道是用鼻子还是用嘴吃的饭，总是对学生怒目而视、横加指责，总是担心约定时间到了无法交稿，总是爱恨交织、哭哭笑笑，总是过着一成不变的戏剧性的日子。回头看看，岁月如流水，没有留下什么痕迹便消失了。

昨天我又不得不熬了个通宵，因为今天早上必须交稿。近来母亲的听力下降得厉害，电视机的音量开得很大，而且六岁的小外甥又楼上楼下地跑来跑去，结果我就因为太过吵闹而没能完成工作。

我带着烦躁的心情入睡，翻来覆去中错按了闹钟，最后又睡过了头。醒来看表，已经八点了。我还想赶去参加九点的会议，恐怕已经很晚了。刚想起床，无意间透过窗户看见隔壁院子里一对年轻的夫妇正在吵架。

我轻轻地打开窗户向外张望，那对年轻夫妇站在院子中央，吵得正凶。院子里有很多用鹅卵石堆成的小塔，它们都出自笃信佛教的婆婆之手。争吵中，年轻的妻子因气愤而推倒了其中的一座。

丈夫质问："这是妈妈最喜欢的塔，你为什么要把它推倒？"

妻子回答："我的裙角不小心碰着了，这么点儿失误你都要斤斤计较吗？"

虽然说年轻夫妻不懂事，但也不至于为了这么点事吵架，那么小的石塔只要30分钟就能重新堆好。我一边想，一边急匆匆地做着上班的准备。

会议结束了，但还有文件需要我赶紧准备，我几乎没有时间吃午饭。直到两点多钟，我才一边吃着从超市买回来的紫菜包饭，一边准备文件。

这时，善美走了进来。善美是我的学生，最近经常来找我谈事情。每次我都很高兴，但是这次却高兴不起来了。尽管如此，我总不能说请你下次再来吧，还是勉强让她坐下了。

她因病休学一年，很难适应学校生活，现在即将毕业，自己还想继续学习，父母却要求她就业，而男朋友又承认自己有了新欢，等等。善美说得非常急切，而我满腹焦虑地吃着紫菜包饭，心不在焉。

突然，善美说道："老师，这些日子我真的想死。"

"什么？你以为死就那么容易吗？"

善美已经不是第一次这么说了，我也有些无动于衷。

"也没什么不能死。"

略作思忖，善美又补充说道，"只要能去天堂。"

"什么？"

我吃下去的紫菜包饭都堵在喉咙里了。"只要能去天堂？"这句话我觉得很有趣，也很新鲜。虽然我从来没有这样想过，但是听起来却显得很有逻辑，也很恰当。即便你已经犯了很多罪，但只要还没有坠入地狱，只要还能去天堂，那么立刻结束现在的生活，马上去天堂似乎也未尝不可。

尽管没有亲身去过天堂，然而奇怪的是只要提到天堂，我脑海里立刻浮现出一个画面：平坦而碧绿的原野上吹拂着清香的微风，盛开着美丽的鲜花；躺在草地上的人们穿着宽大舒适的白衣，终日聆听着天堂的音乐（好像还是用竖琴演奏的），品尝着美味的食物，啜饮着天国的饮料。他们不需要奔波劳碌。

因为不存在时间，所以也没有死的必要。因为不会死亡，当然也不用跟相爱的人分别。没有战争，没有疾病，也没有环境问题；没有国际货币基金组织，没有会议，也没有必须批改的学生试卷。最重要的是没有人与人之间的憎恶、仇视和争执。

如果是在天堂的话，今天早晨的那对年轻夫妇也就不会吵架了。她的婆婆甚至根本不会怀着向往天堂的心理堆砌那些石塔，因为佛陀和耶稣成了邻居，只要你想敞开心扉，随时都可以去找他们聊天。

那该是多么美好、多么完美的生活。生活在这样的天堂里该有多么幸福啊！是的，如果谁能保证在我死亡的瞬间，天上会飞来长着翅膀的天使，带我飞向天堂，那么现在就死也不是什么坏事。

善美走后，我忽然想起了很久以前读过的一个故事。曾获诺贝尔文学奖的犹太作家艾萨克·巴什维斯·辛格有个短篇小说名叫《傻瓜的天堂》。小说的主人公阿特赛是富商的独生子，天性懒惰，特别讨厌工作和学习。他知道自己必须继承父亲的事业，感觉这简直比死还难受。

有一天，阿特赛听乳母说如果去了天堂，即使不工作也能天天吃喝玩乐，又听说人只有死后才能上天堂。他很想去天堂，于是就盼着自己快点儿死。他久久地躺在床上，纹丝不动。阿特赛的父母非常担忧，就去找智慧的医生商量，医生问明情况之后，给他们开了药方。

第二天醒来，阿特赛发现自己躺在装饰得非常美丽的房间里，旁边还有长着翅膀的天使（其实是他们家的仆人）正在等候自己醒来。"这是什么地方？"阿特赛问道。一位天使回答："这是天堂。"阿特赛为自己终于来到天堂而兴奋。每天都不用工作，也没有人在耳边唠叨。到了睡觉时间，天使们进来服侍他躺在温暖的床上；吃饭的时候，金银器皿盛着山珍海味被端进房间。

过了几天，阿特赛说自己想吃新鲜出炉的面包、黄油和咖啡，但是天使说："天堂里没有这些食物。"

阿特赛很失望，就问："现在几点了？夜晚还是白天？"

天使回答："天堂里没有时间。"

阿特赛又问："那我现在该做什么？"

天使说："天堂里没有要做的事。"

只有山珍海味，每天只是躺在床上睡觉，除此之外再也无事可做，阿特赛有生以来还是第一次迫切地想要做点儿什么。

不过，天使们只是一成不变地告诉他："天堂里没有做事的必要。"

已经在假天堂里过了一周时间的阿特赛终于忍受不了，大声喊道："这样简直没法活了！还不如死呢！"

"天堂里也没有死。"天使答道。

到了第八天，阿特赛的父母让儿子重新回到了"人间"。7天的"天堂"体验让阿特赛完全变了个人。

"我以前真的不知道活着这么有趣，这么美好。"

从此以后，阿特赛变成了努力工作、用心生活的人。

天堂如果真是我想象中的地方，那么天堂里应该没有烦恼，没有憎恨，完美无瑕，从来没有坏事和悲伤。那里只有好人，人们不会批判和仇视他人，只有仁慈、温暖的微笑和和蔼的话语。

这样的天堂，你真的想立刻就去吗？这却值得好好思量。望着没有一场雷雨、不吹一丝冷风的美丽平原，人们总是面带微笑，总是能心想事成，一切都已完备，甚至没有"心想"的必要。如果在这样的地方生活3天（地球上的概念），恐怕就足以令人窒息了。因为懂得仇恨的痛苦，所以宽容才更宝贵；因为存在死亡，所以生命才更可贵；因为有失恋的痛苦，所以爱才更珍贵；因为有了眼泪，所以笑脸才更美丽。正是因为每天的生活艰辛而且富有戏剧性，我们才会向往安定的生活，才会有希望和梦想。

今天又过去了，太阳就要落山了。看看窗外，隔壁的年轻夫妇正头挨着头哈哈大笑，仿佛在问我们什么时候吵架了。早晨倒塌的石塔已被重新堆好了。此时此刻，他们所在的地方不就正是天堂吗？没有人知道天堂到底什么样。尽管如此，我也不希望死后下地狱，而是希望能去天堂。然而在去天堂之前，最重要的事还是现在努力地活着。

此时此刻，我的书桌上堆满了必须校对的稿件和学生们的试卷，隔壁房间里的电视音量开得很大，母亲正在看电视剧，突然说道："哎呀，厨房里什么东西煳了！"等了五年终于怀上第二个孩子的妹妹给丈夫打电话，聊着今天去做定期产检的事，蓦然惊醒："天啊，我的汤！"说完就飞快地冲向厨房。这时二楼的电话铃又响了。六岁的淘气鬼外甥就在我身边玩机器人，发出"滴滴嘟嘟"的奇怪声音。

我在想，这个瞬间才是值得祝福的时间，天堂就在身边，而不是在别处。

点 评

　　本文的出彩处在于其内心独白和叙事结构，以连绵起伏的内心独白统摄全篇，辅之以生动的情节。

　　开篇即是对生命的追问，以上帝视角直切主题，读者也不由自主进入作者预设的情境中，审视当下的凡俗生活，思考生命的意义。这样的调性为下文做了铺垫，使下文的叙事有力量。叙事部分，作者以一种温柔的语调娓娓铺开，采用前后照应的方法，使文章浑然一体。如，那对夫妇的争吵与和好，家中喧闹依旧，但心境由排斥转为欣赏。借由与女学生的对话及所读过的一则故事，完成了对主旨的推导："天堂就在身边，而不是在别处。"

告别信

[哥伦比亚] 马尔克斯

　　如果上帝忘记了我是一个破旧的娃娃，恩赐我一分钟的短暂生命，我不愿意说出我所思考的；反而，我希望细想我所说的。

　　我希望评估事物的标准，不在乎它们的价值，而是它们的意义。

　　我愿意睡少一点，梦多一点——我明白，每当闭眼一分钟，就失去了六十秒的光亮。

　　当其他人停步，我愿意前进；他们瞌睡，我愿意清醒；他们交谈，我愿意聆听。

　　我多愿享受一杯美味的巧克力啊！

　　如果上帝赐予我一小段的生命，我希望穿上简单的衣服，冲进阳光里，赤裸我的身体，敞开我的灵魂。

　　上帝啊！如果我有一颗心，我希望在冰上写下我的怨恨，然后等待太阳露面。星空上，我写梵·高的画，背诵乌拉圭著名诗人班奈戴提的情诗，然后，献给月亮一首西班牙抒情歌手席拉特的小夜曲。

　　我愿意用我的眼泪灌溉玫瑰花，以花刺来感受痛苦，以花瓣来回忆亲吻。

　　上帝啊！如果我有一小段的生命，我要告诉爱人，我爱她。

　　我愿意启发世人，别以为年纪老了，就不该谈恋爱，这是大错特错的。人就是因为不再恋爱，才会衰老。

　　我希望给小孩一对翅膀，让他们自己学习飞翔。我希望教诲老人家，死亡不会和高龄一起来，死亡通常与善忘结伴。

　　我从世人身上学到许多东西。世人啊！我知道，人们都期望寄居山顶，殊不知，真正的快乐是怎样攀上山峰。

点　评

　　一首直抒胸臆的散文诗。作家假借重获生命的破旧布娃娃之口，表达自己的心声：以激情澎湃的爱度过生命中的每一刻。关于爱情，他的名作《霍乱时期的爱情》已经有完美的叙写，本篇这些美妙的话语再次奏响马尔克斯永恒的主题："我愿意用我的眼泪灌溉玫瑰花，以花刺来感受痛苦，以花瓣来回忆亲吻。上帝啊！如果我有一小段的生命，我要告诉爱人，我爱她。"

　　推荐阅读：作者代表作《百年孤独》。

想　你

王鼎钧

　　想你。天晴，想你；天阴，想你；花开，想你；花落，想你；人聚，想你；人散，想你。

　　走进大海，想你；吸到新鲜空气，想你；走过你走过的街道，想你；听到你用过的口头禅，想你；从书本里看见某些字，想你；从地图上看见某些地名，想你；吃你所讨厌的通心粉，想你；用你所讥笑的日本伞，想你。

　　想你沉思的眼，想你霓虹灯下的脸，想你打字时键盘上的手，想你溜冰场上的臂，想你下楼时簌簌作响的裙，想你飞过窗口的头发，想你发怒时的鼻子，想你哭泣时的肩膀，想你在水池中正面的影子，想你在月光下侧面的影子。

　　到那条泥径上，向每一个水汪中找你。到那座大楼前，向每一片玻璃中找你。到人群中，向每一双瞳孔中找你。到山上，向每一片树荫中找你。向每一寸空间找你，向每一本诗集找你，向音乐会的弦上找你，向摄影师的显影药水中找你，向剪影人的剪刀边缘找你。

　　恨我不是资本家，盖一座宏伟的大楼，用你的名字。恨我不是探险家，发现一座荒岛，用你的名字。恨我不是科学家，发现一种蝶，用你的名字。甘愿长寿，为了再见。甘愿空闲，为了回忆。甘愿献身革命，为了给你一个更好的现实世界。甘愿信教，因为你可能有一个天堂。

　　想你，恨你。你将一切弄乱，将一切打碎，将一切点着燃光，将花香弄得如此浊，将菜味弄得如此淡，将人生弄得如此短而夜如此长。

　　可是有什么理由恨你？因为你将一个宝藏打开？因为你有一万次微笑？因为你低声说童年的故事？因为你使星期天成为上帝降福的日子？

　　你使一块石头有了脉搏。若非你，他不知道 A 弦和 G 弦的区别，看不出上午的山不是下午的山，不会用怜悯的眼色看兔子，用快乐的眼色看小狗，不会支持因妻子生病而失职的丈夫，不会在火车隆隆驶过时祷告它多制造团圆，少制造离别。尽他一掬之所能容，你在里面放满了宝石。

　　记得在碧潭看月，记得那晚是中秋，记得那天天气阴沉，碧潭是一个很大的黑窟窿。记得来看月的人都等着，沉默地站在潭边。记得等了很久很久，云开了，碧波、拱桥、小舟、丛树、岩石，月光把这一切都创造出来。记得碧潭四周响起一片欢呼，原来潭边站满了等月的人。人人仰脸看天，在月光下，大家的脸似一片鹅卵石。记得那天月色真好，无法形容。一切透明，山影透明，潭水透明，人心透明。记得空气新鲜洁净，使人舍不得呼吸。记得世界精致美丽，使人想飞、想化。可是月光把这个世界创造出来以后，立即予以凝固，一切停止不动，连潭心的小舟都停止不动，只有月亮在动。其实也不是月亮在动，是云在动。云又从四周合拢，而且变黑，恢复了初来时的情形，碧潭是个黑窟窿。再等下去没有希望，天上开始落毛毛细雨。月光只照了十几分钟，看月的人都满足了。散开，没有怨言。回家，保持着快乐的感受。到底看见明月，不负佳节。已经看见这么好的月色，不虚此行。

记得明月，记得你。能照亮生命的光，只要有，不嫌短。感伤，知足。想你，不恨你。

点评

作者用诗性之笔，自造了一个文字迷宫，畅游其间，肆意抒写自己的情思。可谓写尽了恋爱中痴情人的心思。思绪的起伏与语言的节奏完美共振，创造出令人沉醉的情境。

推荐阅读：作者作文指导书《作文六要》。

花　巷

冯骥才

月在中天，她约我明天傍晚去她家，然后告诉我一条街道的名字。我问她门牌号，她说在一条巷子里。我又问这巷子的名称。她神秘地说："你闻到空气里有什么气味吗？"我吸一吸鼻子说："闻到了，是一种花香，挺特别，很淡，不过又很浓郁……"她绽开笑容说："只要你在那条街上闻到这种味道，那就是我的巷子，巷子的尽头就是我家。"

第二天傍晚，我找到那条街，开始寻那香味。我忽然有点紧张，因为我好像把那香味忘了。我向一群孩子打听，孩子们都笑了，他们说："这条街上有好多巷子，每条巷子都开满了花，你说的是哪种花？是什么味儿？"

我从街的这头走到那头，每条巷子都像花的甬道，一条红、一条黄、一条紫或一条雪白。不同的花喷溢出不同的香味，把我的嗅觉完全扰乱了。

天暗下来，我疲惫不堪地坐在路边道沿上。忽然，一股淡淡的熟悉的香味从背后飘来，轻轻将我拢住。我一回头，一阵芬芳扑在我脸上，这就是属于我的花香呀！我眼前渐渐出现一条幽深的巷子，巷子两边白晃晃的满是花，正是她的巷子！

奇怪，为什么刚才没闻到这花香？难道它像夜来香那样入夜才散发芳香？

我走进巷子，夜色如同水一般从我面颊和臂膀旁滑溜溜地流过。我整个身子融入这深巷，也就融入这浓得化不开的芬芳里。我记得她的话——巷子的尽头是她家……渐渐地，我看见巷子尽头站着一个人，她身着一条浅色长裙。她大概在这里默立了许久，却相信我一定会来。

（有删改）

点 评

　　"月上柳梢头，人约花巷中"。六百字的写意小品，借用《诗经·蒹葭》的意境，造出了一副令人陶醉的胜景。就背景而言，虚虚实实的花巷，胜过人约黄昏后的抽象。孩子们的话语，只是故作的写实诱饵，让读者信其有。至于花巷、花儿、女子皆为飘浮于诗性天空的意象，不必信其有，然作者的心象却是真实可信的。设定一个谜一样的伊人，让你历经艰辛寻找，疲惫之际幽香袭来，举目望去，伊人就在那花巷深处。一个让人遐想万千的爱情故事开始了。

　　好文章的主题总是具有多义性。本文亦可借用王国维的"人生境界说"来阐释：开篇的"月在中天"，伊人邀约是"独上高楼，望尽天涯路"；中间的兜兜转转，寻觅而不得是"衣带渐宽终不悔，为伊消得人憔悴"；待到静坐下来，剥乱去杂，真意自现，于是"蓦然回首，那人却在，灯火阑珊处"。

不　舍

黎武静

　　我是一个恋旧的人，对拥有的人和物，乃至回忆与时光，一概不舍。

　　物愈旧，情愈深。纠缠的时光一旦有了年头，便眷恋难舍。看着这物，便想起一切时光的痕迹，那年、那月、那时，那种种情状，何忍相弃？何忍离别？丢掉旧物，几乎成了一个不可能完成的任务。

　　新杂志翻过一遍就堆在那里，不想重温第二遍，却又舍不得丢掉。源源不断买来的新杂志，和时光一起变老。电脑里看过的电影也存着舍不得删除，硬盘的空间不管多大，总是旧的不去，新的再来，于是日渐丰满。记忆也是一样，太容易怀旧的人，无数过往拾拾拣拣都要留在怀中。

　　已经消失不见的老地方，在梦里反复出现。喝过的油茶味道，带着童年的清香至醇。游走在日新月异的城市里，想要重温一切旧时光里的温情，走一走童年踏过的弯弯曲曲的小路。那些石头被岁月磨得光滑无比，排列出动人的样子，不规则里有曲径通幽的情调，走过去，便能穿越岁月的迷雾，触碰青春的笛声。

　　舍不得，也无可奈何，时光终将成为回忆。旧时月色，终须倒溯着逆流而上，慢慢寻访。太容易怀旧的人，亦可坐看时光的流淌，看万物都染上了时光的颜色，愈见深情可喜。愈老，愈有滋味，即使只是一件小东西，因为有一个动人的故事，就有了与众不同的面目。外人看去，只觉平常。只有自己明白，这物什后面藏着的曲折与欢喜，那些幽微热诚的心绪、千回百转的过往，像一部鸿篇巨帙，厚重得自然动人，没看过的人不会懂。

这部电影今天没爱上，明天就爱上了；这本书今年没感觉，明年就想起来了。那些路过的风景，随时光无穷无尽地向后流去。太容易怀旧的人，在时光里慢一拍地走着、爱着。

点 评

"物愈旧，情愈深"。在薄情的世界里深情地活着，需要一颗淡泊之心。有真情打底，文字美而有余味。

徒然草

［日本］吉田兼好

文 东 译

人心是不待风吹而自落的花。以前的恋人，还记得她情深意切的话，但人已离我而去，形同路人。此种生离之痛，尤甚于死别也。故见到染丝，有人会伤心；面对岔路，有人会悲泣。堀川院的百首和歌中有歌云：

> 旧垣今又来，
> 彼姝安在哉？
> 唯见萋萋处，
> 寂寞堇花开。

这种寂寞的景况，谁说没有呢？

赏月的时候，万物也随之更加感人。有人说："没有比月更富有情趣的了。"也有人分辩说："最有情趣之物，该是露珠吧？"这样的争论，也很有趣。然而万物各有其天然的情趣。

月与花不必说了，便是风，也令人为之心动，而清溪巉岩相与激荡，则无时不令人逸兴遄飞。我还记得这样的诗句："沅湘日夜东流去，不为愁人住少时。"真是意境深远。嵇康也说："游山泽，观鱼鸟，心甚乐之。"大约在人迹不到、水草清茂之处徜徉容与，是人世间最为赏心悦目的事。

暮春时节，天朗气清的时候，路过一个颇为体面的人家，门户深邃，古木苍苍，落花遍洒于庭院，令人流连难舍。于是进门探望，见其朝南的格窗都放了下来，到处寂静无声；朝东的一扇角门半开着，从门帘的破损处，窥见一个二十来岁的清秀男子，仪表优雅，神情闲淡，坐在几案前翻书闲读。此不知是何人，有机会颇想正式拜访一下。

酬谢他人，穷人不要用出钱的方式，老人不要用出力的方式。明白自己能力的限度，做不到的就放弃，是聪明的表现。别人不许你放弃，是别人的错；不自量力而勉强行事，则是自己的错。

穷人做事不自量力就会变为盗贼，老人做事不自量力就会病倒。

世上的事，最令人回味的，是始和终这两端。男女恋爱，也是如此。恋爱之真味，不只在于日日相会长相厮守。有时要因暂难相会而忧虑重重，有时要悲叹缘分之变幻莫测，有时独自辗转到天明，有时遥寄相思于远地，有时则远避他乡而追怀往日。凡此种种，都体验过了，才敢说明白了恋爱的真谛。

"学艺之人，在技艺未达精熟之时，深藏不露，暗自苦练，学成之后，才现身于众人。这实在是令人艳羡的做法！"

然而说这些话的人，一定是一艺无成。

技艺未精时，厕身于名手之间，虽备受讥讽而不以为耻，虽遭人非议而能泰然处之，虽于此道缺乏天分，仍然好学不倦，不拘泥于陈法，也不任意妄为，积年之后，必然能脱颖而出，成为德艺俱佳、一时无双的名手。

普天之下被称为名手的人，学艺之初，其技艺都不免拙劣，且有顽固不去的瑕疵，但始终谨守正道，不放任自流，最终成为一代名家、万人师表。这是不易的规律。

精通一艺的人，纵然技艺还不够纯熟，较之聪颖但不专攻一样的人，也有过之而无不及。大体上，前者专心致志，谨慎行事，而后者恃才妄为，做事轻率。两者是有差别的。这个道理不仅限于某门技艺。平常的作为与用心，如果因拙而谨慎，则得其根本；如果因巧而轻率，则失其根本。

为人处世，要想没有过失，最好的办法是以诚相见。与人交往时，最好恭敬少言。不管男女老幼，这样的人最受欢迎。至于相貌俊美的年轻人，如果言谈得体，就更令人倾倒了。众人都讨厌的，是那种脸上一副无所不知、无所不能的得意样，说话旁若无人的人。

点　评

　　这是作者长篇随笔中的选段。用温润诗意的文字表达理智的思考，读来丝毫不觉得枯燥冷硬。读着这位六百年前老法师的文字，犹如面对一位睿智又有趣的长者。谈及学艺的彻悟和为人处世的经验，他说，"世上的事，最令人回味的，是始和终这两端""万物各有其天然的情趣""最好的办法是以诚相见"……意蕴深刻，值得人记取。

　　推荐阅读： 作者代表作《徒然草》。

天才梦

张爱玲

　　我是一个古怪的女孩，从小被目为天才，除了发展我的天才外别无生存的目标。然而，当童年的狂想逐渐褪色的时候，我发现我除了天才的梦之外一无所有——所有的只是天才的乖僻缺点。世人原谅瓦格涅的疏狂，可是他们不会原谅我。

加上一点美国式的宣传，也许我会被誉为神童。我三岁时能背诵唐诗。我还记得摇摇摆摆地立在一个清朝遗老的藤椅前朗吟"商女不知亡国恨，隔江犹唱后庭花"，眼看着他的泪珠滚下来。七岁时我写了第一部小说，一个家庭悲剧。遇到笔画复杂的字，我常常跑去问厨子怎样写。第二部小说是关于一个失恋自杀的女郎。我母亲批评说：如果她要自杀，她决不会从上海乘火车到西湖去自溺，可是我因为西湖诗意的背景，终于固执地保存了这一点。

我仅有的课外读物是《西游记》与少量的童话，但我的思想并不为它们所束缚。八岁那年，我尝试过一篇类似乌托邦的小说，题名"快乐村"。快乐村人是一个好战的高原民族，因征服苗人有功，蒙中国皇帝特许，免征赋税，并予自治权。所以快乐村是一个与外界隔绝的大家庭，自耕自织，保存着部落时代的活泼文化。

我特地将半打练习簿缝在一起，预期写一本洋洋大作，然而不久我就对这伟大的题材失去了兴趣。现在我仍旧保存着我所绘的插图多帧，介绍这种理想社会的服务、建筑、室内装修，包括图书馆、"演武厅"、巧克力店、屋顶花园。公共餐室是荷花池里一座凉亭。我不记得那里有没有电影院——虽然缺少了这文明的产物，他们似乎也过得很好。

九岁时，我踌躇着不知道应当选择音乐还是美术作我终生的事业。看了一个描写穷困的画家的影片后，我哭了一场，决定做一个钢琴家，在富丽堂皇的音乐厅里演奏。

对于色彩、音符、字眼，我极为敏感。当我弹奏钢琴时，我想象那八个音符有不同的个性，穿戴了鲜艳的衣帽携手舞蹈。我学写文章，爱用色彩浓厚、音韵铿锵的字眼，如"珠灰""黄昏""婉妙""splendour""melancholy"，因此常犯了堆砌的毛病。直到现在，我仍然爱着《聊斋志异》与俗气的巴黎时装广告，便是为了这种有吸引力的字眼。

在学校里我得到自由发展。我的自信心日益坚强，直到我十六岁时，我母亲从法国回来，将她暌隔多年的女儿研究了一下。

"我懊悔从前小心看护你的伤寒症，"她告诉我，"我宁愿看你死，不愿看你活着使你自己处处受痛苦。"

我发现我不会削苹果，经过艰苦的努力我才学会补袜子。我怕上理发店，怕见客，怕给裁缝试衣裳。许多人尝试过教我织绒线，可是没有一个成功。在一间房里住了两年，问我电铃在哪儿我还茫然。我天天乘黄包车上医院去打针，接连三个月，仍然不认识那条路。总而言之，在现实的社会里，我等于一个废物。

我母亲给我两年的时间学习适应环境。她教我煮饭；用肥皂粉洗衣；练习行路的姿势；看人的眼色；点灯后记得拉上窗帘；照镜子研究面部神态；如果没有幽默天才，千万别说笑话。

在待人接物的常识方面，我显露出惊人的愚笨。我的两年计划是一个失败的试验。除了使我的思想失去均衡外，我母亲的沉痛警告没有给我任何的影响。

生活的艺术，有一部分我不是不能领略。我懂得怎么看"七月巧云"，听苏格兰兵吹bagpipe，享受微风中的藤椅，吃盐水花生，欣赏雨夜的霓虹灯，从双层公共汽车上伸出手摘树顶的绿叶。在没有人与人交接的场合，我充满了生活的欢悦。可是我一天也不能克服这种咬啮性的小烦恼，生命是一袭华美的袍，爬满了蚤子。

读书与美丽

严歌苓

我有一位朋友叫庄信正，是位著名的翻译家、学者。他说过这样一段话："俗话说，上有天堂，下有苏杭。但对我来说，我宁愿把这句话改为'上有天堂，下有书房'。"他说在年少时他就想到：反正谁也不知道天堂是什么样子，不如就把它想象成一间书房。

我读到这些话时，为他的纯真，以及与我不谋而合的价值观会心地笑了。我心里对这位忘年友人涌出一股深深的感激。

因为在这个价值观更加多元的年代，我的生活仍是独自写作与读书。有时面对周围忙得昏天黑地、不读书却也十分充实的人，我也不免发出落伍的叹息。而庄先生这一席话，使我认识到，我还是有伴儿的，并没有落伍得那样彻底。

在易卜生的《培尔·金特》中，有个叫索尔薇格的少女，培尔·金特在想念她时，总是想到她手持一本用手绢包着的《圣经》的形象。在米兰·昆德拉的《不能承受的生命之轻》中，特蕾莎留给托马斯的印象，是她手里拿着一本《安娜·卡列尼娜》。这两位女性之所以在男主人公培尔·金特和托马斯心里获得了特殊的位置，是因为她们的书所赋予她们的一层象征意义。

我的理解便是读书使她们产生了一种情调，这情调是独立于她们物质形象之外而存在的美丽。作家们都没有用笔墨来描写这两位女性的容貌，但从他们赋予她们的特定动作——持书，我们能清楚地看到她们美丽的气韵，那是抽象的、象征化了的，因而是超越了具体形态的美丽。这种美丽不会被衣着和化妆强化或弱化，不会被衰老所剥夺。这并不是说，任何一个女性，只要手里揣本书，就会变成索尔薇格或特蕾莎。书在不爱读书的人手里，只是个道具。重要的是，读书这项精神功课，对人潜移默化的感染，使人从世俗的渴望（金钱、物质、外在的美丽，等等）中解脱出来，之后便产生了一种美丽的存在。

我感到自己的幸运——能在阳光明媚的下午，躺在乳白色的皮沙发上读书，能在读到绝妙的句子时，一蹦而起，在橡木地板上踱步。好的文章如同好的餐食，是难以消化的，所以得回味、反刍，才能汲取其中的营养。

女人总有告别自己美丽外貌的时候。不甘告别的，如某些反复整容的明星，就变成了滑稽的角色。随着时光推移，滑稽没有了，成了"人定胜天"的当代美容技艺的实验残局，一个绝望地要超越自然局限的丑角。这个例证或许给了我们一点启示：漂亮和美丽是两回事。一双不漂亮的眼睛可以有明丽的眼神；一副不完美的身躯可以有好看的仪态。这都在于个人灵魂的丰富和坦荡。美化灵魂或许有不少途径，但我想，阅读是其中最易实现的、不昂贵也不需要求助他人的捷径。

点 评

作者以细腻的笔触，阐释了对"读书与美丽"这个主题的独到见解。灵魂有趣的人，必是一个读书人。人世间的百媚千红，只是皮相美，唯有爱阅读者品格最高，那是真正的美丽，是无法乔装的、刻在骨子里的优雅与睿智。文中有多处金句，不妨细品。

推荐阅读：作者代表作《小姨多鹤》。

向书致谢

［奥地利］茨威格

米尚志 译

它们竖立在那儿，等待着，默不作声。它们不拥挤，它们不呼叫，它们不企求。它们静悄悄立在墙边。它们仿佛都睡着了，可是它们的每个名字又像是睁开一只眼睛在看着你。你的目光若只是一瞥而过，你的手若只是一触即往，它们也不会乞求着呼唤你，它们也不会拥上前炫耀自己。它们不企求。它们等待着，直到你去把它们开启，然后它们才开启自己。只有我们的周围寂静下来，只有我们的内心平静下来——在一个夜晚，当你经过困顿的旅途回到家中；在一个中午，当你不胜疲倦地离开人群；在一个早晨，当你昏昏然从睡梦中醒来——只有这时，你才为它们准备停当了。你想入梦，但要有音乐伴随。满怀着甜蜜尝试的享受性预感，你走向橱边，上百双眼睛，上百个名字默默地、耐心地迎着搜寻的目光，宛如苏丹宫殿里的女奴在迎候自己的主人，谦卑地听候使唤，同时对自己被选中、被享用而又感到欢欣。于是，犹如手指触动了琴键，你找到了内心旋律的音调。这沉默的洁白之物，柔弱地偎在你手上，它简直就是一把锁着的提琴，蕴含了上帝的一切音符。你打开一本，读一行字句，咏一个诗节，可是在这一时刻它的声音却不那么清晰。你失望了，你几乎毫不留情，把这本书放了回去。合适的，对这一时刻正合适的书终于找到了。于是你忽然被拥抱起来，你的气息融进了陌生人的气息之中，好像你的身边卧了一个女性的温暖胴体。现在你把书拿到灯下，而它，这个被选中的幸运儿，仿佛放射出内在的光芒。魔术开始了，在梦境的轻云薄雾中，幻影袅袅升起。宽阔的道路伸展开去，遥远的地方擢走了你那熄灭之中的感觉。

有个钟在什么地方滴答滴答响着。不过这儿的时间已经超脱了自己，它是挤不进来的。计算钟点，这儿有另外的算法。这儿有书，在其话语传到我们的嘴唇以前，它们已经游荡了许多世纪；这儿有年轻人，他们昨天才出生，昨天才从一个嘴上无毛的孩子的困惑与苦难中成长起来。但它们说的是富有魔力的语言，不论是这一个还是那一个，都震荡我们的呼吸，令人心潮澎湃。而且，它们一面令你激动，一面也在安慰你；它们一面引诱你，一面又在平息你刚刚被挑起的欲望。于是你自身渐渐地沉浸到它们里边去，你会沉静下来，进行体验，泰然漂游在它们的旋律中，漂游在这世界彼岸的属于它们的那个世界。

阅读的时刻，你们是最纯洁的，你们脱离了白日的喧嚣。书啊，你们是最忠诚、最沉默寡言的伴侣，你们总是准备着随时听命，你们的存在，就是永久的保存，就是无穷无尽的鼓舞，我多么感谢你们啊！在那灵魂孤独的最黑暗的日子里，你们意味着什么啊！在野战医院，在军营，在监狱，在病榻，你们无处不在，你们时时守护着，你们赐人以幻想，并在烦躁与痛苦中给人献上一刻宁静！每当灵魂被掩埋在凡生之中的时候，你们这上帝的温柔磁石，总是能够把它们吸引走，使之回归自身的本质要素，每当阴沉昏暗的时候，你们总是把我们内心的天空扩展到远方。

你们小小的躯体，无穷无尽，静静地排列在一无装饰的墙边。你们这样立在我们的屋里，毫不起眼。可是，一旦有双手解放了你们，一旦有心灵触摸了你们，你们便会无形之中冲破日常劳作的房间；你们的语句就会像驾着火热的车辆，载着我们冲出狭隘境地，驶入永恒。

点评

作者把比喻和拟人的手法用到了炉火纯青的地步。从开头一直到结尾，大量铺排的比喻、拟人，鲜活细致的心理感受，充满激情又富含哲思的语言，华丽、精美，简直是一场文字盛宴。

人称和叙述角度的改变也很有意思。对书的称谓，从开始的"它们"到后来的"你们"，从旁观的角度到直接的抒情，把阅读者与书之间陪伴、守护、启迪、指引等感受，层层推进，传达得更为真切，抒发了阅读者对书须臾难离的强烈情感。

开头与结尾呼应，一排排书籍又回归初始的安静，这是狂欢之后的沉静。这样的结构安排，跌宕起伏，张弛有度，时而惊涛骇浪，时而宛转悠扬，读起来犹如交响曲在奏鸣。

推荐阅读：作者代表作《人类群星闪耀时》。

纸上思量

朱以撒

把一张六尺宣纸徐徐展开，铺在宽大的案上，两边用厚重的镇纸压住，纸面一下子就平整起来。我的心情也随之渐渐平静，眼前宛若出现一片素淡的旷野，一片晴朗的天幕，一片水波不兴的宽阔河面。

真的要下笔，我反而谨慎了。对如此精良、雪一般的宣纸，我一直心存郑重。有好几次，我将柔软的羊毫在砚边濡染了润泽的墨汁，提了起来，踌躇再三，还是把笔搁下了，那个时刻似乎还未到来。

通常我不是这样的。平时用廉价的宣纸练字，废纸千万，每一张都在线条的纵横交错中配合默契，写到密不容针方才放弃。无数的廉价宣纸训练出一个人的胆量，还有手上准确精到的技巧。那些附庸风雅的人对宣纸轻慢、漠视的眼神，让我一直耿耿于怀。上乘的宣纸，遭逢了没有技巧储备、没有性情濡养的拙劣书手。他们不管不顾，一笔下去，肯定不行，便揉搓丢弃；再来一张，还是不行。结局是可想而知的。这种人永远都无法成为严格意义上的书法家，因为他们不惜纸，更不善用纸，只是以蹂躏糟蹋纸为快意。

少年时我曾想改学绘画，色泽斑斓的画面，那么富贵、冶艳，整个世界就像浸在缤纷的春光里。人到中年，浮艳心思已渐消遁，对于色调的喜爱也重新规划分野。一个人不可能长期面对喧闹的视觉对象，就像我们不敢长久仰望炽热的骄阳。而皎洁的月光，它的淡泊之色，让人可以长久注目，感受它的亲和与抚慰。相比于泥金、泥银、大红镶嵌龙凤纹路的宣纸，我更喜欢素洁如雪的玉版宣，它驱散了富贵、妖娆的气息，显得孤寂、清寒。

一个喜好在白宣纸上驰骋的人，他的目光是平静安详的。素净洁白的纸，冰冷细腻的砚，竹木与毛羽制成的笔，汲日月精华的松枝烧制成的墨，都是纯朴之物。书法家以此为己所用，天长日久，也如这些自然之物，质朴浑成。

提按快慢，纵敛卷舒，纸上的动作都是一些怀旧的影子，我的内心还停留在对古雅之物的喜好上。我喜欢收藏各式各样淡雅的信笺。白色的笺上，浅浅地浮动着异兽、云水、钟鼎、瓦当的纹路，逗引我书写。在各类书写中，写信札最没有负担，提起笔来，文思泉涌，于是疾疾向前。文辞错了，就圈起来，或者涂抹一下，只求随意。信若写得笔笔不爽，在我看来已失天趣。今天，用笔墨写信的人越来越少，许多精美的宣纸信笺，在柜台上无声无息，渐渐蒙上了尘土。

又是一个夜晚来临，春日将尽，初夏将至，空气中弥漫着滋润清新的气息。我照例在案上铺开一张白宣，书房似乎一下子亮堂许多，四周沉寂了下来。我等待着即将到来的心动时刻。

（有删改）

点评

对纸的态度，能看出一个书写者的秉性。作者以禅者的目光抚拂宣纸，这是一种敬重，唯敬重才生真爱。喜好文房四宝的人，想来多少都有着雅性。文章语言看似散漫，似在随意铺展状写心绪，实则"形散神聚"，始终围绕着"纸上思量"，表现出"消遁浮艳心思、追求平静安详"的人生至道，可谓以小见大。

音 乐

［法国］罗曼·罗兰

傅 雷 译

生命飞逝。肉体与灵魂像流水似的过去。岁月镌刻在老去的树身上。整个有形的世界都在消耗、更新。不朽的音乐，唯有你常在。你是内在的海洋，你是深邃的灵魂。在你明澈的眼瞳中，人生决不会照出阴沉的面目。成堆的云雾，灼热的、冰冷的、狂乱的日子，纷纷扰扰、无法安定的日子，见了你都逃避了，唯有你常在。你是在世界之外的，你自个儿就是一个完整的天地。你有你的太阳，领导你的行星，你的吸力，你的数，你的律。你跟群星一样得平和恬静，它们在黑夜的天空画出光明的轨迹，仿佛由一头无形的金牛拖曳着的银锄。

音乐，你是一个心地清明的朋友，你的月白色的光，对于被尘世的强烈的阳光照得眩晕的眼睛是多么柔和。大家在公共的水槽里喝水，把水都搅浑了；那不愿与世争饮的灵魂却急急扑向你的乳房，寻他的梦境。音乐，你是一个童贞的母亲，你纯洁的身体中积蓄着所有的热情，你的眼睛像冰山上流下来的青白色的水，含有一切的善，一切的恶——不，你是超乎恶，超乎善的。凡是栖息在你身上的人都脱离了时间的洪流；所有的岁月对他不过是一日；吞噬一切的死亡也没有用武之地了。

音乐，你抚慰了我痛苦的灵魂；音乐，你恢复了我的安静、坚定、欢乐，恢复了我的爱，恢复了我的财富；音乐，我吻着你纯洁的嘴，我把我的脸埋在你蜜也似的头发里，我把我滚热的眼皮放在你柔和的手掌中。咱们都不做声，闭着眼睛，可是我从你眼里看到了不可思议的光明，从你缄默的嘴里看到了笑容；我蹲在你的心头听着永恒的生命跳动。

点评

激情澎湃，意象繁盛，音乐带给人的美好感受喷涌而出，让人来不及回味，就淹没在汪洋恣肆的律动中了。似乎只有这样的表达，才配得上这世间如此美的存在——音乐！

推荐阅读：作者代表作《约翰·克里斯多夫》。

我恰恰喜欢这样

余秀华

一些野菊花在风里摇晃。它们开的时候我总是不够热心，等到快凋谢的时候，我才想起它们那样灿烂过，但是好在，它们开的时候，我也在盛开的时间里。

一朵菊花，可以看到太阳和太阳来回的过程，因此我们具备了热爱万物的心肠。也许宇宙不止一个，它以不同的形式躲藏在万事万物里，能看见的眼睛是慧眼，能感受到的心灵是慧心。我们的一生不过是从愚昧到智慧的行走过程，所以那么多细枝末节都理应用心去爱。

一朵菊花也足以看透人世苍凉：准备了那么久，不过几天的花盛之期。如同一个人刚刚知道打开生命的方式就已经老了；也如同一段爱情，刚刚给出甜蜜就已经厌倦。时间匆忙，我们在无限的无序里，好不容易找到一种明确，而这明确似乎还不够充分就已经模糊。

所以世界的样子就是你眼里的样子。除此以外，没有其他可以说服自己的了。但是我恰恰喜欢这样。

我走得很慢。野菊花也凋谢得慢，它们对急匆匆地绽开已经有了悔意。"天色阴沉就是赞美。"这句话可以延伸出无数类似的语句，但是这一句独得我心。大地上的每一天，每一种植物，每一次绽开和枯黄都是赞美：赞美被看见，赞美看见了的人。有时候我觉得活着本身就是对生命的赞美，残疾本身就是生命的思考。思考的过程中当然允许痛苦。

而孤独是一个人对自己最崇高的赞美。

村庄寂静，一些人从身边经过，她们曾是泼辣的小媳妇，现在她们的身边有了女儿的女儿，她们是奶奶辈了。小小的孩子跌跌撞撞地在花丛里挪步，她们小心翼翼地跟在身后。人老得无声无息，也老得细水长流，而衰老的哀伤也就细水长流，没有轰轰烈烈之感了。

在这些赞美和被赞美的事物里，我总能感到浩大的哀伤。这哀伤因为大而自行稀薄，它让人空余出力气把余下的日子过完。我们不能用生命的虚无来体罚自己，它就应该琐碎到柴米油盐、鸡鸭猪狗。每一张蜡黄的脸都应该获得尊重：她们承担了我们没有说出的部分。

（有删改）

点评

"一些野菊花在风里摇晃"，一开篇，几个简单的字就创造出独特的意境。不用"摇曳"，而用"摇晃"，全是来自诗人自己的主观感受。跳跃的思维、奇特的想象，尽显历尽沧桑之后的举重若轻。似乎每一句都质朴无华，但组合起来就深刻成了哲理。她手中的笔犹如巫师的魔杖，文字一经点染，就绽出光彩，生出魔力。

推荐阅读：作者诗集《摇摇晃晃的人间》。

第一幅画

张晓风

上中学时，我住在台湾南部一座阳光过盛的小城。整个城充满流动的色彩。春天，稻田一直蔓延到马路边，那浓绿，绿得让人凝滞。稻子一旦熟了就更过分，晒稻子可以纷纷晒上柏油路来，骑车经过，仿佛碾过黄金大道。轮到晒辣椒的日子，大路又成了名副其实的"红场"。至于凤凰树，那就更别提了，烈焰腾腾，延烧十里，和这座城里艳红的凤凰花相比，其他城市的凤凰只能算是病恹恹的野鸡。

太绚丽了，少年时的我对色彩竟麻木起来。

而且，那城充满气味，一块块的甘蔗田是多么甜蜜的城堡啊！大桥下的沙地仿佛专为长西瓜而存在。果实累累的芒果树则在每户人家的前庭后院里负责试探好孩子和坏孩子。野姜花何必付钱去买呢？那种粗生贱长的玩意儿，随便哪个沟圳旁边不长它一大排？

然而，我是一个有几分忧郁的小孩。两张双层床，我们四个姐妹挤在十六七平方米大小的屋子里。在拥挤的九口之家里，你还能要求什么？院子倒是大的，高大的橄榄树落下细白的花，像碎雪。橄榄熟时，同学们都可以讨点"酸头"去尝，但我恨那酸，觉得连牙齿都可以酸成齑粉。

渐渐地，我找到一点生活的门道。首先，我为自己的上铺空间取了个名字，叫"桃源居"，这事当然不可以给几个妹妹知道，否则，她们会大惊小怪，捧着肚子笑得东倒西歪。但只要不说，也就万事太平。反正，这是我的辖区，我要叫它"桃源居"，别人又奈我何？

然后，不知道从哪里，好像是银行，我弄到一份月历，月历上有一张莫奈的画。我当然也不知这莫奈是何许人也，把 Monet 用英文念了几次（法文当然是不懂的），觉得怪好听的，何况那画面灰蓝灰蓝的，有光，光却幽柔浮动，跟我住的那座城里晒得人会冒油的太阳截然不同。

欧洲，那是个什么样的地方呢？在那个年代，异地几乎等于月球那么遥不可及。

我去配了一个镜框，把画挂在我那"疆域"只及一块榻榻米的"桃源居"里，心里充满慎重敬谨的感觉，仿佛一下子，我就和这个文明世界挂起钩来。有一幅名画挂在我的墙上，我觉得我的上铺跟妹妹她们的铺位显然不同了，她们的床只是床，而我的，是悬有名画的"艺苑"。

这是我拥有的第一幅画，其后很长一段时间里，它也是我唯一拥有的画。莫奈，也成了我那个阶段最急于打探的一个名字。后来，我果真看到他的资料，原来是印象派画家。印象派画家是什么？对三十年前南方小城的中学生来说好像太艰涩，但我已经很满意了，原来我一眼看中的日历画，果真是件好东西呢！

那样灰蓝的画面，现在想来，好像忽然有点懂了，其中灰蓝部分透露出的是无比的沉静安详。但由于灰蓝之外，有那么一点仿佛立刻要抓到而又立刻要逃跑的光，所以画面便有那么些闪闪忽忽像夏夜萤火虫般的光质。东方的绘画美在线条，但对那光，便只好用大片金色去弥补，可惜金色富丽斑斓，像温庭筠的词里所写的"画屏金鹧鸪"。日本人也爱用金色敷抹屏风，但太绚丽的东西，最后总不免落入装饰趣味。一旦沦为装饰，就难免有小气的嫌疑。

莫奈的光却是天光，十分日常，却又是长长一生中点点滴滴的大惊动，令人想起《创世记》上简明如宣告的句子：

"神说，要有光，就有了光。"

是的，就有了光。当年那个小女孩，只拥有四分之一寝室的灰姑娘，竟因一幅复制的画，忽然拥有了百年前黎明或正午的渊穆光华，拥有了远方的莲池和池中的芬芳。她因挂了一幅画而发展出一片属于美的"势力范围"，她的世界从此变成一个无阻无碍的世界。

啊！我想，今年春天我要去看看莫奈，我要去博物馆向他道一声"谢谢"。三十多年过去了，我仍然记得当年把钉子钉入墙壁，为自己挂上第一幅画的感觉。

点 评

一篇遵循事情自然发展过程的叙事散文，极易流于平铺直叙，此文却写得饶有情趣，不能不归之于作者卓异的感受力。由"充满流动的色彩"的小城景致写起，已经暗示渴求宁静环境的心理。然后是逼仄的家居，萌发了寻觅一块属于自己的精神领地的欲求，最终圈定自己的上铺为"桃源居"。一张日历画，让她与莫奈的光影世界连接。打探画家生平事迹，揣摩画作，再细写这幅画带给自己的感受："莫奈的光却是天光，……她的世界从此变成一个无阻无碍的世界。"一连串诗性的句子，抒发了少女对那束精神之光的感激之情，这是文章的华彩乐段。结尾以想去莫奈博物馆道谢呼应开篇。

我的歌是文学吗

[美国]鲍勃·迪伦

有人曾告诉我，我不可能获得诺贝尔奖，我也不得不认为我获奖的概率与我能站在月球上的概率相同。事实上，在我出生的那一年和随后的几年，世界上没有一个人被认为优秀得可以赢得诺贝尔文学奖（迪伦出生于1941年，诺贝尔文学奖在1940年至1943年都是空缺的——编者注）。所以，我认为，至少可以说，我现在属于这个人数非常少的群体。

收到这个令人惊讶的消息时，我正在路上。我花了好几分钟才确定它没错。我开始回想起威廉·莎士比亚这位伟大的文学人物。我估计他认为自己是一个剧作家。他正在创作文学作品的这个想法不太可能进入他的大脑。他的文字是为舞台而写，是用来说的，不是拿来阅读的。当他在写《哈姆雷特》的时候，我确信他在思考很多不同的事情："谁是这些角色合适的演员？""这应该怎样演出来？""我真的想把这场戏设置在丹麦吗？"创造性的想象与野心毫无疑问是他最需要思考的，但也有很多平庸的问题需要考虑和处理："钱到位了吗？""我的观众有足够的好座位吗？""我在哪里可以弄到人类的头骨？"

我敢打赌，在莎士比亚的头脑中最不需要考虑的事情是："这是文学吗？"

当我还是一个刚开始写歌的少年时，甚至当我开始因为我的能力而取得一定的知名度时，我对这些歌曲的愿望也不过如此。我希望它们能够在咖啡馆或是酒吧里被听到，后来也许有可能进入卡内基音乐厅、伦敦帕拉斯剧院这样的地方。如果我的梦想再远大一点，就是我希望能制作唱片，在收音机里听到我的歌。那是当时我心目中的大奖。

当然，很长一段时间以来，我一直在做我最初想要做的事情。在世界各地，我已经制作了几十张唱片，举行了几千场音乐会。不过，我的歌曲才是我做的所有事情的中心。它们似乎在许多不同文化的人的生活中找到了各自适合的位置。我非常感谢。

但我必须说，作为一个表演者，我为五万人表演过，也为五十人表演过。我可以告诉你，为五十人表演更难，因为五万人会形成一个单一人格，但五十人不会。每个人都是一个个体，有独立的身份，有自己的世界，他们会更清楚地感知事物，会检阅你的真诚，以及你如何用自己的才华将其表达。诺贝尔评审委员会的人数不多，我没有忽略这个事实。

就像莎士比亚一样，我也经常既要忙于努力追求创造性，又要处理生活里的种种琐事。"谁是这些歌曲最好的演唱者？""我是在合适的录音室录音吗？""这首歌的调子对吗？"有些事情永远不会改变，即便在四百年后。

我从来没有时间问自己："我的歌是文学吗？"

所以，我真的感谢瑞典文学院，既花时间考虑这个问题，又最终给出了一个如此美妙的答案。

（本文为鲍勃·迪伦在2016年诺贝尔文学奖颁奖典礼上的获奖感言）

点　评

　　这篇感言亦如其歌曲作品的风格，那些看似琐碎、散乱的句子，一经他的手提炼萃取，这些素材就发生了神奇的变化，产生了艺术的魔力。它用轻松调侃的语气，跟我们谈着最高级的艺术感悟，而我们也试图去对他从来没时间思考的问题"我的歌是文学吗"寻根究底。

　　推荐阅读：《鲍勃·迪伦诗歌集（1961—2012）》《像一块滚石》。

走到人生边上

杨　绛

　　人生一世，为的是什么？按基督教的说法，人生一世是考验。人死了，好人的灵魂升天。不好不坏又好又坏的人，灵魂受到了该当的惩罚，或得到充分的净化之后，例如经过炼狱里的烧炼，也能升天。大凶大恶、十恶不赦的下地狱，永远在地狱里烧。我认为这种考验不公平。人生在世，遭遇不同，天赋不同。有人生在富裕的家里，又天生性情和顺，生活幸运，做一个好人很现成。若处境贫困，生性顽劣，生活艰苦，堕落比较容易。

　　佛家轮回之说，说来也有道理。考验一次不够，再来一次。但因果之说，也使我困惑。因因果果，第一个因是什么呢？当然，各种宗教的各种说法，都不属我自问自答的探索。但是，我尊重一切宗教。不过，宗教讲的是来世，我只是愚昧而又渺小的人，不能探索来世的事。我只求知道，我们在这个世界上，生活了一辈子，能有什么价值。

　　不是说，"留下些声名"吗？这就是说，能留下的是身后之名。但名与实是不相符的。"一将功成万骨枯"，但战争中奉献生命的"无名英雄"更受世人的崇敬与爱戴。我国首都天安门广场上，正中不是有"人民英雄纪念碑"吗？人世间得到功勋的人，都有赖无数默默无闻的人，为他们做出贡献。默默无闻的老百姓，他们活了一辈子，就毫无价值吗？从个人的角度看，他们自己没有任何收获，但是从人类社会集体的角度看，他们的功绩是历代累积的经验和智慧。人类的文明是社会集体共同造成的。况且身后之名，又有什么价值呢？声名，活着也许对自己有用，死后只能被人利用了。

　　一代又一代的人，从生到死，辛辛苦苦、忙忙碌碌，到头来只成了一批又一批的尸体，人生一世，还说得到什么价值呢？

　　匹夫匹妇，各有品德，为人一世，都有或多或少的修养。俗语"公修公得，婆修婆得，不修不得"。"得"就是得到的功德，有多少功德就有多少价值。修来的功德不在肉体上而在灵魂上。

　　其实，信仰是感性的，不是纯由理性推断出来的。人类天生对大自然有敬畏之心。统治者只是借人类对神明的敬畏，顺水推舟，因势利导，为宗教定了隆重的仪式。虔信宗教的，不限于愚夫愚妇。大智大慧的人、大哲学家、大科学家、大文学家等信仰上帝的虔诚远胜于愚夫愚妇。

一个人有了信仰，对人生才能有正确的价值观。佛家爱说人生如空花泡影，一切皆空。佛家否定一切，唯独对信心肯定又肯定。"若复有人……能生信心……乃至一念生净信者……得如是无量福德……若复有人，于此经中受持，乃至四句偈等，为他人说，其福胜彼……"为什么呢？因为我佛无相，非但看不见，也无从想象。能感悟到佛的存在，需有"宿根""宿慧"，也就是说，需有经久的锻炼。如能把信仰传授于人，就是助人得福，功德无量。

我站在人生边上，向后看，是要探索人生的价值。人活一辈子，锻炼了一辈子，总会有或多或少的成绩。能有成绩，就不是虚生此世了。向前看呢，再往前去就离开人世了。灵魂既然不死，就和灵魂自称的"我"，还在一处呢。

这个世界好比一座大熔炉，烧炼出一批又一批品质不同而且和原先的品质也不相同的灵魂。有关这些灵魂的问题，我能知道什么？我只能胡思乱想罢了。我无从问起，也无从回答。孔子曰："未知生，焉知死。""不知为不知。"我的自问自答，只可以到此为止了。

点 评

这是一位智者对人生的感悟，也是一位过来人对年轻人的温言告诫。人，终其一生都在探寻生命的价值与意义。作为一个百岁学者，杨绛早已洞察世事，超越死生之惑，她坦陈关于命运、声名、人生价值、自我修养、信仰、生死等问题，让我们如拨云见日，醍醐灌顶。读此文，可得人生三昧。

推荐阅读：作者长篇自传散文《我们仨》。

••• 光的谱系 •••

阅读导言

"黑夜给了我黑色的眼睛，我却用他寻找光明。"诗人顾城的这首诗，真切地传达出了人类对文明的渴望。只有身处文明之中，我们才可以感受到作为人的尊严与价值。

文明的定义高深繁杂，核心其实可以用一句话来概括，即让人摆脱蒙昧野蛮状态的所有创造物，既包括典章制度、器物，也包括人类所创造的精神财富，如科学、文学艺术、体育等。因为文明的存在，人类方能生活于一个互助、友爱，保有生命、自由与健康的共同体之中。

一个具有现代文明意识的人依靠理性立足。所谓理性，即由公理和常识出发，借助逻辑推演预判事情的能力。理性的萌发与养成，依赖自由的阅读与真正的通识教育。倘若想得到真实可靠的关于所处国度的知识，就须具备"从世界看母国"的意识。

对文明的认知途径，无非"行万里路，读万卷书"两条路，要么用自己的脚去丈量，要么借助别人的眼睛看个究竟。本辑所收文章，大致都可归之于"看世界"的范畴。刘瑜、林达、韩松落等都是头脑睿智、视野开阔的观察家，他们引导我们学会审察与思考。贾行家属于天马行空的文字高手，他的文章刷新了人们对很多事物的认知，给予人丰富的阅读快感。

真正的教育是指一个人被驯化成文明的人，他遵从人类命运共同体所约定的基本准则，按照人该有的样子行事。文明不是外衣，可以随时更换，而是深入骨髓的东西，无论你置身何种境地，都会令你区别于那些践踏规则的人。

艺术家

马未都

大凡艺术家都假装不在意外形，可这外形大体只有两类：一类长发，一类秃头。长发的常寡言，秃头的都能"喷"。究其原因有二：一是艺术家自认为与众不同，内心与众不同谁都看不见，外形与众不同一目了然，所以艺术家很在乎外形；二是艺术家认为艺术本身不大众，难免高高在上，看他人如同与夏虫语冰、与井蛙话海，都有局限，艺术家难以与之为伍，便强调自己的外形予以区分。

长发艺术家大都年轻有为，艺术与长发一同飘然于世。我自幼对各类长发艺术家心向往之，以为长发之下必有思绪万千，否则艺术灵感怎能奔涌而出？我年轻的时候，男子留长发还十分另类，社会另眼相看，故令他们养成寡言之态，越寡言越厉害。

秃头艺术家则需要更上一层楼，一夜之间尽断三千烦恼丝，抛却万丈红尘梦。入乡随俗地将艺术包装放下，实际从内心推高，以秃头抗拒长发，表明自己是另类中的另类而已。我中年后遇到的秃头艺术家多属这类，图口舌之快者非"喷"字不能尽兴表达。

大艺术家则不然，与平民无异，不与头发较劲，混在人群中也不甚显眼，聊天饮酒与常人无异。只是谈及见解时你会发现，人与人之间的差距只在于思想的深度、认知的广度。

古人总结得特别好："形而上者谓之道，形而下者谓之器。"对于一般人，被人器重已是社会表彰，大器晚成算是社会嘉奖；小器、大器一字之差，却有天壤之别。至于"器宇轩昂"被后世俗化出"气宇"，是后人不知此"气"非彼"器"，外在的气量与内在的器量仅是音同，内涵却大不同。

点评

马未都从艺术家之形写到艺术家之神，从外在气量写到内心器量，博学广识，以诙谐之语绘艺者之状，阐艺境秘髓，真是于方寸之间，景深无限。

推荐阅读：作者随笔集《背影》。

你也是别人的灯火

韩松落

欧维的妻子索尼娅在 6 个月前患病去世，他决定以自杀的方式随她而去，但他的自杀，一次次被邻居们打断。

欧维 59 岁，在铁路上工作了 43 年，在这个小区里住了也有 30 年。他那多年铁路员工的经历，让他容不下一切扰乱秩序的事。他冷着脸，维护着小区里的一切：乱停车、乱放东西、不给垃圾分类、在人行道上开车、年轻人的行为不端……他严严实实地把自己包裹起来，不让自己流露出一丝一毫的感情。即便帮助邻居照看小孩，他也拉着脸；给年轻人修理好了自行车，他也不依不饶埋怨几句。似乎，多流露一点儿感情，多流露一点儿热爱，这个世界就会伸手挽留他。

邻居们不吃他这一套，他们早就看穿了他。他把脖子套进绳索的瞬间，邻居吵吵闹闹地搬家，撞坏了他的邮箱；他再一次把脖子套进绳索的时候，邻居的孩子刚好从窗外经过，好奇地向屋内张望；他把自己关在车里，想要用汽车尾气自杀，邻居敲开车库门，要他帮忙送人到医院去。他的自杀计划，一次次被耽搁了，看起来是被动的，实际上是主动的。他其实就在等着周围人的挽留，稍一示意，稍一挽留，他就顺势留下了。

他在进入自杀准备状态时的回忆，说明了他为什么对生命会有这么深的留恋。他的童年、他母亲的早逝、他的当铁路工人的父亲在母亲去世后对他的拥抱、他在铁路上的工作、他的第一处房子、他在火车上遇到成为他妻子的索尼娅、他们的幸福生活、他们的西班牙旅行，还有他和邻居在小区里行走时四周亮起的灯火……所有这些，点点滴滴，都成为拉住他的手。

弗雷德里克·巴克曼的小说《一个叫欧维的男人决定去死》，用很有趣的方式为每个章节命名：一个叫欧维的男人在小区巡逻，一个叫欧维的男人拉着拖斗车……这些细节不只和他有关，也和周围的人有关。他总是在帮助人，帮人学习驾车，帮人修理自行车，他总在一点点加深和这个世界的联系，总在向下伸出根须。所以，当他心生去意的时候，这个世界也在抓住他。死亡"是生命最大的动机之一"，但死没有那么容易，尽管他已经做足了准备，早早坐进了等候室。

即便是最孤独的人，其实也难得孤独。总有人来敲门，总有灯火亮起，总有饭菜的香味飘来，总有吵闹声在耳畔响起。在一部同样描绘孤独者的电影《嫌疑人 X 的献身》里，数学天才石神哲哉孤独地住在公寓里，孤寂得像个将亡之人，但隔壁母女俩却总在发出响动，总在制造饭菜香气和嬉笑声。尽管那声音和气味并不属于他，但当他归家的时候，望望隔壁母女的灯火，就会感到莫大的慰藉。

事实上，那些自以为隔绝、自以为冷漠的孤独者，也是别人的灯火，可以让他人遥望，可以给幸福者以气力。

点 评

作者在简介剧情时，选中了一个点去突破：当这个叫欧维的男人决定去死时，所有的点点滴滴都成为拉他的手，让他欲死不能。文章紧紧抓住这个点，并由此轻松切入评论——"他总在一点点加深和这个世界的联系，总在向下伸出根须""即便是最孤独的人，其实也难得孤独"。这些在参透剧情之后带有哲思的感受，很容易让读者产生共鸣。最后，他用另外一部描述孤独者的电影，对影片的立意做了更深的开掘。角度新颖，见解独到，语言饱含诗意，使思考更有感人的力量。

推荐阅读：作者专栏文集《窃美记》。

文言启蒙

张大春

先父在时，说教总趁机会，不轻易出言，想是怕坏了我学习的胃口。尤其是关于某些难教难学的知识或手艺，若我不攀问入里，他仿若全无能为力，往往只是应付几句。除非我问到了关隘上，他知道我有了主动求知向学的兴趣，才肯仔细指点。

那是在小学六年级的时候，我无意间翻看了书橱里的几本风渍书，纸霉味腐，蛀迹斑斑，字体粗黑肥大，个个都认得，可是通句连行，既不会断读，又不能解意。但仍把看很久，觉得太奇怪了，只好请父亲给说一说。

那是一套名为《史记菁华录》的书。多年后回想起来，当时捧在手里的，是给父亲翻烂了之后，重新用书面纸装帧过的小册子。父亲接过书去，卷在掌中，念了几句，说："不懂也是应当。这是《项羽本纪》。"

这一天晚上他给我说了楚霸王自刎在乌江的故事，却始终没解释书上的文句为什么那么写。我最后还是忍不住问了："为什么你看得懂，我看不懂？"（其实我想说的是，为什么每个字我都认得，却看不出意思？）

父亲回答的话，我一辈子不会忘记："一个个的人，你都认识；站成一个队伍，你就不认识了。是吧？"他把手里的书往桌上一扔，说，"这个太难，我说个简单一点的。"

接着，他念了几句文言文，先从头到尾念了两遍，又一个字一个字地解释。在将近五十年后，我依旧清楚地记得字句："公少颖悟，初学书，不成。乃学剑，又不成。遂学医。公病，公自医，公卒。"

公，对某人的尊称。少，年纪还很小的时候。颖悟，聪明。学书，读经典。学剑，练武功。学医，学习医术，给人治病。卒，死了。

他说到"死了"时，我笑了，他立刻说："懂了？"

那是一个笑话，描述的是一个令人悲伤的人。没有谁知道那人在死前是不是还医死过别的病人，但是能把自己活成个被称为"公"的人物，应该还是有些本领的，只不过这中间有太多未曾填补的细节。

父亲说："文言文的难处，是你得自己把那些空隙填上。你背得愈多，那空隙就愈少。不信你背背这个'公'。"

"公少颖悟，初学书，不成。乃学剑，又不成。遂学医。公病，公自医，公卒。"

这是我会背的第一篇文言文，我把原文背给张容（作者之子——编者注）听，他也大笑起来。我说："懂了？"他说："太扯了！"

大部分孩子在课堂上学文言文时会觉得痛苦，是因为乍看起来，文言语感并不经常反映在日常生活之中。可是，日常生活里也不乏被人们大量使用的成语，这些话俯拾即是，人人可以信手拈来——仅此"俯拾即是"（出自唐代司空图《二十四诗品·自然》："俯拾即是，不取诸邻。"）、"信手拈来"（出自宋代苏轼《次韵孔毅甫集古人句见赠》诗："前身子美只君是，信手拈来俱天成。"）二语，都是文言；只不过谁也不需要在读过、背过司空图和苏轼的全集后才能使用这两个词语，文化的积淀和传承已经将文言文自然化在几千年以来的语体之中了。

然而，一旦要通过文言叙事、抒情，就得理解那些空隙。我们单就"公少颖悟"这一篇来说，一共九句二十五字，行文者当然不是要颂扬这个"公"，而是借由一般行状、墓志惯用的体例、语气和腔调来引发嘲讽。那些刻意被省略掉的生活百态、成长细节、学习历程、挫败经验……通通像掉进沙漏的底层一般，只能任由笑罢了的读者自行追想、补充。你愈是钻进那些不及展现于文本之中的人生，缝缀出也许和自己的经历相仿佛的想象经验，就愈能感受到那笑声之中可能还潜伏着怜悯，埋藏着同情。

从用字的细微处体会："初""乃""又""遂"领句，让重复的学习有了行文上的变化，可是末三句显然是故意重复的"公"字，却点染出了一个一事无成者此生的荒谬喜感——即使它有个悲剧的结局。九句，每句不超过四个字的叙事，的确到处是事理和实相上的"漏洞"，却有着精严巧妙的章法，读来声调铿锵利落，非常适合朗诵。

不信的话，可以试试。

此外，我们可别忘了：《史记·项羽本纪》一开篇介绍了项氏"世世为楚将"之后，就是这么说的："项籍少时，学书不成，去；学剑，又不成。"

点 评

读完此文，有没有和我一样发出会心的微笑？此文道出了中学生开始学文言文时的苦衷。文言文之难，难在时空距离久远，语言环境已发生巨变；难在生僻字多、古今读音不同、一字多音多义等现象很多。所以大多数同学都是依靠"背诵—默写—订正—再背诵"的"车轮大战"来学习，常常事倍功半。文中的父亲给我们提供了一种精妙的学习思路：理解那些语词之外的"空隙"，把那些"空隙"填上。语言描写生动新鲜，父亲那几句话，显示出他深厚的学养，烘托出他博雅睿智的性格特征。人物语言描写的要旨——用语不在多而在精，三言两语须能点染出人物的性格特质。

推荐阅读：《聆听父亲》《认得几个字》。

发光的罗丹

［奥地利］茨威格

大师老了，他疲倦了——那银白浓密的乡民须髯，飘拂在起皱的布满死灰的脸庞上。他艰难地走过一座座大厅，那里摆满了他雕的石像。他睡眼蒙眬，踽踽曳足而行，仿佛走进了死亡。

但是白晃晃一道光圈，围着他闪烁不定：是雕像群神采奕奕，栩栩如生！它们一直睁着眼睛"沉默"地梦见了一个永恒。它们岿然不移，肃然不动，漠然无情，寂然无声，宁静地安于无尽的光荣。一丝笑意消失在大理石的嘴角，它们站在那儿，那伟大的奖品，难以忘怀的胜利，被征服的时间，凝结的晶体——那绵绵无尽的精神。

大师步履迟缓，在它们中间走着，仿佛沿着自己整个一生徜徉。他带着幸福的战栗、温柔的恐惧，不得不将它们一再凝望，为这个千古的疑问感到迷惘：它们在那消逝的岁月之前，曾经是他青春的玩偶和耍伴，而今仍然像当年一样闪闪发光，生命的波涛仍然纯净地流过它们冰凉而又明亮的形状；为什么他自己，它们的雕塑者，却不知不觉起皱了、变老了，每时每刻都在走向死亡？

他凝望着发光的雕像，感到自己老了、疲倦了。他猜想，在那些明亮、坚实的石块深处，一定有他自己衰枯的血管里的血，跳动如火焰，激溅如火星。他曾经用双手赋予石块生命，他现在仍用这一双苍老的手颤巍巍地抚摸它们，为了从这些沉默、冰凉的躯体上再一次感觉已经逝去的生命，就像一个干渴者，俯身在石像上，仿佛在窥望消逝岁月的古井。

但是，雕像群无动于衷，身披尸衣站立着。它们对他不卑不亢，若即若离，只呼吸着沉默，吞吐着光华。它们忘记了岩石、国土、时间和名字——忘记了自己的老家。它们无言地排列着，披着白布站在那里，对时间彼岸的盛衰和变迁了无牵挂，它们的大理石嘴巴从不跟蜉蝣似的世人搭话。

它们头上挂着的时钟一直向前走着，多少城市崛起，又多少城市沉沦，多少容颜丧失了轮廓和色泽，多少家族兴旺，又多少家族凋零，多少人变成了面具和神话，一切都在残酷无情的岁月的磨盘中被碾成齑粉——只有它们以凝固的姿态，停息在不停的嬗变之中，因为它们永远结束了它们的生存。

点 评

这是文学大师在给雕塑大师写传记，他们思想的高度与深度在文字中得以契合。茨威格抓住了罗丹与其作品之间无声交流的瞬间，将这一瞬间定格、放大、延伸，让时间静止，让思想在静止的时空游走，去追逐、探寻大师丰厚深邃的精神世界。再运用他所擅长的心理描写，把对生命的终极追问与思考，寄寓在诗意的文字中，力透纸背地揭示罗丹卓越的精神世界。

推荐阅读：作者小说代表作《象棋的故事》。

艺术家的特权

刘荒田

读罗曼·罗兰所著的《米开朗琪罗传》，和达·芬奇、拉斐尔并称为"文艺复兴三杰"的艺术巨匠米开朗琪罗，命运悲惨，终其一生，只有不停息的工作和痛苦。1539 年，他已是 64 岁的老人，仍然在他自己 27 年前完成的《创世纪》天顶壁画下，绘制《末日审判》。一次，他从脚手架上摔下来，腿部受了重伤，"又是痛楚又是愤怒，他不愿让任何医生诊治"。好在他的一位住在佛罗伦萨的医生朋友哀怜他，有一天叩他的房门，没人应，便进去挨个房间找寻，终于找到米开朗琪罗卧床的房间。医生留下来护理他，直到他痊愈才离开。

传说中的一个细节让我印象格外深刻，说的是：有一次，教皇保罗三世去看米开朗琪罗作画，他的司礼长切塞纳陪同着他，教皇向切塞纳征询他对作品的意见，个性迂腐的切塞纳宣称，在这样庄严的场所，画上那么多有"猥亵"之嫌的裸体，是对神的大不敬。他的"崇论宏议"让在场的米开朗琪罗十分愤慨。教皇一行离开以后，米开朗琪罗凭记忆，把切塞纳的肖像画在地狱里，画成判官米诺斯的形象，在恶魔群中被毒蛇缠住了腿。切塞纳知道以后，到教皇面前去告状。保罗三世和他开玩笑说："如果米开朗琪罗把你放在监狱中，我还可设法救你出来；但他把你放在地狱里，那我就无能为力了。"

这就是艺术家的特权。艺术之外，他可以卑贱、贫穷、生病，忍受诸般不幸和不公。然而，他自有领地，在特定领域里，他是至高无上、为所欲为的王。米开朗琪罗把头脑僵化的司礼长的形象搬进自己的画，不过是兴之所至的小小作弄。大画家借此发泄怒气，我们却从中感受到无穷的幽默。

王鼎钧先生说："我已知道有酬世的文学、传世的文学。酬世的文章在手在口，传世的文章在心在魂，作家必须有酬世之量、传世之志。"作家如此，那么其他人呢？从正向看，有钱人助学，投入慈善事业的出发点也许五花八门，但"在人间留下好名声"这一条，也成为客观事实。从反向看呢？其实连内心黑暗的枭雄，也不希望遗臭万年。

在这方面，艺术家可说是得天独厚，他们之中的杰出者，一如其他行业的领袖、巨擘，以各自的成就、著述，不可能被颓废者以"不如生前一樽酒"的说辞抹杀，他们以其呕心沥血的创造，对抗无情的时间的侵蚀与功利主义的吞噬，最终成为被世世代代仰望的皑皑雪峰。从"不被遗忘"的角度看，被米开朗琪罗画进画里的司礼长，与其说是被辱，不如说是被抬举。在同时代的人早已湮灭无闻的数百年后，他依然能成为有趣的话题。这样的殊遇，让人不由莞尔。

不过，我们不能忘记，伟大艺术家如米开朗琪罗，他的特权是怎样得来的。"我为了工作而筋疲力尽，从来没有一个人像我这样工作过。我除了夜以继日地工作外，什么都不想。"这是他的自白。

点 评

　　这篇可以看作读后感的典范之作。读后感最忌只读不感，而本文是从所"读"中选取了自己感触最深的一个点，先叙再议。生动简洁的叙述，为后文精准的议论做好了铺垫。在叙的基础上，再亮明自己的观点："这就是艺术家的特权。"并引用王鼎钧先生的话，由此拓展开来：由艺术家的特权延伸到任何一个行业里卓有成就的人，都是呕心沥血潜心创造的结果，最后又回归到所感之点：伟大如米开朗琪罗，他的特权是由他夜以继日的工作赢得的。全篇叙议结合，思路清晰，意蕴深刻。

推荐阅读：《找到"对的"自己》。

人生的真相

林清玄

师父只教他洒扫、泡茶、接待宾客，闲暇的时光就让他用来静心，并观看这个世界。弟子过几天就会问师父："师父，您什么时候才能教导我人生的真相呢？"

又过了一阵子，弟子更着急了，问师父："师父，您到底要到什么时候才能告诉我人生的真相呢？"

师父被问烦了，拿起一块石头交给他，对他说："你拿这块石头去菜市场估个价，只需要了解它的价钱，不要真的卖掉它。"

到了菜市场，有两个人想买这块石头。有一个人出价十元，另一个出价二十元。第一个人是要买回去做秤锤，第二个是要买回去做砚台。弟子把石头带回去，报告师父："师父，这块石头有人出价二十元。"

师父叫他再把石头带到玉石市场去，也是只了解它的价钱，不真的卖掉。

在玉石市场，有人出价五十万元，因为那石头看起来非常稀有。弟子把石头带回去，报告师父："师父啊，这块石头在玉石市场有人出价五十万。"

师父说："好！现在你把这石头带到钻石市场去，只要估量它的价钱，不要真的卖掉它。"结果，弟子欣喜若狂地跑回来报告师父："师父，听钻石市场的人说，这是一块相当完美的钻石，有人出价五千万呢！"

师父说："没错，这是最完美的钻石，可是只有懂钻石的眼睛才能看见它的价值。你每天追着我问，什么才是人生的真相，用菜市场的眼光、玉石市场的眼光和钻石市场的眼光看到的人生真相是不同的，你到底想用什么样的眼光来了解人生呢？你要先锻炼的是看钻石的眼光，而不是不断地追问。"弟子听了，就心开意解了。

我们大部分的人，穷尽一生去追求，希望找到生命中最有价值的事物，却少有人了解，我们的眼睛才是最具价值的。

有价值的眼睛看见了山，山就有了价值。

有价值的眼睛看见了海，海就有了价值。

有价值的眼睛看见了阳光，阳光就有了价值，因此禅师才说："日照一隅，也是国宝。"太阳所照耀的每一个角落，都像国宝一般珍贵，这种深刻的见解，只有眼睛好的人才能体会呀！

点评

　　作者用一个贴近生活的故事，让读者去参悟人生的真相。他用平朴温暖的文字讲着这个看似简单的故事，却讲得一波三折，连续设置了一个个悬念吸引读者：弟子急于了解人生真相，师父却交给他一块石头，一估，再估，三估，在一番经历后，对师傅的点化心开意解了，同时也让读者在饶有趣味的阅读中受到启发，明白了人生的真相是"要先锻炼的是看钻石的眼光"，而不是穷尽一生盲目地追求所谓的"价值"。

厨师的哲学

尤　今

我点了三道菜：姜丝鱼片、咸鱼煎蛋、冬菇芥蓝。

在柬埔寨中部这个人口寥寥，又落后得好似一百年都不曾发展的小城磅清扬，居然能够在这间唤作"湄公餐馆"的小店的菜单上看到如此"纯中式"的菜肴，既欢喜，又迷惑；而等那三道菜——被端上来时，我的欢喜和迷惑，全部变成了因难以置信而生发的惊叹。

宛如霏霏细雨的姜丝，密密地罩在嫩白如初降雪花的鱼片上，恍若一场牵动人心的艳遇。掺和着咸鱼的蛋液，被煎成一个金黄澄亮的大月亮，毫无机心地仰视众生。饱满的冬菇和修长的芥蓝，亲密地依偎着，有长相厮守的温馨。

道道菜肴，色泽鲜丽，卖相绝佳，味道呢，更是一等一的好，每一口都让人舍不得吞咽。

这名出色的掌勺人，姓丁，是老板兼厨师。过去，他向一位香港厨师学艺，时间长达十年。

这晚，客人不多，我们闲聊。

他一丝不苟地说道："学烹饪，如果一板一眼地死记烹饪的步骤，是于事无补的；最重要的是，学艺者必须下足功夫去钻研烹饪的原理。炒菜，多几滴水或少几滴水，味道完全不同；切肉，必须顺着肉的纹理，否则，那肉一定作怪，不管你下什么料去调弄，都煮不出好味道来。把原理一搞通，厨艺肯定差不到哪儿去。不过呢，话说回来，厨师一定要对所有的肉啊，菜啊有一分强烈的感情，菜和肉才会乖乖地听话。"

我看着那张菜式不多的菜单，冒昧地问道："你天天煮着同样的几道菜，反复练习、千锤百炼，才能煮得这样精彩吧？"

他睃了我一眼，不答，起身从柜子里取出了一本厚厚的菜谱，递给我。

我只翻了几下，便眼花缭乱，哇，那菜式数不胜数，单单鸭，便有八宝鸭、香酥鸭、北京烤鸭、卤鸭、辣熏鸭，等等。

他一脸自豪地说："我曾在首都金边一家豪华大饭店当主厨，菜式千变万化，不管客人点什么，都难不倒我。现在，到这小城开餐馆，客人喜欢的菜肴，来来去去都是这几样，我只好把这本菜谱收起来了。"

"空有一身武艺而无用武之地，不是很可惜吗？"我又问。

他轻轻地耸了耸肩，答道："不必听人使唤而事事自己做主的这种自由，比什么都重要。"

说毕，他的脸上浮起淡若浮云的微笑。

这位厨师，不但精通厨艺，而且深谙生活的艺术。

其实他自己就是一朵云。

云不肯守着一成不变的形状，它不受天空的囿限，千变万化，自我负责而又活得潇洒自在。

点　评

姜丝如"霏霏细雨"，鱼片如"初降雪花"般嫩白，她们的艳遇是理所当然。咸鱼煎蛋是"金黄澄亮的大月亮"，可爱欢喜得毫无机心。冬菇饱满，芥蓝修长，互补又亲密。这文笔，简直也是活色生香，令人惊叹了！而这样色香味俱全的描写只是在为下文的"哲学"蓄势、铺垫，于是，从闲聊中谈厨艺，悟生活，层层推进，由"厨艺的精通"到"生活的艺术"，是厨师的悟道，也是作者的悟道。结尾更是用诗意的语言，对"自我负责而又活得潇洒自在"的人生哲学，表达了赞叹欣赏之情。

把幸福放在手上

[韩国] 柳时和

陈香华 译

我在印度旅行期间，从印度朋友那里听来许多印象非常深刻的话。在我的旅行手册中，有一部分就是记录这些发人深省的话。印度人擅长以极短的言语点出事物的核心部分，很多时候听到这些话时，不是愣在一旁，就是被他们问得哑口无言。

在路上、火车内或是巴士顶上与这些真诚的印度朋友交谈时，我非常讶异他们敏捷的思考或是洞察人生百态的能力，而率直的倾诉也常让我感动不已。或许这些令人回味无穷的话，就是一再吸引我前往印度的原因吧。

两双鞋

"你有两双鞋，可是又不能同时穿，干脆另一双就给我吧！"也是在凯拉达邦特利班度隆旅行时，搭乘的巴士车顶上，坐在我对面，手指甲内藏着厚厚污垢的印度人，看到我行李背包里放了一双凉鞋，对我说的话。

还没死

在孟买要前往参访克里须纳姆鲁替圣者时，雇了一辆三轮车，车夫一路超速前进，任我劝阻也不听，终于摔了车，人仰马翻，倒在路旁的泥淖地。气得我对司机大吼"因为你差点没死掉"！没想到司机反而回答说："只是差点没死掉而已，既然都没死，干吗生这么大的气？让情绪对根本还没有发生的事情生起愤怒，是自寻烦恼，何必让自己这样难过呢！"

神给的磅秤

印度加尔各答的市中心，有一位以磅秤为路人量体重的印度人，当我问他幸福与否时，得到的回答是："幸福的'量'与不幸福的'量'是一样的，珍惜神所给的，不要去计较神没给的。神给了我吃饭的磅秤，光是这点我是多么幸运，如果没有磅秤，我们全家都会饿死的！"

等待

在印度北部斋浦尔市遇到一位老人，哀求我带他去瓦拉纳西恒河，我回答他说这次没有时间没办法带他去。他回答说："那我在这里等你。等到明年你一定要再来这里带我去。"

朝圣者的水壶

"朝圣者的心没有任何改变的话，就如同朝圣时所带的水壶，尽管走遍了佛教圣地，回来剩下的也不过是水壶而已。"在印度北部相当著名的印度教圣地希凯西，遇到一位老人，他看着我拿着水壶，引用圣哲拉玛克里希纳的话对我说。

扒手的说辞

"虽然不知道你行李里面装的什么，但是我希望你不要紧张。被自己拥有的物品牵制着无法心安，怎么能在这宗教的国度里旅行呢？"

在去阿拉哈巴得三等车厢火车途中，一看就知道是扒手的印度人，看着我双手抱着行李的模样及满脸的警戒心所说的话。由于我丝毫不松懈，他更加好奇，忍不住又问："到底行李里装的是什么？"

放下

"放下的愈多，得到的愈多。"

在加尔各答一个乞丐看我犹豫不决，无法决定要丢下多少钱时对我所说的话。

从行李背包开始要学的

在新德里北部往阿姆利则长达八小时车程的二等车厢里，我和一位耆那教的老人东谈西聊。忽然老人把话题说到人应该向自然或所有的一切事物学习，从风那儿学到不要执着，从大海那儿学到视野宽阔，从火车可以学到……他滔滔不绝地发表自己的主张。

"那么，从鞋子可以学到什么？"印度人原来是赤脚不穿鞋的，所以我问。

"我们要学习的是任何什么愚昧的发明一出来，很快就会扩散到全世界。"老人说。

"那么，从我的行李背包可以学到什么？"我又问。

"如果行李背包里有吃的，要学习拿出来与众人分享。"

泪水与彩虹

"眼睛中没有泪水的话，他的灵魂也不会有彩虹。"在德里与遇到的年轻车夫谈到人生的苦痛时，从他口中说出的话。

竹子和芦草

"看着竹子的节吧，它以一定的间距支撑着竹子往上伸展，生活中如果没有规律地冥想，就像是没有节的芦草一样，随时都会倒塌。"印度北部里希凯西市一位修行者所说的话。

眼睛与口

"用眼睛看比用嘴说话，能表达出更多。"当我问印度人为什么老是看着对方的眼睛时，他们给我的答覆。

最长的距离

在里希凯西江边和一位斯洼米谈天。他说从印度南部的特利班度隆，搭了一百小时的火车才抵达里希凯西。我听了非常诧异，他能跋涉这么长距离的旅程。他回答说：

"有比这还要长的距离，世界上最长的距离，是从人的头到胸前的心，不到三十厘米的地方。有人从头移动到心，足足走了一辈子。"

点评

　　作者采撷在印度旅行期间的一些对话片段，意在呈现普通民众的精神风貌。可以说，每一句都浓缩着非凡的智慧——"眼睛中没有泪水的话，他的灵魂也不会有彩虹""世界上最长的距离，是从人的头到胸前的心，不到三十厘米的地方。有人从头移动到心，足足走了一辈子""幸福的'量'与不幸福的'量'是一样的"……这真是孕育出了泰戈尔的伟大国度，连日常对话都飘荡着诗的韵味和哲理的意趣呀！你有一双什么样的眼睛就能发现一个什么样的世界。带着好奇心去接触异样的人群，谦卑地询问，细心地观察，总会有意想不到的收获。

毛毛虫的故事

〔美国〕丹尼斯·魏特利

陈佳伶 编译

　　毛毛虫斯特里普觉得它的日常生活无趣也无意义，它决定去找寻生命的秘密。它遇到其他的毛毛虫，它们好像也没比它懂多少。不久，它参加了一个团队，其中每一只毛毛虫似乎都在往同一个地方爬。

　　很快地，它们遇到一大团纠结扭动在一起的毛毛虫——就是一个毛虫柱子，看起来好像一直延伸到云端里。这些毛毛虫每一只都好像在拼命往上爬，踩着其他的毛虫争着爬到顶端。斯特里普看了觉得很兴奋，也许柱子的顶端就是它要找的答案所在。

　　"最上面是什么？"斯特里普问另一条正在努力攀爬的毛毛虫，它也不知道，不过"一定是什么很棒的东西，要不然不会每只毛毛虫都拼命想冲上去"。

　　斯特里普迟疑了一下，看着更多的毛毛虫经过它身旁，消失在虫柱里。最后它决定去做一件事：它冲进那一堆毛毛虫里，奋力开出一条通往顶端的路，一路上被别人踩也踩在别人的头上。

　　有一天，斯特里普遇见一条叫作黄色的毛毛虫，它们一拍即合，迷上了把别人踩下去的做法，不管是不是毛虫，只要挡住路的它们一律"踢"除无误。它们谈起了恋爱，决定走出这场毛毛虫竞赛，不知怎么的，它们回到虫柱的底部，离开那里一起快乐地生活——不过只有一阵子。

　　不久，斯特里普又开始觉得无聊，它想再试试那根柱子。黄色毛虫试图劝它放弃，但是没有用。于是它们分开了，斯特里普回到了那个扭曲蠕动的大柱子，它想试试自己的运气，看能不能爬到顶端。

　　黄色毛虫爬到别处去，它发现了如何成为一只蝴蝶的秘密。在它开始编织自己的茧的同时，斯特里普正努力爬上那根柱子。它采用冷酷无情的原则，不断踩在别人头上前进。当它看似已经接近那个蠕动的大柱子的顶端时，却发现自己没有办法到达顶端，除非它把前面看似无数的虫子都挤掉，才能够到最上面去。它开始听到很多虫子因跌落而发出的尖叫声，因为很多虫子都被排在后面的虫子挤掉了。当它差几步就到顶端的时候，它听到有个声音悄悄地说："那个上面根本什么都没有！"

斯特里普停止攀爬，看看周围，它已经接近柱子的顶端了，当它抬眼从这一个虫柱望过去时，它简直不敢相信：在它身旁，在它视力所及的范围之内，居然有成千上万的其他巨大的毛虫柱，就跟它攀爬的这根一模一样，每一根都布满了无数向上蠕动前进的毛毛虫！

斯特里普现在不知道该做什么了，它只能继续向上爬，然后它听到了一阵骚动的声音。它抬头一看，头顶上有一只美丽的黄色蝴蝶正毫不费力地扇动它美丽的翅膀，翩翩飞过虫柱的上方。这只蝴蝶飞近斯特里普的身旁，眼睛直直地看着它。奇怪，这双眼睛好熟悉啊。斯特里普不清楚，但是心里突然想起了什么。会是黄色毛虫吗？莫非它已经找到真正活着的方法了吗？

斯特里普转回头，开始向下爬。当它挣扎着向下爬时，一路上它不断告诉遇见的每一条毛毛虫，不用再爬了，其实柱的顶端什么都没有。不过它们都爬得太专心，根本听不见。而且它们觉得，那不过是酸葡萄心理：它们以为它只是到不了顶端，心态不平衡，便来劝说别人放弃攀爬。然后有一只毛毛虫开始讥笑斯特里普，说它竟然笨得以为自己可以不当一条毛毛虫。它生来就是一条虫，那么就应该满足过这样的生活。

斯特里普动摇了。毕竟，它也没有办法证明自己可以变成一只蝴蝶。不过它还是决定退出这场毛虫竞赛。

斯特里普最后终于到达了柱子的底端。它爬去找黄色毛虫，学习如何编织自己的梦，然后变成一只美丽的蝴蝶。

这个故事的寓意很清楚，到达"顶端"并不是成功唯一的摇篮，成功的本质也并非如此。其实在顶端什么也没有，你还必须小心提防觊觎你位置的人，一刻也不得放松。如果你稍微放下防卫术，那么那些在你之后的毛虫就会把你往下推，让你直接坠落到失败的石地上。

这个简单的故事和我每一周到全国各地旅行中接触和认识的人们所谈的亲身经历不谋而合，他们都是力争第一的人。对他们而言，不惜任何代价的成功是唯一要紧的事。但是在这样尔虞我诈、非争第一不可，而且丝毫没有松懈的生活里，我们正在失去一些非常珍贵的东西。那个"东西"就是正直、诚实、敏锐和同志情谊。

点　评

　　本文以寓言故事的形式阐发哲理，由一条毛毛虫决定去寻找生命的秘密、活着的意义，由此展开联想，将毛毛虫极力向上攀爬的过程描写得极为生动，它一路上被别人踩，它经历了一段快乐忘我的恋爱，不久又开始努力向上爬，而它的所恋走了另一条路，作者再去详细描写它攀爬到顶部的失落心理感受，它重新的回归以及再次重新探寻……文章把深刻的哲思寓于生动的形象之中，语言既有生活气息又有睿智的思辨，在读故事的过程中，潜移默化地使人深受启迪，是一篇文质兼备、引人回味的好文。

决不辜负春天

李 娟

春寒料峭的午后，翻开法国画家让·弗朗索瓦·米勒的画册，静谧和悲悯的气息一瞬间将我的灵魂覆盖。他的画有田园牧歌的意境，流淌着诗一样的哀愁。

那幅画就是《晚钟》。一对贫穷的夫妻，在田间劳作。黄昏时，晚霞映照着他们的身影，落日的余晖下，大地苍茫。他们脚下的竹篮里放着刚挖出的土豆。此时，远处教堂里的钟声悠扬响起……于是，他们放下手中的农具，女人合掌祈祷，男人脱下帽子，神情无比虔诚。此时，暮色苍茫，大地宁静，灵魂安详。他们在祈祷什么？祈祷大地给予贫寒的他们一点点生之温暖。如米勒一样贫穷的农人，祈祷孩子健康，能吃饱饭，哪怕每顿饭只能吃上这些土豆……悲从何处来，都从他的心底而来。浓郁的伤感弥漫在画中，让人坚硬的心一瞬间如雨滴般柔软。我恍然大悟，宁静和悲悯具有一种神奇的力量。

有些画，不在笔尖，不在画布上，而在心里。

自幼生长在贫苦农家的米勒，一生和大地息息相关。他的画笔只为纯朴、勤劳的农民而画。后来，他成为法国巴比松画派的代表人物。辛勤劳作在土地上的米勒，也将一生的光阴执着于绘画，作品流淌着对自然无限的虔诚和敬意。

然而，贫穷和饥饿一直困扰着他。有时，他的一张素描只能为孩子换来一双鞋子。为了把食物留给孩子们，有一次，他整整两天没吃东西。当朋友送来政府的救济品和钱时，他对妻子说："买点木柴回来……我太冷了。"

漫长的一生，他的画一直不被主流画派认可，那些学院派画家讥笑他的画——简直土得掉渣。直到1867年，在他人生的暮年，他的画才在巴黎博览会上获得了社会的第一次承认，人们逐渐认识了米勒艺术的真正价值。

人间得失，悲喜转换。可是，米勒在人世的光阴，已经薄如一片雪花。

几年后，61岁的米勒病逝于巴黎郊区的巴比松村。后来，法国为购回那幅《晚钟》，竟花了80多万法郎。如今，他的画已成了无价之宝。画家生前的孤苦凄凉和身后所获得的光荣敬仰是多么不相称！他一生贫困潦倒，食不果腹，在寒冷荒凉的人世间苦苦跋涉，处处碰壁，步履艰难，他的才情和智慧与当时的社会格格不入。是否，命运常常让一位天才饱受生之苦难？

不论生活如何艰辛，他都说："生活是悲苦的，可是我决不忽视春天。"读着这句话，我凝视窗外，早春时节，窗外的玉兰树已开了两朵雪白的花朵，于春寒中默默不语，笑意盈盈，因为它有另一个美好的名字——深山含笑。我心里默诵这几个字，心底泛起层层涟漪。

米勒的妻子卡特琳娜·勒梅尔一直支持着他，与他共担苦难，对他忠贞不渝，是他苦难生活中温暖的伴侣。他们一起抚养了9个孩子，他的妻子几乎就是那幅《喂食》中的年轻母亲：一身布衣的母亲坐在木凳上，手里端着碗，给孩子们喂饭。3个小女孩乖巧地坐在门槛上，一个个仰着头，张着嘴，如嗷嗷待哺的小燕子。母亲专注而深情，如一只辛劳的母鸟喂养她的孩子。孩子们可爱极了，给母亲一张张花儿般的笑脸。也只有这一张张笑脸，才是贫寒生活给予母亲的一缕欢颜。年幼的孩子不懂母亲内心的煎熬，不懂父亲为生活所迫的挣扎和艰难。想必不远处，破旧石屋的尽头就是田地，父亲正在田里耕耘，挥汗如雨……母亲的脚下卧着一只猫，墙根处一只母鸡正在觅食……此时，微风拂过母亲鬓角的秀发，枝头的小鸟在风里睡着了……原来，世间一派安宁祥和，岁月静好，都在母亲的一粥一饭里，都在米勒的画里。

看着那幅画，童年的光阴一瞬间被唤醒。在铺满阳光的小院里，祖母坐在木凳上给我和妹妹喂饭。我们仰着头，一口一口吃着香甜的小米粥。春天的风吹过故乡的原野，麦浪返青，桃花遍野，柳丝如烟……其实，养育我们的不是山珍海味，而是母亲熬的金黄的小米粥。就如同滋养我们心灵的是米勒朴素、圣洁、悲悯、宁静的画卷，因为这些画和大地息息相关，和生命紧紧相依，和你我的灵魂相连。

喜欢他的那一幅《拾穗》。秋天的原野，麦子已收割了，碧空如洗，金黄的麦地里有3位拾穗的妇女，她们分别戴着红色、黄色、蓝色的头巾。她们弯着腰，低着头，虔诚地拾着麦穗。丰富的色彩统一于柔和、圣洁的氛围，展现给人一种田园牧歌般的意境。

她们身后是金灿灿的麦垛。戴着蓝头巾的母亲实在太累了，腰疼得直不起来，她一只手抚着腰，另一只手拾着麦穗，仿佛拾起苦涩岁月里的一点点甜。她额头上的汗水一滴滴落在泥土里，就像诗人写的：母亲每拾起一个麦穗，就像是给大地磕一个头。不是吗？一粒米、一个麦穗，走过季节，滋养苍生。雨雪中，烈日下，农人和每一个麦穗相依为命，一代代的生命就这样走过岁月。他们汗流浃背，疲惫不堪，但是，他们依然心怀虔诚、欢喜和感恩。

米勒终身保持着对大地的款款深情与敬畏之心。他手中的一支画笔，泼洒着对大地无限的眷恋，也表达着对与土地相依为命的农民深深的悲悯。只有赤子，才能如此深爱着土地和一生劳作的人们。

画家远去了，而画还在。可是，欣赏画的眼和心还在吗？

春风沉醉的夜，隔着漫漫岁月，我用手抚摸着画册，悲欣交集。此时，光阴是缓慢的，缓慢到我用一个春天读懂他的画，靠近他的灵魂。

有人说，历史如一颗洋葱，一层层剥开，总有一瓣洋葱让人流泪。是的，抚去光阴厚厚的尘埃，他的画自然、温暖，经得起岁月之手细细翻阅。因为，那些画能让人的内心如棉花般柔软和温暖。

生活的磨难没有给他的画带来多少寒意，更没有让米勒沉沦。相反，他的画深情饱满，圣洁安详。土地和农人是他一生创作的源泉，也是他悲苦生活里永恒的春天，因为，他从没有忽视过春天。不论霜严雪寒，艺术带给他的都是生命的暖意。将一生沉浸在庄稼、大地中的画家，怀着一颗赤子之心。

如今的我，何尝不是一个拾穗者？生活给予我的都是金黄的麦穗。似水流年里，所有的过往，疼痛、欢颜、悲伤、爱都是沉甸甸的麦穗。我以一支笔，俯身拾起它们。因为，我决不忽视春天，也决不辜负春天。

点 评

　　以米勒的三幅画巧妙编织出他穷愁潦倒的一生，他挣扎于生活的泥淖中，画作"一直不被主流画派认可"，但他不惧生活的悲苦，"决不忽视春天"。"只为纯朴、勤劳的农民而画"，画作充满"静谧和悲悯的气息"，读者借此也明白了"春天"一词的深意：那是理想的火种，是璀璨的华年，是不灭的信念，是一颗悲悯苍生的赤子之心。作者对画作的解读细腻入微，饱含深情，令人可以一窥米勒心灵世界的堂奥。

推荐阅读： 作者散文集《遥远的向日葵地》。

田园与故乡

押沙龙

　　前些年我填过一份问卷，问心目中的理想生活是什么样，我当时认真地说了一通傻话：住在幽静的木屋里，附近有一面湖，湖水旁有草地。白天在湖边跑跑步，晚上倒杯啤酒坐在走廊上听蛐蛐叫。反正大致是瓦尔登湖的中国版吧。谁料没过多久，因为换工作，我有几个月没事干，真可以到乡间小住一阵。朋友把钥匙拿来，撂下我一个人在那儿修养身心，说是"换换脑子"。虽没有湖，住的也不是木屋，但确实幽静，也有大片的草地。不怎么有蛐蛐，但能听到远处村子里的狗叫。每天我都散步到几百米外的小卖部买点吃的喝的，然后端着易拉罐啤酒坐在院子里听狗叫。按理说，这是内省的好时机，离开紫陌红尘的喧嚣，擦拭心灵上的灰尘，倾听自己内心的声音。我安静地坐在那里，听到自己内心的声音却是："要是能上网该多好呀！要是能上网该多好呀！"

　　有过这段田园牧歌式的经历，我有时会纳闷：野花绿草很好看，但长年累月地看不会闷吗？大部分人应该还是会闷的吧。略萨的《情爱笔记》里有一个人物，当别人跟他描绘"牛群在芳香的野草上徜徉"之类的美景时，他生气地喊叫：收起牛群野草小木屋的这一套！没有了现代文明的衬托，那玩意儿有啥意思？"如果有一天，地球被摩天大厦、金属大桥、柏油马路、人工花园、岩石铺地的广场、地下停车场覆盖，整个地球都浇筑了钢筋混凝土并成为一座无边无际的球形城市（很好！到处都是书店、画廊、图书馆、餐厅、博物院和咖啡馆），我会举双手赞成！"听上去有点可怕，但如果非要选择的话，我也会选球形城市吧。

　　古代文人许多喜欢写隐逸诗，这个题材成了文学中的一种神话。很多士大夫当着官，也要写首诗表明一下心志，描绘自己的理想生活：摆脱名利场上的纷争，归隐田园，种种地，喝喝酒，何等快活？当然他们大多不种地，主要是看别人种地。但在他们的设想里，看别人种地也很快乐，"独出前门望野田，月明荞麦花如雪"。话是这么说，真看多了也闷。人的思维需要外界刺激，尤其是经过高频度刺激的人，忽然被切断了刺激源，就容易处于麻痹状态，时间长了就觉得单调了。辛弃疾写了好多赞美田园生活的诗词，我就学过一首："茅檐低小，溪上青青草。醉里吴音相媚好，白发谁家翁媪？大儿锄豆溪东，中儿正织鸡笼。最喜小儿亡赖，溪头卧剥莲蓬。"生活真是押着韵的美好。可一旦朝廷有起用的意思，辛弃疾也顾不得看溪上青青草了，急吼吼地出发，"单车就道，风采凛然"。当然辛弃疾是为了报国、中兴，但设身处地替他想想，也未必就丝毫没有解闷之感。

除了田园，文学里的另一个神话是故乡，且经常和田园神话纠缠在一起。前一段时间大家都在写"每个人的故乡都在沦陷"，感叹一份曾经的美好在渐渐消失。随着城市化进程的推进，中国乡村开始凋敝，这是事实。但是很多感叹不是为了哀婉这个，倒像在构建一个关于过去的田园神话。如果过去真的这么美好，那我们这一代人都胡折腾了些什么啊？

也许就像一句名言说的：过去显得美好，不是因为它们真的如此美好，而是那时我们年轻。青春在某种程度上是残酷的，心理往往要像蛇蜕皮那样蜕下血淋淋的一层，才会成长。但另一方面它也不乏美好：那时的荷尔蒙浓稠得像化不开的烈酒，未来空旷得像走不到头的地平线，没有方向却充满力量。无论是友谊还是爱情，都因新鲜而格外美好。我们感怀的从来不是真正的故乡，而是在故乡里流淌的童年和青春。

我的故乡是一个三线城市，每次回去多少都会发现它的变化。上学时走过的林荫路变成了专卖店，曾在夏夜里坐着喝汽水聊天的马路牙子也全无踪影，这当然会让我有些伤感。但这座城市没有沦陷，只是在成长——抛开了我，自己成长。我曾站在故乡中学的门口，看着从那里涌出的孩子，热泪盈眶。20多年前，从那里背着书包走出来的少年里，也有我。而我眼中沦陷的现在，正是这些孩子们拥有的青春。它何曾真的沦陷？

对于田园和故乡这两个题材，无论说得太多，还是说得太伤感，都容易流于虚伪。随着时间的变化，故乡再也不适合我了。就算老了，我也不会回去定居。我和这个城市相遇，然后分开，带着一些恨也带着一些爱，然后和它各自成长。这就是整个故事。就像奈保尔在《米格尔街》结尾里描写离乡时的话："我步履轻快地朝飞机走过去，没有回头看，只盯着我自己的影子，而它就像一个小精灵在机场上跳跃着。"

点　评

作者从自己的感受写起，深度剖析古代隐逸诗及现代"田园神话"作品产生的原因，传达作者对这一问题理性而深刻的思考，语言生动鲜活，多种修辞手法运用得当，读之真是一种愉悦的享受。警句令人赞叹，"那时的荷尔蒙浓稠得像化不开的烈酒""我们感怀的从来不是真正的故乡，而是在故乡里流淌的童年和青春""而我眼中沦陷的现在，正是这些孩子们拥有的青春"。

奥斯威辛遗诗

柴子文

奥斯威辛之后，写诗是残酷的。这句名言，反思人性之恶到了极致。人们面对 20 世纪大屠杀的灾难，不忍地侧过脸，羞愧难当。可人们要花很长时间才相信，即使在集中营里，绘画依然美丽，诗歌依然承载着生命的快乐与哀愁、希望与绝望。

《像自由一样美丽：犹太人集中营遗存的儿童画作》里面的小作者们，大多走进奥斯威辛的毒气室，十二三岁的年龄就悲惨地死去。但是，他们侥幸留存下来的诗作、画作，甚至偷偷办的报纸，让我们看到人类历史的珍贵一幕。作者林达尽力搜寻他们的名字、他们的故事，展示了那一幅幅美丽动人的画作、一首首明快有力的诗，让现在的人们明白，即使在集中营，也并非只有死亡的气味。面对绝望，人类依然可以保持尊严，而自由，从来都在人们心里，任何人强夺不走。

每一个对痛苦有感觉的人，都应该读一读这里面的诗。"希望你一直保存着这本书，哪怕你在一年年地长大，哪怕它在书架上放了很久，落满灰尘。只要你再次打开，你一定会庆幸，你并没有把它丢失。"作者被孩子们的作品深深打动了。让我们静一静心，来读一读小作者们的诗：

特莱津

沉沉的轮子碾过我们的前额
把它深深地埋入我们的记忆深处。

我们遭受的已经太多，
在哀恸和羞辱凝合的此处，
需要一个盲人的标记
以给未来我们自己的孩子，一个证明。

等待了第四个年头，
像是站在一个沼泽地的上方
任何一刻，那里都有可能喷涌出泉水。

同时，河流奔向另一个方向，
另一个方向，
不让你死，也不让你活。

炮弹没有呼啸，枪声没有响起
在这里，你也没有看到鲜血流淌。

没有这些，只有默默的饥饿。

孩子们在这里偷面包，

并且一遍遍地提出同样的问题

而所有的人希望能够入睡，沉默

然后再一次入睡……

沉沉的轮子碾过我们的前额

把它深深地埋入我们的记忆深处。

小诗人的小名叫米夫。"沉沉的轮子碾过我们的前额"，多么形象地描摹了内心的恐惧与疼痛。入睡，也许再也不会醒来。沉默，是因为不能开口。他们生活在一种禁绝的状态。但这一切，并不是因为他们做了什么或者不做什么，只是因为，他们有一个相同的身份——犹太人。

我是一个犹太人

我是一个犹太人，永远不会改变，

纵然我要死于饥饿，

我也不会屈服。

我要永远为自己的人民战斗，

以我的荣誉。

我永远不会因身为犹太人而羞耻，

我向你起誓。

我为我的人民骄傲，

他们是多么自尊。

不论我承受怎样的压力，

我将一定，恢复我正常的生活。

这位 13 岁就被杀死在奥斯威辛的男孩弗兰塔·巴斯，用他的诗回答了他从那些教他写诗、画画的犹太民族最杰出的人那里学到了什么。他们是最不幸中之幸运的一群小孩，在最饥饿、最肮脏、最无助的环境里，暗地里接受了最初也是最后的教育。艺术教师弗利德是这样教他们画画的：你要用光明来定义黑暗，用黑暗来定义光明。同时，在这首诗里，我们隐隐看到了诗歌的伟大起源，那是对苍茫的宇宙和自然的深深的敬畏，以及起誓。诗的庄严在于，它的目光望向灵魂最隐秘的深处，依然坚定。

一个日落余晖的傍晚

在紫色的、日落余晖的傍晚，

在一片开着大朵栗子花的树林下
门槛上落满花粉。
昨天、今天，天天都这样。

树上的花在散发着美
又是那么可爱，树干苍老
我都有些害怕去抬头偷窥
它们绿色和金色的冠冕

太阳制作了一顶金色的面纱
如此可爱，让我的身体战栗起来。
在上苍，蓝色的天空发出尖利的声音
也许是我微笑得不是时候。
我想飞翔，可是能去哪儿，又能飞多高？
假如我也挂在枝头，既然树能开花
为什么我就不能？我不想就这样凋谢！

这位小诗人也没留下自己的名字。即使在空间有限的集中营，小诗人也看到了令他战栗的美景。在他们被扭曲的世界里，树能开花，太阳有金色的面纱，天空可以是紫色的，这些再普通不过的景色，在孩子的眼中，既因为大自然的造化而美丽，也因为孩子们危险的处境而珍贵。

思　绪

我站在一个角落，望着窗户
看着这个让我心碎的地方
在床上是海德跛行的影子，
一个失常的孩子突然举起手，
哭叫着："妈妈！……
让我们亲吻，我们一起说说话！"
可怜的人们，
失去常态的人们，悲惨的形象，
被冬天包裹，他们走着冻得发抖，想要大叫一声
在他们的末日之前：

"妈妈，抱着我，
我是一片快要凋落的树叶。
看看我是多么枯萎，我觉得好冷哦！"

当这可怕的合唱在老兵营的房子间回荡，

我——也推开窗户——

和他们一起嘶唱。

小诗人哈努什在特莱津集中营很有名气，他的有些诗作在那里广为流传。他的笔调老练诙谐，激情洋溢而富有穿透力。我们再来读他的另一首诗：

我的乡村

我在心里装着我的乡村，

那是为我的，就为我自己！

美丽的纤维在编织起来

它保存了一个永恒的梦。

我亲吻拥抱我的土地，

在它面前，多少岁月流过。

这土地不仅在地球上

不论在哪里，它也在我们心中。

它在蓝色天空中，在星星里，

只要是有鸟儿生活的地方。

今天我在我的灵魂里看到它，

我的心立刻沉沉地盛满了眼泪。

终有一天，我要高高地飞翔。

从我身体的重负中解脱，

自由地在广阔中飞翔，

自由地飞出很远很远，

和我在一起的，是我自由的村庄。

今天那是一个小小的、捧在手心里的梦

围绕着它的却是遥远的地平线

在这些沉甸甸的梦里

还微微闪着战争暴怒的反光。

有一天，我要走进我的村庄，

我要享受我的家乡，

那是我的乡村！那是你的家乡！

那里没有"我"和悲伤。

1943 年，他和妈妈一起，从特莱津被送往奥斯威辛纳粹宣称的"家庭营"。其实是大规模的毒气室，死亡的熔炉。战后，幸存的伙伴们尽一切努力寻找他的下落。然而，他再也没能回到他的村庄。但是，我们至少相信，闭上眼睛的一刹那，骄傲的小诗人，已经回到了自己的故乡。他已经告诉我们，"不论在哪里，它也在我们心中"。

透过这些稚嫩但深刻的诗作，我们读到的，不再是这首诗好不好。相反，我们会更容易地闭上眼睛，想想，在绝望的环境里，是什么让小作者们敢于去写，是什么点燃了枯竭疲惫的身体里神奇的蜡烛。这才是艺术的本质。

美和人生，在艺术的世界里，都是独特的。因为，地球上的每一个人、每一样东西都有自己的世界。不论各自拥有怎样不同的身份，也都拥有自己独立的空间，有权利坚守自己的世界。

点 评

读完之后，犹如"沉沉的轮子碾过"我的心，疼痛、窒息……这分明是从最黑暗的角落生长出来的神性之花，孩子们在诗里所表达的对美和自由的极度渴望、被寒冷包裹着的绝望，以及挣脱牢笼重回家乡的梦想，无时不在冲击读者的心灵。诗与评相得益彰。读者在了解希特勒纳粹政权的历史之后（特别是关于奥斯维辛集中营的介绍），再来读更好。

推荐阅读：英国作家劳伦斯·里斯著《奥斯维辛：一部历史》。

来自历史的自信

林 达

记得在美国和一个德国朋友聊天，朋友提到，在三十多年前，战后出生的一代德国人有过巨大困扰。希特勒的暴行和战争都发生在他们出生之前，他们天真无邪地长大，却在青少年时期、接受教育的时候，突然了解了自己民族令人羞耻的历史。他们的国人似乎整体就是个罪人，他们的父母都回避这段历史，他们好像都应该去用头撞墙：我们的民族怎么了？怎么会有这样的国民性？

今天看到的德国年轻人，他们是充满自信的。他们的自信从哪里来？

在柏林，有一个本德勒建筑群。它是著名的第三帝国建筑，是原海军部的延伸。在"二战"期间，这里是德军司令部。现在，从一个楼梯上去，楼梯周围都是一排排头像，他们是今天德国人心中的英雄。楼上是一个信息丰富的永久性展馆，主题是德国对纳粹的抵抗运动。它收集了许许多多的人物故事：有反抗纳粹的犹太人；有协助犹太人躲藏和逃离的普通德国人，其中就有电影《辛德勒的名单》的人物原型；有宗教界、文化界人士的反抗；有自发的抵抗运动小团体，还有体制内的，甚至军界的抵抗力量。

展览馆之所以设在这里，是因为这个展馆的一个房间，曾是在希特勒脚下安放炸弹的军官施陶芬伯格的办公室。导游的英语录音中说，1944 年 7 月 20 日，施陶芬伯格刺杀希特勒未遂，就是在这间屋子里被逮捕，从这个楼梯被带下去，在下面的院子里，和共谋的另外三名军官一起被枪杀的。德军司令部的院子是四周楼房围起来的封闭空间，用一大片小方石块铺地，尽头是一片树林。树林前，就在他们就义的地方，今天存放着一个象征——一尊简朴的石雕全身像：一个裸体的、双手被捆绑在身前的、沉稳的人。

这个展馆虽然上了旅游书，却很少有外国游客光顾。它的解说语只有德语，主要面对本国人。这个展馆有很多放在墙边、角落的凳子，是给德国学生来这里上历史课用的。来的学生很多，一拨拨由老师带着，一个展厅一个展厅地上课。这里展示的是他们的英雄。德国是有英雄的，仅施陶芬伯格一案，被捕的就有约六百人，一个展厅一整面墙上都是此案被捕者的照片，其中仅几人幸存。参观的学生看到和自己一样的年轻人——汉斯·朔尔和索菲·朔尔兄妹二人发起的"白玫瑰"抵抗小组，他们和一批同龄人、他们的教授，最后都被纳粹处以绞刑。他们是真正的德国人。

2005 年，在柏林的勃兰登堡门旁，建起占地一万九千平方米的欧洲遇难犹太人纪念碑。在那里，随时可以看到一群群中学生在上历史课。德国人的自信来自正视自己的历史，也确立了象征真正德国精神的英雄，这些英雄追寻的价值，不仅是德国的，更是普世的。

点　评

作者非常敏锐地捕捉住了一个现象，然后把战后成长起来的德国人对历史的负罪感与年轻一代德国青年的自信做对比，去探究这自信的来源，很自然地引入本文要论述的问题：一个民族如何正视自己的历史？一个民族如何确立象征自己民族精神的英雄？作者以本德勒建筑群里一个永久性展览馆展开，以翔实生动的史料，给我们上了一节严肃的哲思课。

推荐阅读：作者代表作《近距离看美国》。

活着的空间

冯骥才

到了巴黎，我来到巴尔扎克的故居。一走进这低矮、宁静而简朴的屋舍，一阵莫名的亲切气息扑面而来，我心里不禁响起一句话：

我把我心中敬仰的人，带回他的家里来了。

我感觉巴尔扎克真的从我心里走了出来。我看见他在屋里走来走去，看见他躲在屋中逃债时的神情。这几间路边小屋，屋顶比路面还低。他选择在这个地方居住，是因为此处不易被追债的人发现。但他一定还是常常心惊肉跳地躲在窗帘后边朝外张望。如果是不多的几个密友来访，他就隔着这薄薄的门板侧着耳朵去听敲门声是不是事先约好的暗号。

我还看见他站在小院里凝思。浓密的花木和树叶的气息包围着他。他身上裹着大氅，瑟缩着肩膀，这不正是罗丹为他雕塑的那个样子吗？他是由于衣单身冷，还是从心底感受到了人世间的孤寂与彻骨的寒凉？

更深露重，绝不会有债主出现。他就用这个有深红色花边的瓷壶来煮咖啡，传说他一天至少喝一公斤咖啡。在强烈的咖啡因的刺激中，他锐利的思维一下子刺穿了那遮蔽世界的丑恶黑幕。于是，他入木三分地写下了 19 世纪中期巴黎人形形色色的风貌。这把大椅子正适合他壮硕的身躯，但他的桌子为什么这样小？他俯下的肌沉肉重的前胸几乎要把书桌压垮。然而，他就在这普普通通的小桌子上写出了他一生中最重要的一批作品，创造出文学史上那难以逾越的高峰。

我拉开他的抽屉，里边空无一物。

曾经在一个深夜，一个梁上君子潜入这屋内，也拉开了抽屉，但摸了半天也摸不到一分钱。巴尔扎克在隔壁的卧室里听到了，便说："别找了。白天我找了半天也没找到一个法郎。现在这么黑，你更不可能找到了。"于是，那小偷惭愧地离去。

我笑了。陪我参观的卡尼欧馆长问我笑什么。

我想说"巴尔扎克就在这儿"，但我没说，我怕这话被他当作笑话。但这个对巴尔扎克极虔敬的年轻馆长，好像在我的神情中感悟到了什么。他把我领到地下书库，去看巴尔扎克的藏书。他还特意叫我动手去翻一翻巴尔扎克自己出的书。我知道巴尔扎克在写作之前曾发誓要创立一个出版社，并致力于出版一种袖珍版的小书，但由于经营不善，背上了如山的债务，以致终身难偿。于是我的手在抚弄这些书皮时，热辣辣地，仿佛触到了这位文豪一生的挫折与苦难。我之前从没有触摸过这样布满针芒的书皮！但是卡尼欧为什么叫我亲手翻一翻这些书呢？他是不是也知道只有切实的触摸，才有真切的感受？由此，我的问题便鱼贯而出。尽管以前我对巴尔扎克十分熟悉，但总觉得隔着很大的时间与空间，为什么到了这里，完全没有了距离感？他普通、真实、活生生，同我面对面站着，甚至一伸手就可摸到他那又大又重的身躯。凡是他书中有的，这里都有；他书中没有的，这里也有——这便是他自己。为什么从作品理解作家，远不如从作家理解作品来得直接与深入？到底是作品大于作家，还是作家大于作品——或者说，只有把作家与作品融在一起，才是最完整的作品呢？

原来故居也是他作品的一部分。

我问卡尼欧馆长，为什么故居内陈设的巴尔扎克生前的物品不多。

他告诉我，巴尔扎克在这里生活了 7 年（1841—1847），此后他在巴黎市中心买了一处房子，就搬到那里去了。但他只在那里生活了 3 年便患病辞世。他只活了 51 岁——肯定是被债务和写作压垮的。他死后，全部遗物都被妻子卖掉，而他那幢房子也早已被拆除。卡尼欧说，他那些失落的遗物肯定还在什么人家里，但是谁也无从得知了。于是，巴尔扎克又给我们留下一片空白——这可不是物质的空白，而是一种身后的苍凉。这样一来，把我们与这位一百多年前不幸的大师又拉近了一步。

这是唯有故居才能给我们的感受与启示。

点 评

　　不同凡俗的作家才能够理解文豪的人生。把故居作为活着的空间观察，需要作者具有"把主人带回来"的能力。屋内的物品在作家笔下，一一恢复了生机，基于对作家作品和人生的深刻理解，一个参观者复活了主人的生活，不，是灵魂。冯骥才对巴尔扎克故居的探访，为我们呈现了这位伟大作家的精神风貌，可谓是一幅美妙绝伦的肖像画。"故居也是作家作品的一部分"，诚哉斯言。

念你们的名字

张晓风

　　孩子们，这是八月初的一个早晨，美国南部的阳光和煦而透明，流溢着一种让久经忧患的人鼻酸的、古老而宁静的幸福。助教把期待已久的发榜名单寄来给我，一百二十个动人的名字，我逐一地念着，忍不住覆手在你们的名字上，为你们祈祷。

　　在你们未来七年漫长的医学教育中，我只教授你们八个学分的国文，但是，我渴望能教你们如何做一个人，以及如何做一个中国人。

　　我愿意再说一次，我爱你们的名字！名字是天下父母满怀热望的刻痕，在万千中国文字中，他们所找到的是一两个最美丽、最醇厚的字眼——世间每一个名字都是一篇简短、质朴的祈祷！

　　"林逸文""唐高骏""周建圣""陈震寰"，你们的父母多么期望你们是一个出类拔萃的孩子。"黄自强""林敬德""蔡笃义"，多少伟大的企盼在你们身上。"张鸿仁""黄仁辉""高泽仁""陈宗仁""叶宏仁""洪仁政"，说明儒家传统对仁德的向往。"邵国宁""王为邦""李建忠""陈泽浩""江建中"，显然你们的父母把你们奉献给苦难的中国。"陈怡苍""蔡宗哲""王世尧""吴景农""陆恺"，蕴涵着一个个古老圆融的理想。我常惊讶，为什么世人不能虔诚地细细体味另一个人的名字？为什么我们不懂得恭敬地省察自己的名字？每一个名字，或雅或俗，都自有它的意义和爱心倾注。如果我们能用细腻的领悟力去叫别人的名字，我们便能更好地互敬互爱，这世界也可以因此而更美好。

　　这些日子以来，也许你们的名字已成为桑梓邻里间一个幸运的符号，许多名望和财富的预期已模模糊糊和你们的名字联系在一起，许多人用钦慕的眼光望着你们，一方无形的匾已悬在你们的眉际。有一天，医生会成为你们的第二个名字。但是，孩子们，什么是医生呢？一件比常人所穿更白的衣服？一笔更有保障的收入？一个响亮而荣耀的名字？孩子们，在你们不必讳言的快乐里，抬眼望望你们未来的路吧。

什么是医生呢？孩子们，当一个生命在温湿柔韧的子宫中悄然成形时，你，是第一个宣布这神圣事实的人。当那蛮横的小东西在尝试转动时，你是第一个窥得他在另一个世界的心跳的人。当他陡然冲入这世界，是你的双掌接住那华丽的初啼，是你，用许多防疫针把成为正常人的权利给了婴孩，是你，辛苦地拉动一个初生儿的船纤，让他开始自己的初航。当小孩半夜发烧时，你是那些母亲理直气壮打电话的对象。一个外科医生常像周公旦一样，是一个在简单的午餐中三次放下食物走进急救室的人。有时候，也许你只需为病人擦一点红药水，开几粒阿司匹林；也有时候，你必须为病人切开肌肤，拉开肋骨，拨开肺叶，将手术刀伸入一颗深藏在胸腔中的鲜红心脏；有的时候，你甚至必须忍受眼看血癌吞噬一个稚嫩无辜的孩童而束手无策的裂心之痛！一个出名的学者来见你的时候，可能只是一个脾气暴烈的牙痛病人；一个成功的企业家来见你的时候，可能只是一个气结的哮喘病人；一个伟大的政治家来见你的时候，也许什么都不是，他只剩下一口气，拖着一个中风后瘫痪的身体；挂号室里美丽的女明星，或者只是一个长期失眠、神经衰弱、有自杀倾向的患者……你陪同病人走过生命中最黯淡的时刻，你倾听垂死者的最后一声呼吸，探察他的最后一次心跳。你开列出生证明书，你在死亡证明书上签字，你的脸写在婴儿初闪的瞳人中，也写在垂死者最后的凝望里。你陪同人类走过生老病死，你扮演的是一个怎样的角色啊！一个真正的医生怎能不是一个圣者？

事实上，成为一个医者的过程正是一个苦行僧修炼的过程。你需要学多少东西才能使自己免于无知，你要保持怎样的荣誉心才能使自己免于无行，你要几度犹豫才能狠下心拿起解剖刀切开第一具尸体，你要怎样自省才能在医治过千万个病人之后，使自己免于职业性的冷漠和无情！在成为一个医者之前，第一个需要被医治的，应该是我们自己。在一切的给予之前，让我们先拥有。

孩子们，我愿意把那则古老的神农氏尝百草的神话再说一遍。神话是无稽的，但令人动容的是一个行医者的投入精神，以及那种人饥己饥、人溺己溺、人病己病的同情心。身为一个现代的医生，当然不必一天中毒七十余次，但贴近别人的痛苦，体谅别人的忧伤，以一个单纯的"人"的身份，怀着恻隐之心探看另一个身罹疾病的"人"，仍是可贵的。

记得那个"悬壶济世"的故事吗？"市中有老翁卖药，悬一壶于肆头，及市罢，辄跳入壶中，市人莫之见……"那老人的药事实上应该解释成他自己。

孩子们，这世界上不缺乏专家，不缺乏权威，缺乏的是一个"人"，一个肯把自己给出去的人。当你们帮助别人时，请记住医药是有时而穷的，唯有不竭的爱能照亮一个受苦的灵魂。古老的医术中不可或缺的是"探脉"，我深信那样简单的动作里蕴藏着一些神秘的象征意义。你们能否想象一个医生用敏感的指尖去探触另一个人脉搏的神圣画面？

因此，孩子们，让我们怵然自惕，让我们清醒地推开别人加给我们的金冠，而选择长程的劳瘁。诚如耶稣基督所说："非以役人，乃役于人。"真正伟人的双手并不浸在甜美的花汁中，而常忙于处理一片恶臭的脓血；真正伟人的双目并不凝望最挺拔的高峰，他们常俯下身来察看一个卑微的贫民的病容。孩子们，让别人去享受"人上人"的荣耀，我只祈求你们善尽"人中人"的天职。

我曾认识一个年轻人，多年后我在纽约遇见他。他开过计程车，做过跑堂，尝试过各式各样的谋生手段，但他仍在认真地念社会学，而且还在办杂志。一别数年，恍如隔世，但最令我感到安慰的是，当我们一起走过曼哈顿的时候，他无愧地说："我还保持着当年那一点对人的关怀，对人的好奇，对人的执着。"其实，不管我们研究什么，可贵的仍是对人的诚意。我们可以用赞叹的手臂拥抱一千条银河，但当那灿烂的光流贴近我们的前胸，其中最动人的音乐仍是雄浑、坚实的人类的心跳！孩子们，尽管人类制造了许多邪恶，但人体还是天真的、可尊敬的、奥妙的神迹。生命是壮丽的、强悍的，一个医生不是生命的创造者，他只是协助生命神迹保持其本来秩序的人。孩子们，请记住，你们每一天所遇见的不仅是人的病，也是病的人，是人的眼泪，人的微笑，人的故事！

窗外是软碧的草茵，孩子们，你们的名字浮在我心中，我浮在四壁书香里，书浮在暗红色的古老图书馆里，图书馆浮在无际的紫色花浪间，这是一个美丽的校园。客中的岁月看尽异国的异景，我所缅怀的仍是台北三月的杜鹃。孩子们，我们不曾有一个古老而幽美的校园，我们的校园等待你们的足迹让它变得美丽。

孩子们，我祈求全能者以广大的天心包覆你们，让你们懂得用爱心去托住别人；祈求造物主给你们内在的丰富，让你们懂得如何去分给别人。某些医生永远只能收到医疗费，我愿你们收到的更多——我愿你们收到别人的感念。

念你们的名字，在乡心隐动的清晨。我知道有一天将有别人念你们的名字，在一片黄沙飞扬的乡村小路上，或者在曲折迂回的荒山野岭间，将有人以祈祷的嘴唇，默念你们的名字。

点评

从名字入手，开篇即创设情境，继而以铺陈手法层层递进，把家国担当、医者仁心、悬壶济世这些期望表达得淋漓尽致，引人共鸣。文章感情饱满，达到了丽词雅义、符采相胜的境地；以第一人称与第二人称谈心的方式，亲切可信，达到了极佳的传播效果。结尾呼应开头，仍以祈祷、默念名字收束，文辞优美，意境深远。

推荐阅读：作者散文集《不知有花》。

最初最美的书写

蒋 勋

汉字书法的练习，大概在许多华人心中都留下了很深刻的印象。以我自己为例，童年时期跟兄弟姊妹在一起相处的时光，除了游玩嬉戏，竟然有一大部分时间是围坐着同一张桌子写毛笔字。写毛笔字从几岁开始？回想起来不十分清楚了。好像从懂事之初，三四岁开始，就正襟危坐，开始练字了。

"上""大""人"，一些简单的汉字，用双钩红线描摹在九宫格的练习簿上。我小小的手还拿不稳笔，父亲端来一把高凳，坐在我后面，用他的手握着我的手写。

童年的书写，是最早对"规矩"的学习。"规"是曲线，"矩"是直线；"规"是圆，"矩"是方。大概只有在汉字的书写学习里，包含了一生做人处世的"规矩"的学习吧！学习直线的耿直，也学习曲线的婉转；学习"方"的端正，也学习"圆"的包容。

最早的汉字书写练习，通常都包含着写自己的名字。很慎重地拿着笔，在纸上一笔一画写自己的名字，仿佛在写自己一生的命运，凝神屏息，不敢有一点大意。一笔写坏了、歪了、抖了，就会懊恼不已。

我不知道为什么"蒋"这个字上面有"艹"。父亲说"蒋"是茭白，是植物，是草本，所以上面有"艹"。"勋"的笔画繁杂，我很羡慕别人姓名笔画少、简单。当时有个广播名人叫丁一，我羡慕了很久。羡慕别人名字的笔画少，写自己名字的"勋"时就特别不耐烦，上面写成了"勛"，下面四点就忘了写。老师发卷子，常常笑着叫我"蒋勛"。老师说，那四点是"火"，没有那四点，怎么"勋"得起来？我记住了，那四点是"火"，以后再没有忘了写。但是"勋"写得特别大，在格子里写的时候，常常觉得写不下，笔画要满出来了，那四点就点到格子外去了。

长大以后写晋人的《爨宝子碑》，很佩服书写的人，"爨"笔画这么多，竟不觉得大，不觉得繁杂；"子"笔画这么少，这么简单，也不觉得空疏。两个笔画差这么多的字，并放在一起，都占一个方格，都饱满，都有一种存在的自信。

名字的汉字书写，使学龄儿童学习了"不可抖"的慎重，学习了"不可歪"的端正，学习了自己作为自己"不可取代"的自信。

长大以后写书法，最不敢写的字是"上""大""人"。因为笔画简单，不能有一点苟且，要从头慎重、端正到底。现在知道书法最难写的字可能是"一"，弘一的"一"，简单、安静、素朴。极简到回来安分做"一"，是对汉字书法美学最深的领悟吧！

点评

从写字说起，谈的是做人的道理。写练字小事，如话家常，冷静的叙述中蕴含着哲思，用朴素的文字讲述深刻的道理，可谓人生至理。

推荐阅读：作者代表作《生活十讲》《蒋勋细说红楼梦》。

张岱的美好

章诒和

张岱生活在明清交替之际，出身仕宦，衣食无忧，其经历和文字都值得玩味。40岁以前，他在读书与享乐之间"摇滚""摆荡"。王朝更迭，命运逆转，中年的他立志修史，携带着浩繁的明史手稿，辗转于江南的山林庙宇。在困苦的物质条件下、在痛苦的精神状态里，他开始了另一种生活——历尽繁华，也阅尽苍凉。

他太会玩，也太会写。张岱在《自为墓志铭》中称："少为纨绔子弟，极爱繁华。好精舍，好美婢，好鲜衣，好美食，好骏马，好华灯，好烟火，好梨园，好鼓吹，好古董，好花鸟，兼以茶淫橘虐，书蠹诗魔……"纨绔子弟的奢靡之举，有之；晚明名士的狂狷之性，有之。

但是，我还是不得不佩服这个张岱。他经史子集，无不通晓，天文地理，靡不涉猎。他所著除《自为墓志铭》中所列之外，还有诗集、文集、杂剧、传奇等。其中《夜航船》一书，内容有如百科全书，包罗万象，共计二十大类，4000多条目。他的著述之丰、用力之勤，令我惊叹不已。这也让我将他与一般纨绔子弟、风流名士彻底区别开来。

事情的结局，常与本人的意愿相悖。张岱倾心于史，但并未以史书《石匮书》留名，倒是他那些散文为其赢得了盛誉。我爱读他的散文，生动、讲究、雅致、简约。有人不是说了嘛，别人用一二百字才能说完的事，到了张岱笔下，只需数十字就能辄尽情状。张岱的文章和他的为人一样，有傲世、刺世的锋芒，又有玩物、玩世的戏谑。

张岱的记性极好。少年时听来的事情、看到的景致，皆藏在心中，长大后便一一写出。他的精妙文章，为后人保留了许多前朝旧事和当时的生活状态。记得有一篇文章叫《西湖七月半》，描述的是杭州人逢七月十五游湖赏月的情景。文章最有意思的地方，不在于写景，而在于说人。由于游客太多，美景是无法欣赏了，张岱索性就在一旁看起人来。他的主题就是"看人"，文章写明五类"可看之人"。前四类一类是"峨冠盛筵"的炫富者，一类是左顾右盼的"名娃闺秀"，一类是浅斟低唱的"名妓闲僧"，一类是"不舟不车，不衫不帻"的醉汉。张岱笔下那份超然、轻松且带着戏谑成分的美学趣味，实在不是我们学得来的。

20世纪80年代，我随张庚先生去湖南祁阳县看目连戏的内部演出。当空前盛大的排场和无所不包的技艺呈现于舞台上的时候，我完全被惊呆！单是"海氏悬梁"一折，当自尽后的女子被吊在长竹竿的尾梢，在观众头上急速摆荡旋转的时候，看客们无不面如鬼色。目连的母亲刘青提被打入地狱，受尽苦楚，一步一吟，押解的众小鬼甩出铁制飞杈向她的背后猛然刺去，我忙捂上眼睛。越看越怕看，越怕越要看。全本目连戏从前要演七天七夜，整整一百出戏。1984年，由我供职的中国艺术研究院出面，把所有艺人都请出来，连七八十岁的老艺人都请来了，勉强才凑够四天三夜的演出。每晚散戏，顶着星月返回招待所，我一路感慨，不禁联想起以精细笔触描述目连戏演出盛况的张岱。

张岱能躬身自省，觉得自己人生的前后阶段充满矛盾，活在"七个不可解"之中。如"以书生而践戎马之场，以将军而翻文章之府，如此则文武错矣"，不可解。"弱则唾面而肯自干，强则单骑而能赴敌，如此则宽猛背矣"，不可解。话虽如此，其实他这辈子在成败得失之间，从来都是坦然又凛然的。在要紧处，也从未动摇或矛盾过。张岱还说自己无一事不败，"学书不成，学剑不成，学节义不成，学文章不成，学仙学佛学农学圃俱不成"。偏偏这个"一事无成"的张宗子，成了明清第一散文大家。他以书写的方式，确立了自己的人生终极价值。

有人这样形容：哪里人声鼎沸、锣鼓喧天，哪里肯定有张岱；曲终人散，风冷月残，有人吹出一缕悲箫，那听客中肯定有张岱。

一个多么丰富、美好的男人。

世界上第一个故事

贾行家

作家徐来问过我一个问题：人类的第一个故事是什么？

我一时语塞，是创世神话吗？

徐来看我目光涣散，说，是希腊神话里七姐妹星的故事。

故事说，狩猎女神阿尔忒弥斯打猎时，身边总陪伴着七个仙女。阿尔忒弥斯还有一个强大的猎人伙伴，叫巨人俄里翁。有一天，俄里翁欲对七姐妹行不轨之事，宙斯听到七姐妹逃跑时的呼喊，便把她们带到天上，变成了七颗星。

这个故事怎么可能是人类的第一个故事呢？

他接着讲，七姐妹星是一团蓝色的星云，但在古希腊时期，人们无论怎样看，都只能看到六颗星。所以故事的后半段解释说，七姐妹中的小妹爱上了人间的国王西绪福斯，因此私逃下界。奇怪就奇怪在这里——为什么不在一开始就说六姐妹星呢？

神话学有一个学科分支叫"比较神话学"，主要针对不同文化中的神话和其传播情况进行研究，探索它们各自的特点和起源，寻找文字之外的，也就是古人在火堆边上讲的故事原型。比如，牛津大学的汉学家田海发现，中国的"老虎外婆"传说在古时候向西传到欧洲，成了《格林童话》中"小红帽"的原型故事。不只"小红帽"，法国、意大利类似的童话也都来源于此，而且几乎可以肯定是通过口述形式传播的。

经过比较，七姐妹星的故事也露出惊人的一面，澳大利亚天文学家雷·诺里斯在一篇文章里说，澳大利亚原住民有与这个希腊神话极为近似的传说。而大洋洲是独立大陆，在1788年澳大利亚被英国殖民者入侵之前，其原住民不可能听过这个希腊故事。此外，北美洲的原住民内兹珀斯人也有相似的故事。欧洲、大洋洲、北美洲，其间山海迢递苍茫，故事是怎么传过去的？

更惊人的在后面。据诺里斯考证，有一个时段，故事可以传过去，而且在那个时候，人们在一个地方是可以看到这团星云有七颗星的，那就是十万年前的非洲。

没错，我们想到的是同一件事：智人走出非洲。现在学术界有一个理论：世界上所有人，无论民族、肤色，都有一个共同的母系祖先——"线粒体夏娃"。她生活在二十万年前的非洲，这是人类谱系树的根。她的后代在非洲各地活动，分为两支携带着不同突变基因的血统。在经历了一次灭绝性灾难之后，这两支血统可能只剩下几千人。在非洲人类洞穴里发现的世界上最早的装饰性图案，来自七万七千年前。之后，他们跨出关键的一步，用上万年时间走出非洲，抵达世界各地：有的人进入欧亚草原，被称为欧洲的"亚当"；有的人沿撒哈拉通道抵达中亚，足迹遍布亚洲和西伯利亚；走得最远的一群人到了澳大利亚……我一直想知道，他们在如此漫长的旅程里随身携带了什么。科学家吴军说，走出非洲，最终要通过两个手段。其一是能量上的，就是要学会制作衣服，学会搭建住房和使用武器；其二是信息上的，就是要有沟通用的语言。关于语言的遗迹，我们现在似乎找到了一个：生活在非洲的人类祖先为天上的七颗星编了一个故事。

据天文学家推算，几万年前，星团中的两颗星因为斗转星移，距离近到了肉眼再也无法把它们区分开的程度。于是，大地上的故事多了下凡的情节。这些故事伴随人类度过了千万个夜晚，代代相传，又被带到世界各地，融入不同语言。

中国"七仙女"的故事是不是也与此有关？现存材料还不足以确定。如果大胆猜测，可能确实有关系，只是不知什么时候，故事的关键信息遗失了，只留下"七仙女下凡"的片段。

徐来说，这是人类现在所知的最早的一个故事，也是他近来听到的最神奇、最宏大的故事。

古巴独立战争领袖何塞·马蒂曾说："祖国就是人类，就是我们最近看到的，并在其中诞生的那部分人类。"这句话说得如此之美，因为他也是一位诗人。在另一种说法里，民族是生活在一起的人，通过不断重温共同记忆、讲述共同故事而结成的共同体。

这个故事中有一种感人的力量，把我们与数万年前的祖先，把地球上的生命和浩瀚宇宙里的天体，把人类过往的起起落落编织在一起。单独的一段短暂而渺小，然而又可以和星空对视，使我们不能轻视自己的存在。日常中那些平凡的事物，详细推求，常常蕴藏着古老而美丽的力量。既然世界上的人曾经讲着共同的故事，那么，我们就有机会在未来获得和解。

点评

　　智慧如何将知识转化为滋润人的精神产品，此篇即是范例。渊博的知识，清晰的逻辑，深沉美好的感情，作者凭借这些要素演绎了一出人类命运共同体的溯源之旅。

　　推荐阅读：作者散文集《尘土》。